Über Geld nachdenken

Nikolaus Braun

Über Geld nachdenken

Klug entscheiden, gelassen bleiben, Lebensqualität gewinnen

Campus Verlag
Frankfurt/New York

Haftungsausschluss: Investieren in Fondsanteile, Wertpapiere, Immobilien oder andere Vermögenswerte heißt stets und notwendigerweise, Risiken einzugehen. Vermögensanlagen in Aktien, Anleihen, Bankguthaben, Edelmetalle, Rohstoffe und Immobilien sind mit beträchtlichen Verlustgefahren verbunden. Die historischen Daten, die in diesem Buch enthalten sind, bieten keine Gewähr für zukünftige Renditen oder Erträge. Autor und Verlag geben keine Garantie für die Richtigkeit der Daten und Berechnungen. Die Aussagen in diesem Buch spiegeln die persönlichen Ansichten des Autors wider, sind rein didaktischer Natur und sind nicht als Finanzberatung oder Anlageempfehlungen im Sinne des Wertpapierhandelsgesetzes zu verstehen. Eine Haftung für Schäden, die aus der Befolgung der in diesem Buch gegebenen Hinweise resultieren, wird nicht übernommen.

ISBN 978-3-593-51856-5 Print
ISBN 978-3-593-45697-3 E-Book (PDF)
ISBN 978-3-593-45696-6 E-Book (EPUB)

2., vollständig aktualisierte und überarbeitete Auflage 2024

Umschlaggestaltung: studioheyhey, Frankfurt am Main
Satz: inpunkt[w]o, Wilnsdorf (www.inpunktwo.de)
Druck und Bindung: Beltz Grafische Betriebe GmbH, Bad Langensalza
Printed in Germany

Campus Verlag® / www.campus.de

Inhalt

In Erinnerung an Friedrich Rehberg – ein großartiger Mensch,
auch weil er überhaupt nichts von Geld verstand

Vorwort: Wie Sie sich die richtigen Fragen zum Thema Geld stellen

»Geld ist besser als Armut –
und sei es nur aus finanziellen Gründen.«
Woody Allen

Es gibt Dutzende von Finanzratgebern. Sehr viele schlechte, aber auch einige ziemlich gute. Die meisten sind intellektuell niederschmetternd, manche aber auch fachlich überragend. Doch für den Privatanleger klingen Giftmüll und Hochrationales oft gleich plausibel. Dazu kommt, dass die Erfolgsrezepte der unterschiedlichen Autoren häufig ausgesprochen widersprüchlich sind. Mit der Folge, dass die Leser dieser Ratgeber potenziell mit jedem neuen Buch ihre Strategie verwässern oder umwerfen. Aber auch dann, wenn ich Menschen treffe, die sich an guten Finanzratgebern orientieren: Sie scheitern regelmäßig bei der Umsetzung.

Warum? Finanzratgeber beschäftigen sich, wie der Name bereits nahelegt, mit Geld. Die grundlegende Frage aller Finanzratgeber lautet: *Was soll ich tun?* Was sind die besten Investments, was ist die beste Strategie, wie bleibe ich auf dem Laufenden, wann soll ich ein- oder aussteigen, soll ich mir eine Immobilie kaufen und wie finanziere ich die ...? Es geht um komplexe Techniken, Herangehensweisen, und da Geld scheinbar etwas Rationales ist, dominiert (zumindest scheinbar) die Sachebene. Der Leser befindet sich früher oder später auf einer verunsichernden Suche nach einem nicht erreichbaren Optimum. Eine Suche, die ihn tendenziell unzufrieden macht und kaum zum Erfolg führen wird.

Die Frage *Was soll ich tun?* ist an sich nicht schlecht, aber sie greift viel zu kurz. Die viel wichtigere Frage zum Thema lautet: *Warum ist Geld wichtig für mich?* Weiter: Was hat mein Geld mit meinem Leben zu tun, mit dem, wer ich bin? Wie kann es zu einem gelungenen Leben, zum Gelingen menschlicher Beziehungen beitragen? Welche Gestaltungsspielräume soll es mir eröffnen? Wie verhindere ich, dass mein Geld mich dominiert, beunruhigt, vielleicht sogar tyrannisiert? Wie macht es mich zufriedener, im besten Fall glücklicher? Ich möchte Ihnen in einem ersten Schritt helfen, diese Fragen zu klären. Das Ziel ist, dass Sie einen finanziellen Kompass für sich entwickeln, der sicherstellt, dass sich Ihr Vermögen, Ihre Entscheidungen zu Geld in einer Linie mit Ihrem Lebensentwurf befinden. Das stellt nicht nur das Thema Geld vom Kopf auf die Füße, sondern es bildet ein Fundament, das Ihnen später hilft, eine klare Strategie auch langfristig durchzuhalten.

Es gibt noch eine Frage, die Sie *vor* der Frage nach dem *Was* klären müssen. Nämlich: *Wie soll ich vorgehen? Wie* werde ich mit meinen mächtigsten Gegenspielern fertig: Finanzindustrie, Finanzpresse, aber vor allem mit meiner eigenen Emotionalität? *Wie* verhindere ich die größten Fehler? *Wie* funktionieren die wichtigsten Spielregeln im Umgang mit Risiko und Rendite, und *wie* stelle ich durch eine kluge Budgetplanung sicher, dass Geld dann in meinem Leben zur Verfügung steht, wenn ich es brauche? Ein klares *Wie* in der Herangehensweise ermöglicht Ihnen eine insgesamt gelassene Haltung im Umgang mit Ihrem Vermögen. Es schafft einen Denkrahmen, der Ihre Nerven schont und durch den die meisten unsinnigen Finanzrezepte von selbst wegfallen. Ein Denkrahmen, der so die Wahrscheinlichkeit deutlich erhöht, dass Sie mit Ihrer Vermögensstrategie Erfolg haben werden und nicht auf irgendeinen Unsinn hereinfallen.

Erst wenn das *Warum* und das *Wie* geklärt sind, ist es möglich, sich Erfolg versprechend mit der Frage *Was soll ich tun?* zu beschäftigen. Auch hier habe ich einen anderen Blickwinkel als die meisten Finanzratgeber: Es geht nicht darum, das (angebliche) Optimum für Ihre Finanzen herauszuholen, sondern das Optimum für Ihr Leben. Das heißt: Einfachheit, Transparenz, Klarheit und Beherrschbarkeit sind wichtiger, als die letzte Nachkommastelle zu optimieren. Mein Ziel ist es, Ihnen in allen Bereichen Lösungen anzubieten, die Sie leicht verstehen und möglichst leicht durchhalten können. Lösungen, die nicht perfekt sind, aber gut genug – in jedem Fall wesentlich besser als 98 % von dem, was ich in meiner täglichen Arbeit bei vermögenden Privatpersonen zu sehen bekomme. Doch täuschen Sie sich nicht: einfach zu verstehen heißt noch lange nicht auch einfach zu tun.

Da es um Ihr Leben und nicht isoliert um Ihr Geld geht, beinhaltet das Kapitel zur Umsetzung neben den Themen Immobilien, Wertpapierdepots und Ansparstrategien auch ein Kapitel, das Ihnen zeigt, was zu einer soliden Notfall- und Nachfolgeplanung gehört. Es erklärt, weshalb Sie eine Vorsorgevollmacht und vermutlich auch ein Testament brauchen, auf welche Versicherungen Sie verzichten können und auf welche nicht. Was nützt eine perfekte Finanzstrategie, wenn Sie einen blinden Fleck in Ihrer Risikovorsorge übersehen haben und Ihren Lebensentwurf damit an die Wand fahren?

Wenn Geld dafür da ist, Lebensqualität zu schaffen, dann ist es auch dringend nötig, sich damit zu beschäftigen, wie man es wieder loswird. Wie gelingt es mir, meinen Kapitalverbrauch so zu organisieren, dass mir das Geld im Alter nicht ausgeht? Wie kann ich Geld am intelligentesten zurück in Zeit, Dinge und Erlebnisse tauschen? Und: Wie gebe ich mein Geld so aus, dass es mich glücklicher, zumindest zufriedener macht?

Dieses Buch ist also nicht nur ein Finanzratgeber, es ist ein Lebensratgeber. Auch deshalb illustriere ich die Zusammenhänge laufend durch Geschichten aus meiner täglichen Praxis, die veranschaulichen, wie konkrete Geldentscheidungen auf Lebensqualität durchschlagen.[1] Das Buch vertritt dabei eine klare Haltung: Geld ist ein zentraler und immens wichtiger Teil unseres Lebens. Ich möchte Ihnen helfen, dass Sie mit Geld in Zukunft klüger sowie gelassener umgehen und kompetente Entscheidungen treffen können. Entscheidungen, die bewirken, dass Sie ein besseres Leben führen.

Dabei darf aber eine Sache nie aus dem Blick geraten: Nicht Geld, sondern gelungene menschliche Beziehungen sind es, die den eigentlichen Mittelpunkt eines erfüllten Lebens bilden. Man sollte das Thema Geld also auch nicht zu ernst nehmen. Sich zu viel mit Geld zu beschäftigen, macht Sie unzufrieden, unglücklich und vermutlich auch zu einem unangenehmeren Menschen. Gute und einfache Geldentscheidungen sind dringend nötig. Aber: Sie brauchen nicht *die* beste Lösung für Ihr Vermögen. Gute Entscheidungen sind gut genug. Sie sind besser für Ihr Vermögen und besser für Ihre Lebensqualität als eine permanente Jagd nach Perfektion.

Teil 1
Über Geld nachdenken: Wie Sie gute Gespräche über Geld führen

»Sie haben sich Ihr Leben lang gedacht,
es gäbe nur eine Frage über Geld – ›Wie viel?‹«,
setzte ich fort. »Aber die wirklich wichtige Frage ist:
›Was hat Geld damit zu tun, wer ich bin?‹«[2]
George Kinder

Wann haben Sie sich eigentlich das letzte Mal so richtig gut über Geld unterhalten? Und mit wem haben Sie da gesprochen? Mit Ihrem Partner, Ihren Eltern oder Kindern? Guten Freunden? Hat Ihnen das Spaß gemacht? Haben Sie neue Erkenntnisse gewonnen, oder waren Sie danach entspannter oder zufriedener?

Mit hoher Wahrscheinlichkeit lauten die Antworten auf diese Fragen: »Noch nie«, »Mit niemandem« und »Nein«. »Über Geld spricht man nicht.« Im Deutschen gibt es weit über 100 Synonyme für Geld. Nicht schlecht für etwas, über das man nicht spricht. Warum wir nicht gelernt haben, über Geld zu sprechen, ist rational betrachtet nicht zu verstehen. Solange Sie kein buddhistischer Bettelmönch oder Selbstversorger auf einem Bauernhof sind, prägt das Thema Geld vermutlich auch Ihr Leben. Nicht nur Ihren Lebensstandard, auch Ihre Werte, Ihre Beziehungen, Ihre Selbstdefinition. Warum ist es leichter, sich mit anderen über Sex, Politik oder Religion zu unterhalten als über Geld? Noch mal: Wir leben im Kapitalismus, Geld ist der Brennstoff unserer Gesellschaft, wir haben es täglich in der Hand, es mischt sich massiv in fast jeden Bereich unseres Lebens ein, und trotzdem liegt unsere Kommunikationskompetenz im Regelfall nahe null. Punkt. Ausrufezeichen! Diese Unfähigkeit, gute Gespräche über Geld zu führen, führt dazu, dass wir in einem wichtigen Bereich unseres Lebens im Blindflug unterwegs sind. Sie ist damit eine entscheidende Quelle für gravierende finanzielle Fehlentscheidungen. Denn über etwas, über das man nicht sprechen kann, kann man auch nicht nachdenken.

Natürlich führen Menschen Gespräche über Geld. Haben Sie das nicht auch schon erlebt: Irgendein Bekannter erklärt den weiteren Verlauf der Weltgeschichte und welche tollen Aktien er deshalb gekauft hat. Andere schwadronieren über den bevorstehenden Riesen-Crash und wie sie ihr Vermögen in Sicherheit gebracht haben. Oder jemand erzählt, wie man ganz ohne Risiko sein Vermögen mit Immobilien aufbaut. Halten Sie sich bei solchem Unsinn schnell die Ohren zu? Der Erkenntnisgewinn für Ihr Leben ist hier nicht nur null, sondern sogar negativ. Das Geschwätz von Angebern oder Investmentpornografen kann dazu führen, dass Sie schmerzliche Fehlentscheidungen fällen. Es gefährdet so Ihren Lebensstandard – und nicht nur das: Es beleidigt Ihren Intellekt und stört Ihre innere Ruhe.

Begünstigt werden irrationale Entscheidungen durch einen verheerenden Mangel an finanzieller Allgemeinbildung – in allen Bildungsschichten, vom Lageristen bis zur Chefärztin. Zinseszinsrechnung, die Grundlagen des Kapitalmarkts, ein rationaler Umgang mit Risiken: Fehlanzeige. Dafür jede Menge Halb- und Viertelwissen. In der Schule wird nichts vermittelt, die Finanzindustrie hat keinerlei Interesse an gut informierten Kunden – dabei ließen sich viele dumme Entscheidungen bereits mit einem Taschenrechner und den Grundrechenarten verhindern.

Nicht nur das rationale Verständnis von Geld ist begrenzt, auch der emotionale Zugang zum Thema ist vermint. Schlimmer: Während sich Unkenntnis durch Bildung – etwa das Lesen von ein, zwei vernünftigen Ratgebern zum Thema Geld – leicht auflösen lässt, sitzen die emotionalen Verzerrungen tiefer. Geld ist eben nur bedingt ein Thema von Excel-Spreadsheets und Kalkulationen. Es ist genauso ein Thema von Gefühlen, nicht immer guten. Auch hier sind die Sprech- und Denkmöglichkeiten der meisten Menschen begrenzt. Etwa so: Man lästert darüber, dass ein gemeinsamer Freund seit seinem letzten Karrieresprung schon wieder ein neues Auto gekauft hat. Oder man mutmaßt über die Einsamkeit und Abgehobenheit »der Reichen« – wer immer die sind. Bringt Sie das weiter?

Oder blockiert Sie Neid nicht eher? Warum haben wir nicht gelernt, darüber zu reden, was Geld in unserem Leben positiv bewirken kann, mutmaßen aber darüber, was es im Leben anderer angeblich negativ bewirkt?

Eine andere Art von Gesprächen über Geld sieht so aus: Es fängt mit etwas scheinbar Unverfänglichem an, steuert mit Autopilot auf das Thema Geld zu und endet in wenigen Minuten oder Sekunden in einer Sackgasse: »Papa, der Niki war gestern mit seinen Eltern in der Zauberflöte.« »Oper ist was für Bonzen.«[3] Wow! Fünf Worte, vier Sekunden und drei Botschaften, die das Leben eines Kindes prägen: Geld (zu haben) ist böse. Oper ist böse. Wenn du mal finanziell erfolgreich bist, bist du auch böse. Eine Gruppe Menschen wird aufgrund ihres (vermuteten) finanziellen Hintergrunds abqualifiziert, dem Kind der Zugang zu einer der schönsten Kunstformen der Welt verstellt und einem potenziellen späteren Streben nach finanziellem Erfolg präventiv moralisierend entgegengewirkt. Da kann man nur gratulieren. Solche Glaubenssätze begleiten – in der einen oder anderen Form – jeden von uns, weil schon unsere Eltern nicht gelernt haben, vernünftig über Geld nachzudenken, geschweige denn zu reden.

Wäre es nicht großartig, wenn wir gute und bedeutungsvolle Gespräche über Geld führen könnten? Rational darüber nachdenken, warum Geld wichtig für uns ist? Hätten wir damit nicht eine sinnstiftende und solide Grundlage für finanzielle Entscheidungen – vom Verdienen und Investieren bis hin zum Ausgeben?

Der erste Schritt, die vorhandene Kommunikationslosigkeit zu durchbrechen, besteht darin, das Thema Geld von einer ganzen Reihe Mythen zu befreien. Bevor wir verstehen können, warum Geld (gar nicht so) wichtig ist, müssen wir erst einmal anerkennen und beobachten, welche dominierende Rolle es in unserer Gesellschaft und in unserem Leben hat.

1.
Wie Sie Ihr Denken über Geld von Mythen befreien

Geld: Fakt oder Fiktion?

Geld scheint eine rationale Sache. Sein Wert wird überwacht von hochkomplexen Zentralbanken mit topausgebildeten Volkswirten und Finanzmathematikern. Geldmengen werden kalkuliert und gesteuert, Inflationsraten verfolgt, Zinssätze definiert ... Geld kann untereinander in verschiedene Währungen und vor allem fast unbegrenzt in unterschiedliche Waren und Dienstleistungen getauscht werden. Die Gesetze des Markts sind dabei so unbarmherzig wie logisch. Es gibt einen effizienten weltweiten Kapitalmarkt. Die erwarteten Renditen an diesen Märkten folgen logischen mathematischen Modellen. Etwa so:

$$Er_i = R_f + \beta_i(ER_m - R_f)$$

oder doch eher so:

$$R_{it} - R_{ft} = \alpha_{it} + \beta_1(R_{Mt} - R_{ft}) + \beta_2 SMB_t + \beta_3 HML_t + \epsilon i?$$ [4]

Geld ist logisch, mathematisch, objektiv. Wenn irgendetwas ein harter Fakt in unserem Leben ist, dann ist es Geld. Oder?

Wenn Geld so rational ist, warum ist unser Blick auf Geld so vernebelt von Mythen und Emotionen? Eine mögliche Erklärung lautet: Die Grundannahme, Geld sei rational, ist völlig falsch. Geld selbst ist alles andere als objektiv. Es ist eine kollektive Fiktion, die nur deshalb funktioniert, weil wir fest daran glauben. Dieser Glaube wird nicht nur abgesichert durch das Kollektiv der Gläubigen beziehungsweise Gläubiger, sondern durch Regierungen, Präsidenten, Kaiser, ja durch Gott selbst.

Schauen wir uns dazu den Moment genauer an, an dem Geld zu *dem* Brandbeschleuniger der menschlichen Entwicklung wurde. Stellen Sie sich ein Dorf in einer Agrargesellschaft vor. Die meisten Einwohner sind Bauern und tauschen das, was von ihrer Ernte nach dem Eigenbedarf übrig bleibt, mit anderen. Das funktioniert gut, solange die Tätigkeiten der Dorfbewohner wenig spezialisiert sind, das Dorf klein und das Ausmaß gegenseitigen Vertrauens und gegenseitiger Verpflichtung hoch ist. Sobald das Dorf aber weiter wächst und sich die Einwohner stärker spezialisieren, stößt diese Art des Wirtschaftens an seine Grenzen. Was ist, wenn ich dringend ein neues Werkzeug brauche, der Werkzeugmacher schon genügend Getreide für den Winter hat, aber zu gerne ein Schmuckstück für seine Frau hätte oder ein neues Paar Schuhe? Angenommen, ich finde jemanden, der erst mal Getreide in eine Kette tauscht. Ist die Kette nicht zwei Werkzeuge wert oder sogar zweieinhalb? Was mache ich, wenn ich eigentlich nur eines brauche? Tauschwirtschaft hatte also eine eingebaute Obergrenze dafür, bis zu welchem Grad Menschen wirtschaftlich miteinander kooperieren konnten.

Eine Zwischenlösung für dieses Problem waren Barren unterschiedlicher Metalle. Das Metall war zwar sehr schwer und unhandlich, aber trotzdem einigermaßen gut zu transportieren, und weil es ein knappes Gut war, konnte man davon ausgehen, dass man nicht darauf sitzen blieb. Außerdem hatte es einen realen Gegenwert, etwa beim Erstellen von Werkzeugen und Waffen. Allerdings waren Gewichte nicht normiert und die Qualität war dies erst recht nicht. Strecken und Fälschen waren also kein größeres Problem. Den Durchbruch für ein universelles Tauschmittel brachte erst die Herstellung von Münzen aus Gold und Silber in normierten Größen. Aber hier entstand ein neues Problem: Auch Gold und Silber ließen sich strecken und (ver)fälschen. Mehr noch: Beide Metalle hatten einen realen Gegenwert von annährend null, da sie für eine praktische Verwendung zu weich waren. Ihren Wert bezogen sie allein daraus, dass sie selten und nicht künstlich reproduzierbar waren. Erst die Garantie des Staatsoberhaupts stellte das nötige Vertrauen her, das Geld brauchte, um als universelles Tauschmittel und Wertspeicher akzeptiert zu werden. Der Herrscher koppelte den Wert der Münze durch sein Porträt an seine Souveränität und damit auch seine Souveränität an den Wert der Münze.

Entsprechend drastisch waren und sind bis heute die Strafen für Geldfälscher. Denn Geldfälschung war und ist immer auch ein Angriff auf die staatliche Souveränität. Und um ganz auf Nummer sicher zu gehen, garantierten nicht nur irdische Instanzen den Wert des Geldes. Zur Absicherung durch den Souverän kam die Absicherung durch die Autorität der Götter beziehungsweise des Gottes. Daher zeigen fast alle antiken und mittelalterlichen Münzen neben dem staatlichen Souverän auf der einen Seite eine antike Gottheit, das christliche Kreuz oder die Anrufung Allahs auf der anderen. Die religiösen Symbole auf dem Zahlungsmittel erinnerten die Nutzer daran, dass auch eine jenseitige Macht Verstöße gegen die Unverletzlichkeit des Geldes sanktionieren würde.

Gold- und Silbermünzen setzten sich nach ihrer Erfindung in Lydien im 7. Jahrhundert vor Christus relativ früh in Europa, Nordafrika und Asien durch. Nach der »Entdeckung« Mittelamerikas durch die Spanier lernte auch die überlebende indigene Bevölkerung schnell die blutige Realität: Dieses nutzlose gelbliche Metall hatte offenbar einen unschätzbaren Wert. Einen höheren zumindest als ihr eigenes Leben. Das Währungsmodell »Gold- und Silbermünzen« war zwar mit Abstand weltweit das erfolgreichste, aber nicht das einzige. Lokal dienten Naturprodukte wie Salz, Delfinzähne, Muscheln oder Kaurischnecken als Zahlungsmittel. Bevor etwa die Azteken die Erkenntnis in den Wert des Goldes mit dem Verlust ihrer Kultur (und viele mit dem ihres Lebens) bezahlten, waren dort Kakaobohnen ein gängiges Zahlungsmittel. Was uns kurios, ja absurd vorkommt, unterschied sich aber strukturell durch nichts von der Weltwährung »Gold- und Silbermünzen«. Denn während Salz und Kakaobohnen zumindest einen realen Wert als Rohstoff besaßen, waren Muscheln, Delfinzähne und Kaurischnecken – wie Gold und Silber auch – nur als Schmuck zu verwenden. Sie stellten ein weitgehend fälschungssicheres, natürlich begrenztes sowie seltenes Gut dar. Es war leicht zu transportieren, ließ sich gut aufbewahren und erhielt seinen Wert ausschließlich dadurch, dass das Kollektiv der Nutzer fest davon ausgehen konnte, dass sich alle Beteiligten auch in Zukunft an diese Konvention halten würden. Wie beim Münzgeld wurde die Verlässlichkeit der Währung auch hier stets durch einen kultischen Kontext des Zahlungsmittels abgesichert.

Geld hat auch heute nichts von seinem Charakter als kollektive Fiktion verloren. Im Wesentlichen handelt es sich um bedrucktes Papier mit einem Versprechen darauf. Dem Versprechen, dass dieses Papier auch in

Zukunft seinen Wert behalten wird – abgesichert durch staatliche und oft immer noch religiöse Instanzen. Etwa bei der heutigen Ein-Dollar-Note: Auf der einen Seite sehen Sie das US-amerikanische Staatswappen und den Text »In God We Trust« und auf der anderen Seite das Porträt des Staatsgründers Washington und die Unterschriften der beiden Hohepriester der US-amerikanischen Währung, des Secretary of the Treasury und des Treasurer of the United States. Wohin man sieht: staatliche Autoritäten, religiöse Symbole und gelegentliche Strafandrohungen. Nicht nur auf dem Zahlungsmittel selbst: Banken, die aussehen wie Tempel, Banker mit einem Dresscode streng wie bei Priestern, Börsenberichte ritualisiert wie die Liturgie, Begriffe wie »Gläubiger« oder Kredit, das sich vom Lateinischen *credere* (glauben) ableitet und somit den Glauben an die Werthaltigkeit des Geldes formuliert und spezifischer den Glauben daran, dass man sein verliehenes Geld irgendwann wiedersehen wird.[5]

Mit dem Weg in die bargeldlose Gesellschaft, den Länder wie Schweden schon fast vollständig vollzogen haben, wird Geld noch einmal abstrakter: Statt Papier gibt es nur noch Bits und Bytes. Dies böte eigentlich Raum für jede Menge Paranoia: Was, wenn ein liebestrunkener IT-Nerd meiner Bank bei jedem Konto eine Kommastelle anhängt oder alle Konten löscht? Wieder sind es staatliche Autoritäten und das Vertrauen, dass sich alle anderen Menschen auch an die Konvention halten werden, die garantieren, dass das System funktioniert. Die Annahme, unser Geldsystem sei weniger fiktional als Kaurischnecken oder Goldmünzen, ist daher ebenso naiv wie die Forderung einiger Euro-Kritiker und Verschwörungstheoretiker, die eine Rückkehr zur Golddeckung der Währung fordern. Papier- und Computergeld ist eine funktionierende kollektive Fiktion, eine intersubjektive Realität. Sie durch eine archaische Version dieser Fiktion zu ersetzen oder abzusichern, ist ebenso niedlich wie sinnbefreit.

Die harte Realität hinter dem Geld ist also brüchig. Sie funktioniert nur, solange genügend Menschen daran glauben. Genauer: solange genügend Menschen daran glauben, dass genügend andere Menschen daran glauben. Diese uns vermutlich allen irgendwie unbewusst präsente Brüchigkeit trägt sicher maßgeblich dazu bei, dass Geld mit so vielen Irrationalismen und Mythen aufgeladen ist. Sich ihrer bewusst zu werden, ist ein erster Schritt zu einem rationalen und entspannten Blick auf Geld.[6]

Geld, Glück, Moral und die Illusion der finanziellen Freiheit

Die Kommunikations- und Denkunfähigkeit bezogen auf Geld hindert uns nicht daran, jede Menge moralisierende Werturteile und Vermutungen über Geld anzustellen. Im Gegenteil: Viele Menschen haben erstaunlich viel Meinung bei relativ wenig Ahnung.

Eine Grundannahme etwa ist, dass Geld selbst schlecht, ja böse sei, zumindest aber den, der es besitzt, zu einem schlechten Menschen mache. Die religiösen Wurzeln dieses Denkens sind in unserer weitgehend säkularisierten Welt etwas verschüttet, die Denkmuster aber weitgehend erhalten: »Eher geht ein Kamel durch ein Nadelöhr, als dass ein Reicher in das Reich Gottes gelangt.«[7] Man kann nicht gleichzeitig Gott dienen und dem Mammon.[8] Ein Motiv, das sich nicht nur durch linke und mitunter rechte Kapitalismuskritik zieht, sondern weit in die Mitte der Gesellschaft reicht. Die grundsätzliche Vermutung lautet: Wenn die einen immer reicher werden, müssen die anderen immer ärmer werden. Das gilt (angeblich) für das Verhältnis zwischen Industrienationen und den Ländern des globalen Südens und natürlich auch innerhalb von Staaten. Diese Nullsummenlogik zieht sich bis in die Berechnungsformel offizieller Armutsstatistiken von EU, des Bundesministeriums für Arbeit und Soziales und des Statistischen Bundesamts, die die Definition von Armut nicht an einen absoluten Wert oder objektiven Lebensstandard koppeln, sondern als eine negative Abweichung von mehr als 40 % vom Median des Einkommens der Bevölkerung definieren.[9] Diese Kennziffer ist sicher geeignet, eine relative Ungleichheit zu messen, und sie ist ein wichtiger Hinweis auf Armut. Armut selbst misst sie nicht.

Eine kulturpessimistische Konsumkritik, eine ausgesprochene Skepsis gegenüber ökonomischem Erfolg sowie eine gewisse Idealisierung von Armut bis hin zum Sozialkitsch sind klassische literarische Motive von Kinderbüchern über Groschenromane bis zur gehobenen Literatur. Moralisierende Haltungen, etwa dass wir alle viel weniger konsumieren, mehr zu uns selbst finden und mit weniger Wachstum klarkommen müssten, sind letztlich gesellschaftlicher Konsens.

Das ist insgesamt keine verwerfliche Haltung. Im Gegenteil: Fragen nach sozialer Gerechtigkeit, Umverteilung von Vermögen, Ressourcenverbrauch und Kontrolle der immensen Macht, die an hohe Vermögenswerte geknüpft ist, sind bitter nötig. Und dennoch verbirgt sich in der dahintersteckenden Logik, Geld sei die Wurzel allen Übels, ein gewaltiger Denkfehler mit einer ganzen Reihe von Risiken und Nebenwirkungen. Denn freie Marktwirtschaft, vulgo der Kapitalismus, ist eben gerade *kein* Nullsummenspiel. Sie ist insbesondere in den vergangenen 250 Jahren *die* große Erfolgsgeschichte der Menschheit, die Triebfeder eines erstaunlichen globalen Wohlstands. Vor der »Erfindung« des modernen Kapitalismus waren über Jahrtausende absolute Armut sowie ein stets gefährdetes Leben am Existenzminimum der Normalzustand der Menschheit. Dass freie Marktwirtschaft der Wohlstandsmotor innerhalb der Industrienationen ist, ist wohl kaum zu übersehen. Je nachdem, wie alt Sie sind, müssen Sie sich dazu einfach nur an Ihre Kindheit oder die Ihrer Eltern erinnern. Aber auch die Vorstellung, die reichen Länder würden die armen Länder immer weiter ausbluten, wir würden also in einer dauerhaft bipolaren Welt leben, in einer Welt, in der sich die Unterschiede immer weiter verschärfen, ist falsch. Sie beschreibt bestenfalls einen Status quo der 1970er Jahre. Die meisten Länder, die damals als »Dritte Welt« definiert wurden, liegen heute irgendwo in der Mitte, so etwa fast ganz Asien: Absolute Armut ist heute weitgehend ein Problem afrikanischer Länder im Süden der Sahara. Das heißt explizit nicht: »Der Markt hat immer recht« oder »Alles gar nicht schlimm«. Es heißt auch nicht, dass das von entwickelten Volkswirtschaften propagierte Freihandelsdogma der Weisheit letzter Schluss ist.[10] Es heißt nur: Geld beziehungsweise der Kapitalismus ist – oftmals in Form gnadenloser Ausbeutung – nicht nur Teil des Problems, er ist auch der wichtigste Teil der Lösung. Nicht nur in Form von Transfer, Spenden und philanthropischem Engagement, sondern weil durch ihn der Wohlstand, den man später theoretisch verteilen kann, überhaupt erst produziert wird. Und weil er Menschen, die ein Mindestmaß an sozialer Sicherheit erreicht haben, eine Möglichkeit gibt, sich aus eigener Kraft weiterzuentwickeln.

Die Nullsummen-Denke »Was du hast, hast du mir weggenommen« hat auch innerhalb unserer Gesellschaft eine Reihe unguter Effekte. Aufseiten der Vermögenden führt sie bei den einen zu einem latent schlechten Gewissen und bei den anderen zu einer Wagenburg-Mentalität: der permanenten Angst bis hin zur Paranoia, man könne ihnen etwas wegnehmen, gekoppelt an eine gewisse Gier, nichts teilen zu wollen. Aufseiten derer, die sich als weniger privilegiert wahrnehmen, führt es zu Neid - auch das ist kein schöner Wesenszug und blockiert schon allein den Gedanken, man könne sich auch selbst um sein ökonomisches Fortkommen kümmern. An sich geht es ihnen ja nicht schlechter, nur weil es einem anderen (noch) besser geht.

Der Klassiker unter den moralisierenden Annahmen lautet, dass Geld den Charakter verdirbt: »die Reichen« seien schlechte Menschen. Das meinen auch vermögende Menschen selbst – wenn auch mit Einschränkungen. Um nicht selbst zu der Gruppe zu gehören, deren Charakter durch Geld korrumpiert wird, verschieben viele Menschen einfach, was sie als »reich« definieren. Ein klassisches Denkmuster von Menschen, die objektiv zur mittleren Oberschicht gehören, besteht darin, sich selbst zur gehobenen Mittelschicht zu zählen. Das kann erstaunlich weit gefasst sein: zwei Millionen Depotvolumen, ein größeres Mietshaus in Hamburg, 180 000 Euro netto Jahreseinkommen: mitunter alles Mittelschicht. Der in »geordneten persönlichen und finanziellen Verhältnissen« lebende Friedrich Merz hat mit einer entsprechenden Selbsteinschätzung 2018 nicht ganz zu Unrecht jede Menge Spott und Unverständnis auf sich gezogen. Das ist vielleicht nicht sehr realistisch, aber vielleicht sogar fast irgendwo sympathisch. Ich sehe darin auch einen Versuch, einem Selbstverständnis als abgehobener Elite entgegenzuwirken.

Daneben gibt es weitere Techniken, um sich aus der Gruppe moralisch fragwürdiger Reicher herauszudefinieren: Familien, die schon über viele Generationen höhere Vermögen besitzen, sind überzeugt, die moralischen Nebenwirkungen von Geld beträfen nur Neureiche – mit den entsprechenden einschlägigen Stereotypen: laut, unkultiviert, protzig, großspurig. Das wendet sich insbesondere gegen Menschen, die sich aus »einfachen Verhältnissen« nach oben gearbeitet haben – beinhaltet mitunter also einen gewaltigen Bildungsdünkel und ein komisches Verhältnis zur an sich ja sehr begrüßenswerten sozialen Mobilität. Menschen, die ihr Vermögen dagegen selbst erarbeitet haben, sehen das Thema »neureich« naturgemäß anders: Ihre Abneigung bezieht sich eher auf diejenigen, die – ihre eigenen Nachkommen oft eingeschlossen – »eine klassische Erbendenke haben, Ansprüche stellen, Geld verbladern, aber selber nichts geleistet haben«[11]. Auch unter ihnen gibt es relativ regelmäßig eine erstaunliche Abneigung gegenüber Artgenossen ohne akademischen Hintergrund.

Aber was stimmt denn nun? Die psychologische Forschung legt nahe, dass allein der *Gedanke* an Geld einen deutlich spürbaren negativen Effekt auf unser Sozialverhalten hat.[12] Geld macht Menschen offenbar ehrgeiziger und nachvollziehbarerweise unabhängiger von anderen. So weit, so gut. Damit führt es aber auch dazu, dass Menschen soziale Interaktion verstärkt unter Kosten-Nutzen-Aspekten bewerten und auf Distanz gehen. In Experimenten sind Vermögende weniger willens, von anderen Hilfe anzunehmen, aber eben auch weniger dazu bereit, andere zu unterstützen. Sie verhalten sich deutlich egoistischer, rücksichtsloser und sind eher gewillt, andere zu betrügen. Das geht bis hin zu dem Kuriosum, dass sie weniger Hemmungen haben, kleinen Kindern die Bonbons wegzuessen oder Fußgängern am Zebrastreifen die Vorfahrt zu nehmen. So weit, so schlecht.[13]

Anders als die meisten anderen kognitiven Verzerrungen im Zusammenhang mit Geld ist dies zum Glück eine Sache, die sich relativ leicht korrigieren lässt. Wie sozial oder unsozial sich jemand verhält, ist relativ gut durch den freien Willen zu steuern. Auch Sie müssen also keine allzu großen Bedenken haben, dass Geld Sie negativ verändert, solange Sie nur genügend Bedenken davor haben, dass es Sie negativ verändern könnte.[14]

Diese Thesen aus der psychologischen Forschung decken sich auch mit meinen eigenen subjektiven Beobachtungen aus den vergangenen 20 Jahren. Wie Geld oder der Umgang mit Geld den Charakter prägt und verändert, fasziniert mich seit Langem. Meine Beobachtung: Wenn unangenehme Menschen zu Geld kommen, dann gibt ihnen das Geld die Möglichkeit, ihre negativen Charaktereigenschaften Gassi zu führen und diese gegen andere einzusetzen. Geld wirkt hier wie ein Brandbeschleuniger. Das Gleiche gilt aber auch für nette und kooperative Menschen. Wenn sie zu Geld kommen, dann gibt auch ihnen das Geld die Möglichkeit, ihre positiven Charaktereigenschaften zu kultivieren. Das Vermögen führt im besten Fall dazu, dass sie entspannter und gelassener werden und sich Gedanken über ihre Prioritäten machen. In beiden Fällen habe ich keine großen Unterschiede feststellen können, ob Geld geerbt oder erarbeitet wurde, der Vermögende jünger oder älter, Akademiker oder nicht ist.

Losgelöst von Moral und Charakter bleibt die Frage, ob Geld glücklich oder zumindest zufriedener macht. Das ist ja auch eine der Leitfragen dieses Buchs: Wie kann es gelingen, dass Ihr Vermögen dazu beiträgt, dass Sie mehr Lebensqualität gewinnen? Während diese Frage schwierig zu beantworten ist, ist eine Sache in diesem Zusammenhang ziemlich offensichtlich: Kein Geld zu haben, macht unglücklich. Es schließt von sozialer Partizipation sowie Bildung aus und senkt die Lebenserwartung - und das mitunter deutlich.[15]

Umgekehrt führt mehr Geld nicht einfach unbegrenzt zu mehr Glück und Zufriedenheit. Ab einem gewissen Punkt verschiebt sich einfach nur die Reizschwelle. Denn Verzicht und Knappheit sind ja die Voraussetzung dafür, dass wir Reichtum überhaupt spüren und genießen können.

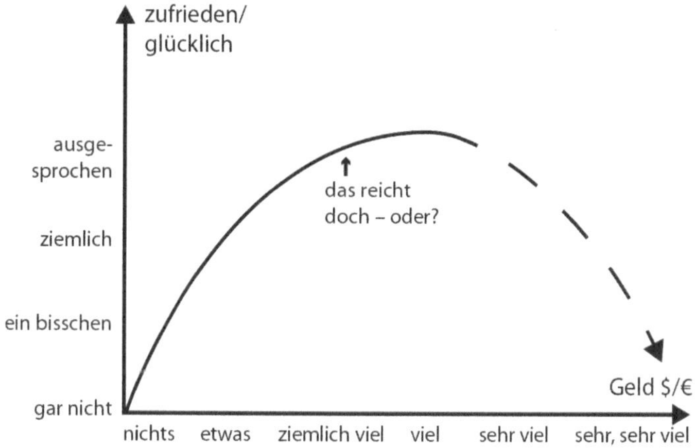

Abbildung 1: Macht mehr Geld auch glücklicher?

Quelle: Eigene Illustration, inspiriert von © behaviorgap

Der Impuls für ein durch Geld ausgelöstes Glücksgefühl muss also mit zunehmendem Wohlstand immer stärker werden. Die Kurve »Mehr Zufriedenheit durch mehr Geld« wird also langsam immer flacher - ein Phänomen, das auch »Wohlstandsparadox« genannt wird. Auch wenn das Erreichen dieser Grenze je nach Kulturraum und Untersuchung schwankt, irgendwo (jenseits der 75 000 Euro jährliches Einkommen pro Kopf) ist Schluss.[16] Geld hat nicht nur einen abnehmenden Grenznutzen. Bei ganz hohen Vermögen fällt die Lebenszufriedenheit sogar wieder ab und führt irgendwann potenziell zu Isolation: »Je größer die Villa, umso höher der Zaun.«[17]

Dessen sollte man sich immer bewusst sein, wenn man sich Gedanken darüber macht, zu welchem Preis – konkret: mit wieviel investierter Zeit – man selbst bereit ist, mehr Geld anzuhäufen. Denn wenn Sie nicht der Inhaber eines Unternehmens oder eines umfangreichen Vermögens sind, das auch wunderbar ohne Ihren Einsatz Erträge abwirft, dann tauschen auch Sie durch Ihre Arbeit ständig Zeit in Geld um. Ihr Vermögen ist damit letztlich gefrorene Zeit. In diesem Sinne liegt relativ viel Weisheit hinter dem sonst eher geistlos gehetzten Motto einer permanenten Gewinnoptimierung: »Time is money.« Die schlechte Nachricht, wie wir spätestens seit Michael Endes Geschichte von Momo und den Zeitdieben wissen: Das permanente Tauschen von Zeit in Geld hat einen hohen sozialen Preis. Zeit einzufrieren kann einsam und unglücklich machen. Es gibt aber auch eine gute Nachricht: Die als Geld gefrorene Zeit lässt sich auch wieder auftauen. Man kann Geld in Zeit zurückverwandeln und die darin geronnenen Möglichkeit realisieren. Auch das sollten Sie nie vergessen, wenn Sie es ansparen: »Money is time.«

Noch ein Faktor ist wesentlich bei der Frage nach Geld, Glück und Zufriedenheit: Wohlstand ist immer relativ. Menschen neigen stark dazu, sich zu vergleichen. Im Regelfall nicht mit dem Obdachlosen an der U-Bahn-Station oder Mark Zuckerberg, sondern mit unserem direkten sozialen Umfeld: Geschwistern, Freunden und Bekannten. Meist sind das Menschen, denen es (scheinbar) ein klein bisschen besser geht als uns selbst. Die Folge daraus ist oft Neid, eine mehr oder minder offen nagende Unzufriedenheit. Das hat zur Folge, dass wir zufriedener in einem Umfeld sind, in dem wir 50 000 Euro im Jahr zur Verfügung haben, jeder andere aber nur 40 000 Euro, als in einem Umfeld, in dem wir 75 000 Euro hätten, aber jeder andere 100 000 Euro.[18]

Anfang der 1990er Jahre lebte ich mit meiner Freundin in einer siebenköpfigen WG in Dublin. Mit meinem Stipendium und zusätzlichen 200 D-Mark Zuschuss ihrer Großmutter hatten wir zusammen rund 1 400 D-Mark pro Monat. Davon brauchten wir die Hälfte, um die Miete für das Zimmer zu zahlen, das wir uns teilten. Eine Zentralheizung gab es nicht, die Kapazität des Boilers reichte bei sieben Personen für maximal eine warme Dusche, und bei Westwind – also immer – flatterte innen der Vorhang. Trotzdem habe ich mich nie mehr in meinem Leben so vermögend gefühlt. Warum? Irland war damals ein bettelarmes Land mit weit über 20 % Arbeitslosigkeit. Unsere Mitbewohnerinnen hatten alle weniger, zum Teil viel weniger Geld als wir. Wir konnten mit dem Bus fahren, hatten beide ein Fahrrad und es irgendwie geschafft, unsere Vespa nach Irland zu bringen. Ein unglaublicher Luxus, wenn man wie Fiona jeden Tag zu Fuß 40 Minuten in die Uni gehen musste, weil der Bus schlicht zu teuer war. Oder unsere Mitbewohnerin Emily: Sie kaufte sich einmal in der Woche in der Moore Street einen Sack Kartoffeln, Karotten und Zuckerrüben. Daraus machte sie sich eine Art Brei. Den gab es (fast) jeden Tag. Anständiges Essen gab es nur, wenn sie alle acht Wochen ihre Eltern auf der Farm besuchte. Wenn wir Lust hatten, haben wir uns ab und zu Fleisch im Supermarkt gekauft, wir hatten Geld fürs Kino und – wenn wir alle paar Wochen mal im Pub waren – auch noch für das dritte Pint. Wir sind in dem Jahr sogar einmal in ein indisches Restaurant gegangen. Anfang der 2000er Jahre hatte ich einen relativ gut bezahlten Job bei einer Bank. Doch mein soziales Umfeld – etwa die anderen Kindergarteneltern – waren Juristen, Unternehmensberater, Patentanwälte und Mediziner. Und obwohl es mir finanziell viel besser ging als zehn Jahre zuvor, fühlte ich mich deutlich unterprivilegiert.

Beim Thema Geld, Glück und Zufriedenheit sind also zwei Dinge entscheidend. Erstens: Referenzpunkte und Vergleiche bestimmen maßgeblich Ihre (und meine) (Un)zufriedenheit. Und zweitens: Einfach immer mehr zu verdienen und anzuhäufen, macht Sie nicht zufriedener. Insofern ist auch die von vielen Ratgebern propagierte Zielvorstellung der finanziellen Freiheit eine Fata Morgana. Sie bedient die Fehlannahme vieler Menschen, man müsse einfach nur genug Geld haben, um davon ohne Arbeit leben zu können, und alles werde gut. Losgelöst davon, dass Rezepte für die *Rente mit 28*[19] oder *Der Weg zur finanziellen Freiheit. In 7 Jahren zur ersten Million*[20] hochgradig albern und unrealistisch sind. Wenn Sie es so angehen, werden Sie scheitern: Es wird potenziell nie genug sein. Und wenn Sie nicht gleichzeitig reflektieren, wie Geld Sie glücklicher machen kann, wird auch nichts gut.

2. Warum ist Geld wichtig für mich?

Wie Geld vermögende Menschen unterschiedlich prägt

Vermögen ist meist viel mehr als ein einfacher Wertspeicher und Tauschmittel. Losgelöst davon, dass wir alle Geld benötigen, um unsere unmittelbaren Grundbedürfnisse abzudecken, steht Geld häufig als Symbol für etwas ganz anderes. Es ist eine Art Leinwand, auf die man ganz unterschiedliche Träume, Traumata, Wünsche und Wertvorstellungen projizieren kann: Macht, Hass, Zuneigung, Verantwortung und immer auch ein Stück der Versuch, der Endlichkeit des Daseins etwas entgegenzustellen, was weiterlebt. Zeit, sich das genauer anzusehen.

Für meine tägliche Arbeit teile ich Menschen in zwei Gruppen ein, um herauszufinden, mit wem ich erfolgreich zusammenarbeiten kann und mit wem ich es lieber lasse: Für die einen ist Geld Mittel zum Zweck, also Sicherheit, Gestaltungsspielraum, Lebensqualität. Ihr Denken kreist darum, was sie mit ihrem Vermögen machen können. Für die anderen ist es ein Selbstzweck: Ausdruck ihrer selbst, Zeichen von Status, Prestige und Einfluss. Ihr Denken beschäftigt sich zum großen Teil mit dem Vermögen selbst. Das führt meist zu der großen Sorge, jemand könne ihnen das Geld wieder wegnehmen: Die Regierung, die Steuerbehörden, Sozialisten und Familienangehörige werden gleichermaßen als Bedrohung wahrgenommen. Dazu kommt die Angst vor Wirtschaftskrisen. Die Angstvorstellungen gehen von einer höheren Abgeltungssteuer über Lastenausgleich und Enteignung bis zur Hyperinflation. Die Einteilung von Vermögenden in zwei Gruppen – Geld als Mittel zum Zweck oder als Selbstzweck – ist sicher holzschnittartig, aber es trägt erstaunlich weit. Etwas polemisch könnte man es auf die Frage verkürzen: Gehört das Vermögen mir oder gehöre ich meinem Vermögen? Diese Grundhaltung hat immense Auswirkungen auf unseren Umgang mit Geld, etwa die Art, wie wir Geld anlegen und auch wieder ausgeben. Sie wirkt sich darüber hinaus direkt auf unsere Lebensweise und unsere Beziehungen aus, prägt unser Selbstbild, unsere Selbstdefinition. Wenn Geld Mittel zum Zweck ist, ist es erst mal nur Geld. Wenn Geld Selbstzweck ist, wird es schnell zu einem Teil meines persönlichen Werts, meiner Persönlichkeit. Wenn wir sind, was wir haben, dann ist etwa ein Verlust am Kapitalmarkt nicht nur eine (temporäre) Schwankung meines Vermögens, es ist ein Verlust an Selbstwert(-Gefühl) und damit kaum zu ertragen.[21]

Eine Studie von Russ Alan Prince aus dem Jahr 2005 ist da differenzierter: Sie unterscheidet neun unterschiedliche Typen von Hochvermögenden.[22]

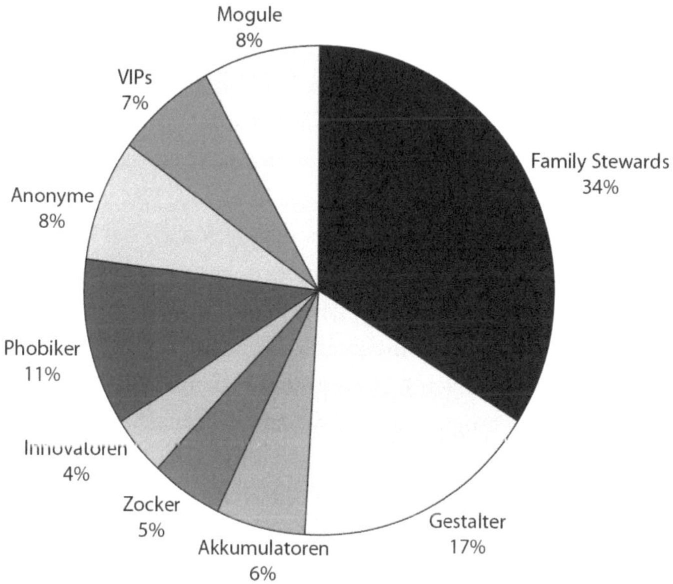

Abbildung 2: Typologie von Hochvermögenden nach Russ Alan Prince

Quelle: Russ Alan Prince (2005; S. 71)

Die mit Abstand größte Gruppe machen laut Prince Menschen aus, deren wichtigstes Ziel ist, mit Geld Sicherheit und Geborgenheit für ihre Familie zu garantieren. Sie treten nach außen meist bescheiden auf. Ihr

Oberhaupt ist eher ein Clanchef als eine Clanchefin und sie haben eine gewisse Tendenz zum Paternalismus. Wie diese sogenannten Family Stewards sieht auch die Gruppe der Gestalter in Vermögen als solchem keinen Selbstzweck. Für Gestalter ist Vermögen lediglich der Brennstoff, um ihre Projekte umzusetzen, egal, ob die nun kulturell, ökonomisch oder philanthropisch sind. Ich erlebe sowohl Family Stewards als auch Gestalter meist als ziemlich zufrieden und im Reinen mit ihrem Wohlstand.

Auf der anderen Seite stehen Menschen, für die Vermögen auch losgelöst von einem konkreten Zweck wichtig ist. Am offensichtlichsten ist das bei den Akkumulatoren, also denen, die einfach nur möglichst schnell immer mehr haben möchten. Der Gedanke, Geld für Konsum auszugeben, ist für sie schmerzhaft, die Vorstellung, eine großartige Investmentidee verpasst zu haben, unerträglich. Das gilt natürlich auch für die Zocker, die sich nicht nur oft Tag und Nacht mit Kapitalmärkten beschäftigen, sondern dadurch auch eine hohe Tendenz dazu haben, ihr Vermögen schnell wieder loszuwerden. Auch Innovatoren sind sehr stark auf ihr Vermögen beziehungsweise ihre Investments fokussiert. Für sie ist entscheidend, immer vorne dabei zu sein: der neueste Trend, das neueste Produktdesign, das nächste große Ding. Unvermeidbar wirkt sich dieses *Dem-Trend-Hinterherjagen* auch bei ihnen meist negativ auf die Entwicklung ihres Vermögens aus.

Phobiker dagegen haben ein tief gespaltenes Verhältnis zu ihrem Vermögen und fühlen sich durch die damit verbundene Verantwortung massiv belastet. Ihre Gedanken kreisen mitunter permanent um ihr Geld, ohne dass sie – aus Angst, irgendetwas falsch zu machen – vernünftig handlungsfähig wären oder eine Freude daraus ziehen könnten. Häufig ist dies verbunden mit einem schlechten Gewissen, so privilegiert zu sein. Einem guten Berater kann es manchmal gelingen, solchen Phobikern ein Stück weit die Angst vor ihrem eigenen Geld zu nehmen. Ihnen zu zeigen, dass Vermögen eigentlich etwas Schönes sein kann – allerdings nicht oft.

Vor ungefähr einem Jahr hatten mein Sozius Stefan und ich ein Gespräch mit einer solchen Phobikerin: Sophia, eine kinderlose, verheiratete Grafikdesingerin, hatte vor ein paar Jahren mit Mitte 40 eine Gewerbeimmobilie im Wert von rund 6,5 und ein Wertpapierdepot in Höhe von 3 Millionen Euro geerbt. Dieses Geld hatte ihr Vater Ernst mit eiserner Sparsamkeit, harter Arbeit und großen unternehmerischen Risiken aufgebaut. Ernst war sicher kein Familientyrann gewesen, aber ein liebevoller nahbarer Vater ebenso wenig. Geld und Erfolg waren in der Familie auch die entscheidenden Währungen gewesen, wenn es um Selbstdefinition, Zuneigung und Beziehungen ging.

Das Interessante an Sophia war, dass Sie sich all dieser Dinge relativ bewusst war und sich bemühte, sich zumindest ein Stück davon frei zu machen. So trennte Sie sich nach ein paar Jahren von der arbeitsintensiven Gewerbeimmobilie und begann, auch darüber nachzudenken, die Wertpapierstruktur, die ihr Vater ihr hinterlassen hatte, zu hinterfragen. Was zunächst eine fast in Stein gemeißelte Hinterlassenschaft ihres Vaters war, versuchte Sie so zu ihrem eigenen Vermögen zu machen. Doch weiter kam Sophia nicht. Denn bei jeder weiteren finanziellen Entscheidung schaute ihr nach wie vor das Gespenst ihres Vaters über die Schulter. Die wichtigste Frage, die sie sich stellte: »Wie kann ich dieses Vermögen weiter mehren und mindestens so viel Rendite machen wie mein Vater zuvor?« Der Gedanke, ihren relativ bescheidenen Lebensstandard aufzubessern, etwa sich die Altbauwohnung zu kaufen, von der sie immer geträumt hatte oder auch nur einen Teil der Erträge des Vermögens zu verbrauchen, war für sie nicht denkbar. Am ehesten war sie noch bereit einen Teil des Vermögens zu spenden. Um ihr die Angst zu nehmen, sie können ihr Vermögen wieder verlieren, haben wir ihr überschlagsweise vorgerechnet, wie sich ihr Kapital bei einer bescheidenen Rendite von 3,5 % über die kommenden Jahre entwickeln würde, auch wenn sie bei gleichem Lebensstandard jährlich 50 000 Euro spenden würde. Das Ergebnis: Vor Inflation würde sich das Vermögen bis zu ihrem neunzigsten Lebensjahr mehr als verdreifachen. Doch Sophia war alles andere als erleichtert: Der Gedanke noch mehr Geld, noch mehr Verantwortung und Last zu haben, war für sie fast schmerzlicher als alles zu verlieren.

Auch die Gruppe der Anonymen ist nicht glücklich mit ihrem Vermögen. Ihre größte Angst ist, jemand könnte von ihrem Wohlstand erfahren. Ich habe immer wieder Menschen kennengelernt, die ihren Wohlstand sogar vor ihrem eigenen Partner verstecken. Das blockiert natürlich sehr schnell Möglichkeiten, Geld in höheren Lebensstandard zu tauschen: Was ist, wenn Freunde, Familie oder Kollegen was merken? Das Motto: »Nur weil ich paranoid bin, heißt das noch lange nicht, dass sie nicht hinter mir her sind.« VIPs – oder vermeintliche VIPs –

befinden sich hier genau auf der anderen Seite der Skala: Sie möchten als vermögend wahrgenommen, bewundert und hofiert werden. Für diese Menschen spielen Prestige und Statussymbole wie Autos oder Uhren eine wichtige Rolle. Ebenso gehört es für sie dazu, an den richtigen Orten mit den richtigen Leuten gesehen zu werden. Da sie mit ihrem Wohlstand offensiv und dank Social Media und Privatfernsehen manchmal auch exhibitionistisch umgehen, werden sie in der Öffentlichkeit stark überrepräsentiert wahrgenommen. Sie prägen so das Bild des protzigen und unangenehmen Reichen. Dazu müssen Sie sich nur in Kitzbühel beim Skifahren einmal in das falsche Lokal verirren, und am Nachbartisch werfen die Söhne und Töchter dieser Menschen Eiswürfel in den Zweihundert-Euro-Wein. Kein Wunder, dass es im Umfeld dieser Gruppe eine erstaunliche Quote an Hochstaplern, Adabeis und Möchtegerns gibt. Noch unangenehmer als der VIP ist der Typus des »Moguls«. Männer und deutlich seltener Frauen, für die Vermögen ein Instrument ist, andere zu beherrschen, zu kontrollieren und über diverse Stöckchen springen zu lassen: seien es ihre Steuer- oder Finanzberater oder am schlimmsten die eigene Familie, wie etwa der eben angesprochene Vater von Sophia. Auch das habe ich in Beratungssituationen immer wieder erlebt. Ob es das Geld war, das ihren Charakter verdorben hat, sei dahingestellt. Ihrem Charakter gutgetan hat es sicher nicht. Mogule sind mal cholerisch, mal kühl berechnend und pedantisch, nette Menschen sind sie nicht.

Auch wenn sich Prince mit US-amerikanischen Millionären beschäftigt, die generelle Einteilung lässt sich auch gut auf Deutschland übertragen – und auch auf Menschen mit weniger Geld. Da findet das alles dann halt eine Nummer kleiner statt. Die Mechanismen sind weitgehend identisch. Und natürlich ist diese Einteilung stark typisierend, in der Realität sind die Übergänge fließend.

Geld und Geschlechterrollen

Nach wie vor verdienen Frauen deutlich weniger Geld als Männer. Während sie in besser bezahlten Jobs unterrepräsentiert sind, werden sie bei gleicher Tätigkeit schlechter bezahlt. Wenn Letzteres schlicht eine indiskutable Ungerechtigkeit ist, beruht der erste Punkt nicht ausschließlich auf einer Verschwörung des Patriarchats. Dahinter liegen teilweise auch bewusste Entscheidungen: Frauen sind (zumindest im Schnitt) sozial kompetenter, stärker an Beziehungen orientiert und weniger geldgetrieben. Dies führt dazu, dass sich Frauen häufiger für eher schlecht bezahlte Jobs im Sozialbereich entscheiden, vor allem aber mehr Teilzeit arbeiten, weil sie Zeit in Kindererziehung oder Pflege der Eltern investieren. Wenn Geld einen abnehmenden Grenznutzen hat und im besten Fall dazu dient, Beziehungen reicher zu gestalten, dann wäre das eigentlich gar keine schlechte Nachricht. Unabhängig vom eigenen Geschlecht: Sich selbst auf seinen ökonomischen Tauschwert zu reduzieren, kann ja nicht Sinn und Zweck eines erfüllten Lebensentwurfs sein. Männer sollten sich davon prinzipiell eine Scheibe abschneiden. Doch losgelöst davon, wie bewusst oder wie (un)freiwillig diese Entscheidung jeweils ist, befinden sich Frauen häufig am unteren Ende der Kurve des abnehmenden Grenznutzens von Geld – da, wo mehr Geld noch ein deutliches Plus an Lebensqualität bedeuten würde, oder anders ausgedrückt, da, wo fehlendes Geld viel Lebensqualität kostet. Das gilt insbesondere, wenn im Fall einer gescheiterten Ehe Frauen potenziell mit Altersarmut konfrontiert sind.

Frauen müssen also dringend darauf achten, finanziell nicht übervorteilt zu werden und abgesichert zu sein. Dazu gehören nicht nur Selbstverständlichkeiten wie ein eigenes Konto und eigenes Vermögen. Im Fall einer asymmetrischen Rollenverteilung beim Thema Kindererziehung sollte es völlig normal sein, die Gehälter beider Partner zusammenzulegen, zusammen Vermögen zu bilden sowie wichtige Geldentscheidungen gemeinsam zu fällen. Konstellationen, in denen etwa eine erworbene Immobilie auf den Namen des Mannes läuft, die Frau aber die Haftung für die Finanzierung mitübernimmt, sind – vor allem bei vereinbarter Gütertrennung – ein No-Go.[23] Und Frauen sollten auf der Hut sein, im Rahmen von Eheverträgen auf alle ihnen zustehenden legitimen Rechte freiwillig zu verzichten.

Dass Geld männlich definiert ist, ist bis in unsere Sprache hinein tief verwurzelt. Die meisten Begriffe und Werte im Umfeld von Geld sind eindeutig mit traditionell männlichen Geschlechterrollen codiert:

Macht, Status, Prestige. Geld ist mitunter das Gegenstück zu klassisch weiblich belegten Vorstellungen wie soziale Fürsorge oder Beziehungen. Nicht, dass sich das nicht ändern ließe, aber das ist erst mal die Ausgangssituation. Es sind fast immer Männer, die auf Partys ungute Gespräche über Geld führen, meist über wenig verdeckte Umwege. Wie es in einer nur bedingt selbstironischen, dafür umso sexistischeren Sparkassenwerbung aus dem Jahr 1995 hieß: »Mein Haus, mein Auto, mein Boot.«[24] Kein Wunder, dass bei den auftrumpfenden Männern in diesem Werbespot nicht nur Swimmingpools und Pferde, sondern auch Frauen (Plural?!) käuflich erscheinen. Man kann die Uhr danach stellen, wann diese Herren vor die Tür gehen, um zu sehen, wer das größte Loch in den Schnee pieseln kann. Entsprechend gibt es kaum eine Branche, die – insbesondere auf den oberen Führungsebenen – so fest in männlicher Hand ist wie die Finanzindustrie. Banker qualifiziert sich halt auch nicht im engeren Sinne als Sozialberuf, eher im Gegenteil. Ob stockkonservative Privatbank, Großbank oder (scheinbar) innovatives Fintech – oberhalb der Assistenzebene gilt: Männer, Männer, Männer. Ab einer gewissen Hierarchiestufe meist in dunkelblauen Anzügen und in weißen Hemden mit Umschlagmanschette – ups, genau wie ich.

Auch nach meiner eigenen Beobachtung ist Geld eine der letzten Bastionen des Patriarchats. Mein traumatischstes Erlebnis in der Hinsicht liegt fast zehn Jahre zurück: »Hallo, Herr Meier, schön, dass Sie mit Ihrer Frau hier sind und Ihre Entscheidung gemeinsam fällen.« Die Antwort von Herrn Meier, während er mit ausgestrecktem Finger auf seine Frau deutete: »Herr Dr. Braun, *sie* hat mir versprochen, dass *sie* heute nichts sagt. Wir sind uns wohl einig, dass Geld Männersache ist.« Ich bereue bis heute, den Herrn nicht sofort (sondern erst später) rausgeworfen zu haben, das passiert mir nicht noch einmal. Im Regelfall erlebe ich das Finanzpatriarchat wesentlich liebevoller: Paare, die die wichtigen grundsätzlichen Entscheidungen gemeinsam fällen, bei denen dann aber der Mann die laufenden operativen Entscheidungen übernimmt. Ich beobachte sehr häufig, dass Frauen froh sind, das Stressthema Geld weitgehend delegiert zu haben, in der (oft unbegründeten) Vermutung, ihre Männer seien da kompetenter. Männer übernehmen dann dieses Thema, mal nolens volens, seltener mit Hingabe. Ein Muster, das beileibe nicht nur in meiner Generation zu beobachten ist, sondern durchaus auch bei jüngeren Paaren. In den Worten von Henning Jauernig benehmen sich auch heute noch junge Frauen mitunter wie »kleine Prinzessinnen«, die hoffen, dass ihnen ein männlicher Ritter das unheimliche und lästige Thema Geld abnimmt.[25] Mein Verdacht ist, dass das häufig auch eine Form einer schleichenden Entmündigung ist. Kann, muss aber nicht so sein. So konterte unlängst eine Gesprächspartnerin diese Vermutung mir gegenüber mit den Worten: »Mein Mann ist der Finanzvorstand, aber die Aufsichtsratsvorsitzende bin ich.« Dann reichte sie mich weiter an ihren Mann, der sich um das Tagesgeschäft kümmern durfte.

Das Bild »Geschlechterrollen und Geld« komplettiert sich durch Studien, nach denen Frauen gerade beim Thema Kapitalanlage noch mehr Scheu haben als die ohnehin schon meist nur mäßig aufgeschlossenen Männer. Das beginnt mit absolutem Basiswissen: Laut einer Studie des Bankenverbands wussten etwa 60 % der befragten Frauen nicht, was ein Investmentfonds ist (Männer: 49 %). Generell zeichneten sich Frauen durch ein deutlich geringeres Interesse an Finanz- und Wirtschaftsfragen aus. Während solche Grundkenntnisse leicht zu erlernen sind, gibt es ein tiefersitzendes Problem: Frauen sind noch stärker als Männer von einer unreflektierten und kontraproduktiven Risikoaversion betroffen. Für 74 % der Frauen (Männer: 64 %) ist Sicherheit das wichtigste Anlagekriterium. Nur 8 % aller Frauen (Männer: 20 %) sind bereit, für eine höhere Rendite ein höheres Risiko einzugehen. Alles mit der Folge, dass nur 18 % der befragten Frauen Wertpapiere besitzen (Männer: 27 %).[26] Gar nicht gut, wenn man weiß, dass Aktien die renditestärkste Anlageklasse sind und eine ansprechende Rendite ohne Risiko systematisch gar nicht möglich ist. Diese Risikoaversion schlägt sich damit langfristig direkt auf Themen wie Lebensstandard, Gestaltungsmöglichkeit und damit paradoxerweise auch wieder auf Sicherheit durch. Dabei hätten und haben Frauen gegenüber Männern nicht nur theoretisch eine große Stärke bei der Kapitalmarktinvestition. Frauen leiden viel seltener als Männer an einem übersteigerten Ego. Sie schichten deshalb ihr Depot deutlich weniger um und sparen sich meist hochspekulative Zockereien, da sie niemandem – auch nicht sich selbst – etwas beweisen müssen. Risikoadjustiert erzielen Frauen so im Schnitt bessere Renditen, während sie in absoluten Zahlen schlechter abschneiden – aufgrund ihrer allgemeinen Risikoaversion und der damit verbundenen niedrigeren Aktienquoten.[27]

Unter dem Motto »Ein Mann ist keine Altersvorsorge«[28] setzt genau hier das Geschäftsmodell »Frauenfinanzen« an. So freudlos dieser defizitorientierte Ansatz auch ist, im Prinzip ist das erst mal richtig. Das Problem am Geschäftsmodell »Frauenfinanzen« liegt woanders, nämlich dass es in erster Linie genau das ist: ein Geschäftsmodell. Hinter einer feministischen Rhetorik und der Vermutung, dass Frauen andere Frauen besser verstehen als Männer, wird knallhart ein traditionelles Provisionsgeschäft gemacht. Mit all den damit verbundenen suboptimalen Produkten: aktive Fonds, Lebensversicherungen, Koppelprodukte ... Mangels Alternativen war das in den 1980er Jahren in der Pionierzeit der Frauenfinanzen noch irgendwie okay. In einem Umfeld wie heute, in dem seit weit über zehn Jahren Honorarberatung als faire und transparente Alternative existiert, ist es das nicht mehr. Zum Glück finden sich auch Ausnahmen, aber eher in der Blogger-Szene und im Coaching für Selbstentscheider als bei der Beratung, etwa die Hamburger »Geldfrau« Dani Parthum.[29]

Geld und Beziehungen

Konflikte um Geld sind ein klassischer Beziehungskiller. Insbesondere wenn das Thema Geld ein Tabu ist, werden Probleme eher größer als kleiner. Das Resultat ist ein »gefährliches Schweigen«, zu dem die *Süddeutsche Zeitung* in einem Artikel über Beziehungen und Geld so poetisch wie treffend ausführt: »Es sind Ängste, die das Reden über Geld schwierig machen, als hätte es eine zersetzende Kraft.«[30] Auch wenn offen über Geld diskutiert wird, dringt das Gespräch selten zu den eigentlichen Wurzeln vor, sondern erschöpft sich schnell in gegenseitigen Vorwürfen. Zumal das Thema Geld selten bewusst auf die Tagesordnung gesetzt wird, sondern Gespräche wie mit Autopilot oft unbewusst auf das Thema Geld zusteuern.

Dies sieht dann zum Beispiel so aus: »Kirsten und Michael fahren nächsten Sommer mit den Wolfs und den Hellers in die Normandie. Da haben deren Freunde ein Haus am Meer gekauft, in dem man wunderschöne Wohnungen mieten kann.«

»Frankreich, da waren wir ja ewig nicht, da hätte ich wahnsinnig Lust drauf.«

»Na, da musst du aber noch ein bisschen Karriere machen.«

»Solange du nicht unser (schlimmer ›mein‹) Geld für irgendeinen Quatsch raushaust, geht das schon.«

»Dann fang doch nicht mit einem so sauteuren Urlaub an.«

»Du hast doch angefangen.«

»Ich? Das ist jetzt nicht dein Ernst?«

Die Wahrscheinlichkeit, dass das Gespräch ab hier eine konstruktive Richtung einschlägt, ist relativ übersichtlich. Das kenne vermutlich nicht nur ich aus eigener Erfahrung. Solche Gespräche über Geld fühlen sich so an, als würde man ohne böse Vorahnung an einen Elektrozaun fassen.

Gerade beim Thema Geld und Beziehungen zeigt sich, dass nichts so falsch ist wie die Grundannahme, Geld sei ein Sachthema. In den Worten von Carl Richards: Geld = Gefühle.[31] Es ist in Beziehungen ein Symbol, ein Kristallisationspunkt, an dem sich so unterschiedliche Dinge wie die Machtverteilung in der Partnerschaft, Werte und Zukunftsvisionen niederschlagen.[32] Wenn Ihnen Ihre Beziehung also am Herzen liegt, ist es dringend notwendig, sich ein paar grundlegender Strukturen bewusst zu werden und einige grundsätzliche Regeln zu vereinbaren.

Um die Erfolgschancen eines Gesprächs über Geld zu erhöhen, schlage ich Ihnen vor, von vier Grundannahmen auszugehen. Erstens: Mit hoher Wahrscheinlichkeit liegt auch Ihrem Partner eine gelungene finanzielle Zukunft am Herzen. Er möchte diese sicher nicht bewusst sabotieren. Zweitens: Ihre Beziehung ist wichtiger als das Geld, um das es in dem Gespräch geht. Drittens: Es ist sehr unwahrscheinlich, dass Ihr Partner und Sie mit den gleichen Wertvorstellungen zum Thema Geld und Vermögen groß geworden sind. Diese Unterschiede werden Sie vermutlich bis heute prägen. Viertens: Wir alle sind nicht wirklich gut in Gesprächen über Geld. Wir müssen das erst langsam lernen. Es kann und wird also Konflikte geben, mit denen Sie und Ihr Partner irgendwie umgehen müssen. Es lohnt sich deshalb, klare Gesprächsregeln zu vereinbaren, um dieses Problem zu entschärfen. Die ersten beiden

Hypothesen sind letztlich Glaubenssätze. Die müssen Sie nicht teilen, aber es wäre sehr traurig, wenn nicht ... An den anderen beiden Grundannahmen kann man dagegen arbeiten.

Wie Sie über Geld denken, liegt sicher zu großen Teilen an dem, was Sie in Ihrer Kindheit vorgelebt und großteils unbewusst mitbekommen haben. War Geld auf die Seite zu bringen als »Geiz« oder als »Sparsamkeit« codiert? Wenn Geld für Dinge ausgegeben wurde, die nicht wirklich nötig waren, hieß das dann »Verschwendung«, »sich was gönnen« oder »Großzügigkeit«? Gab es eine Kultur des Konsumverzichts, des Reflektierens von Konsum, oder wurde Geld einfach für das ausgegeben, was man gerade brauchte – oder meinte, es zu brauchen? Wurden Ausgaben verfolgt oder budgetiert, oder wurde der zuletzt verdiente Euro als erster wieder in Umlauf gebracht? Wenn Geld übrig war, ist Ihre Familie davon eher in den Urlaub gefahren, wurde für ein schickes Auto gespart oder doch lieber das Sparbuch oder Depot aufgefüllt? War Geld (gefühlt) knapp? Sind Sie als Kind damit aufgewachsen, dass es vielleicht nicht reichen würde, oder hieß es, »über Geld spricht man nicht, man hat es?« Wer hat in Ihrer Familie über Geld entschieden, über größere Ausgaben oder Investitionen? War Geld nur etwas wert, wenn es selbst erarbeitet wurde? War eine eigene Immobilie zu kaufen ein nicht hinterfragter Teil der Lebensplanung, etwas völlig Unerreichbares oder galt es als überflüssig? Gab es einen mehr oder minder deutlich formulierten Anspruch, das Familienvermögen unbeschadet in die nächste Generation zu bringen? War der Blick auf ökonomisch erfolgreiche Menschen von Anerkennung geprägt oder eher von Neid und Verdächtigungen bezüglich deren moralischer Integrität? Wie sehr waren das neue Auto oder der teure Urlaub von Bekannten ein Thema für Gespräche? Galt ein gewisser Wohlstand als erreichbar oder war das Teil eines anderen Universums oder gar verwerflich? Da wir kaum gelernt haben, sinnvoll über Geld zu sprechen, liegt es nahe, dass wir diese Muster, die kaum ausgesprochenen Geschichten über Geld einfach reproduzieren oder uns aber ganz bewusst abgrenzen wollen: egal, ob wir die »einfachen Verhältnisse« oder eine vermeintlich entseelte »bürgerliche Konsumwelt« hinter uns lassen wollen.

Ein Gespräch darüber, wie die Eltern mit Geld umgegangen sind, wie über Vermögen geredet wurde, wie der (vermutete) Wohlstand von Freunden oder Nachbarn kommentiert wurde und was man über »die Reichen« gedacht hat, ist auf der Beziehungsebene relativ risikolos. Wenn Sie es sich verkneifen können, die Erfahrungen Ihres Partners (ab)wertend zu kommentieren, können Sie Konflikten ganz gut aus dem Weg gehen. Falls Sie es dann noch schaffen, das Ganze erst einmal zu beobachten und interessiert und ergebnisoffen nachzufragen, gelingt es Ihnen vielleicht, Unterschiede anzuerkennen, zu verstehen, was Sie und Ihren Partner geprägt hat, und dabei vielleicht sogar etwas dazuzulernen. Sie werden staunen, wie unterschiedlich die Art, über Geld zu denken, sein kann.

Über solche Unterschiede hinwegzusehen, kann sehr unangenehme Konsequenzen haben, insbesondere wenn einer der Partner einsame Entscheidungen fällt, die einen direkten Einfluss auf die zukünftige Lebensqualität haben. Ich habe 2008 selbst einmal erlebt, wie sich das Ehepaar Kneif vor meinen Augen lautstark in die Haare bekommen hat. Herr Kneif, Patriarch alter Schule, hatte, ohne seine Frau näher zu konsultieren, das Familienvermögen einer scheinbar renommierten Schweizer Privatbank anvertraut. Die hatte vom Hedgefonds des legendären Anlagebetrügers Bernie Madoff bis zu fragwürdigen Zertifikaten nichts ausgelassen und war damit voll in die Finanzkrise geschlittert. Warum Frau Kneif andere Vorstellungen zum Thema Risiko hatte und ob ihr das alles erst nach den eingetretenen Verlusten eingefallen ist, habe ich nicht herausbekommen. Sie hatte zumindest ein recht schillerndes Repertoire an Metaphern aus dem Fäkalbereich, um ihrer Risikoaversion und der Art, in der ihr Mann anscheinend über sie hinweggegangen war, Ausdruck zu verleihen. Ich war froh, dass ich irgendwann lebend aus dem Gespräch wieder herausgekommen bin. Der Kollege, der damals dabei war, ist bis heute traumatisiert. Gut, das waren unmögliche Menschen, aber ein Stück weit ist das Risiko solcher Konflikte in jeder Beziehung angelegt, wenn nicht gemeinsam und sorgfältig entschieden wird.

Ich habe aber auch immer wieder Paare erlebt, die wesentlich klüger mit dem Thema unterschiedlicher finanzieller Prägung umgegangen sind. Und das würde ich auch Ihnen dringend empfehlen: Wenn Sie daheim die Finanzministerin (oder wesentlich wahrscheinlicher) der Finanzminister sind: Machen Sie nicht den Fehler, allein zu entscheiden. Egal ob Sie wesentlich mehr Ahnung von der Materie haben – oder dies gegebenenfalls nur vermuten –, egal ob Sie es sind, der den wesentlich größeren Beitrag zu Einkommen und Vermögen beiträgt. Im Sinne des oben angesprochenen liebenswürdige(re)n Finanzpatriarchats, übernehmen Sie meinetwegen die operativen Entscheidungen. Aber Grundsatz- und Wertentscheidungen sollten Sie dringend gemeinsam treffen.

Was nützt es, wenn Sie die mit einer Kapitalmarktanlage verbundenen Risiken nicht weiter aufregen, Ihre Partnerin aber durch Armutserfahrungen aus Ihrer Kindheit geprägt ist und ein völlig anderes Sicherheitsbedürfnis hat als Sie? Ich bin selbst in relativ wohlhabenden Verhältnissen groß geworden und obwohl ich mich täglich mit Menschen über Geld unterhalte, überrascht es mich immer wieder, wie sehr die Armut aus der Kindheit Menschen bis ins Erwachsenenalter verfolgen kann: Die Erfahrung und das Gefühl von Unsicherheit, Scham, Ausschluss von sozialer Teilhabe, Existenzangst lassen sich nicht einfach mit einem komfortablen Kontostand auslöschen. Es kostet Energie, sich in Punkto Geld auf andere »kulturelle« Koordinaten einzustellen. Das kann man schnell übersehen, vergessen oder übergehen – potenziell mit jeder Menge negativer Nebenwirkungen auf Ihre Beziehung und Ihr Vermögen.

Wenn Sie mit Ihrem Partner, aber auch mit Ihren Kindern über Geld reden, empfiehlt es sich, einige klare Regeln zu vereinbaren, um eine Eskalation zu vermeiden und konstruktive Ergebnisse zu erzielen. Im Prinzip sind dies die üblichen Regeln einer konstruktiven Gesprächsführung und gelungenen Feedback-Kultur: oft gehört, leicht zu verstehen, aber kaum umgesetzt. In seinem »Talking About Money«-Workshop schlägt Carl Richards vor, das Thema Geld zu einem vorher definierten Zeitpunkt regelmäßig auf die Tagesordnung zu setzen und darauf zu achten, dass man dabei ungestört ist und einen vollen mentalen Akku hat. Gespräche nach einem stressreichen Tag und mit leerem Magen sind fast eine Garantie, dass etwas schiefgeht.

Um konstruktive Ergebnisse zu bekommen, ist es auch wichtig, eine möglichst konkrete Agenda zu haben. »Geld« als Thema ist viel zu allgemein. Besser ist es, möglichst spezifische Themen anzugehen: Stimmt die Risikoquote unserer Investition? Was würde es bedeuten, wenn wir einen Verlust von X ertragen müssten? Oder: Wo bleibt eigentlich unser Geld? Und sich dann konkret die Umsätze des letzten Monats für Kleidung, Essen, Ausflüge oder Kultur anzusehen. So könnten Sie zum Beispiel feststellen, ob die Ausgaben es im Einzelnen immer wert waren und wo es Sparpotenziale gibt.

Das Wichtigste: Hören Sie geduldig zu, hinterfragen Sie die Aussagen Ihres Partners, bis Sie alles verstanden haben, und bohren Sie möglichst tief. Wenn Sie merken, dass ein Gespräch nicht mehr konstruktiv bleibt, legen Sie eine Pause ein und machen Sie wann anders weiter. Um weiterzukommen und dazuzulernen, ist es dringend nötig, Fehler anzusprechen und (selbst-)kritisch zu sein. Aber sparen Sie sich Kommentare, die Ihren Partner und nicht ein spezifisches Verhalten kritisieren. »Das ist mal wieder typisch für dich ...« ist zum Beispiel kein gutes Intro. Um sich dessen bewusst zu bleiben, empfiehlt Carl Richards, mit Edding dick »No shame, no blame« auf eine Baseballkappe zu schreiben und diese bei jedem Gespräch über Geld zu tragen. Ziemlich albern, aber Sie verstehen den Punkt, oder? Es wäre naiv, zu vermuten, dass Sie so jedem Konflikt aus dem Weg gehen können. Wie gesagt, die meisten von uns sind Anfänger in solchen Gesprächen. Aber es ist ein Weg, langsam zu üben und besser zu werden.[33]

Bis dahin sind das aber alles nur Techniken - der Schlüssel für gelungene Gespräche über Geld, mehr noch, der Schlüssel zu einem gelungenen Umgang mit Geld liegt auf einer anderen Ebene. Er ist die Frage: Warum ist Geld wichtig für mich?

Einen finanziellen Kompass finden

Die bisherigen Punkte liefern eine Reihe Denkanstöße, die Ihnen helfen, eine bewusste Entscheidung zu fällen, anstatt unbewussten und teilweise toxischen Automatismen zu folgen. Es liegt an Ihnen, einen freien und selbstbestimmten Weg einzuschlagen. Sie können sich selbst eine neue Geschichte schreiben, für was und warum Geld wichtig für Sie ist.

Also: Welche Rolle wollen Sie Geld in Ihrem Leben zugestehen? Warum ist es wichtig für Sie? Und damit verbunden und genauso wichtig: warum nicht?

Mit der Suche nach dem Warum ist etwas sehr Positives verbunden: Wenn Sie eine klare Haltung haben, dann lösen sich viele Probleme –

nicht von selbst, aber relativ leicht. Auf Basis eines klaren Wertegerüsts schaffen Sie es, viel einfacher über Geld nachzudenken. Das gilt für mehr oder minder alle Bereiche: Sie können leichter kontraproduktive Verhaltensweisen identifizieren und bestenfalls einstellen. Seien es sinnfreie Investitionen und Konsumentscheidungen oder ein ungutes Vergleichen mit anderen. Ein möglichst genau definiertes und im besten Fall gemeinsames Warum ermöglicht es, konstruktiver mit Ihrem Partner über Geld zu sprechen und zu entscheiden. Aber auch da, wo Sie unterschiedliche Vorstellungen haben, ist es viel besser, Unterschiede anzuerkennen und auszuhalten, als immer wieder mit geschlossenen Augen in ein Minenfeld zu geraten. Klarheit über Wertvorstellungen macht es einfacher, Grundsatzentscheidungen zu fällen: Bei was lohnt es sich zu sparen und bei was nicht? Es hilft Ihnen bei der Wahl der richtigen Anlagestrategie und es motiviert Sie, in schwierigen Kapitalmarktzeiten durchzuhalten, wenn Sie wissen, wofür Sie das Ganze machen. Und noch etwas ist sehr hilfreich, wenn Sie wissen, warum Geld für Sie wichtig ist: Sie vergessen vermutlich nicht, es auch rechtzeitig wieder auszugeben, es in Lebensqualität zu tauschen, statt es nur zu horten. Gute Geldentscheidungen sind also diejenigen, die Sie Ihren Zielen und Werten näherbringen.

Wenn ich Menschen frage, warum Geld für sie wichtig ist, dann sehe ich nicht selten in irritierte Gesichter. Nicht weil die Frage so schlecht ist, sondern weil sie so gut ist und zum Nachdenken zwingt. Die meisten meiner Gesprächspartner versuchen dann, mich mit einem Schlagwort zufriedenzustellen. Sicherheit, Freiheit, Lebensqualität, Unabhängigkeit oder Gestaltungsmöglichkeit höre ich dann öfters und seltener Wohlstand, Luxus oder »Geld zeigt meinen Erfolg«. Das Problem: All diese Schlagwörter sind weit gefasst. Sie sind Projektionsflächen. Hinter ihnen verstecken sich eher Gefühle und Wünsche als Fakten und konkrete Ziele. Sie bedeuten also – wie Geld selbst – sehr unterschiedliche Dinge für unterschiedliche Menschen.

Wenn Sie sich also Gedanken darüber machen, warum Geld für Sie wichtig ist, sollten auch Sie es sich nicht zu bequem machen, sondern weiter nachfragen. Die beste Frage dabei ist wenig überraschend: warum? Also: Warum ist (finanzielle) Sicherheit wichtig für mich? Nur drei von Dutzenden Antworten könnten sein: Es macht mich unabhängig vom Wohlwollen anderer Menschen. Oder: Es erlaubt mir eine optimale medizinische Versorgung, wenn es mal nötig ist. Oder aber auch: Ich kann so der Verantwortung für meine Kinder gerecht werden. Sie ahnen es – bei jeder dieser Antworten lohnt es sich, noch einmal nachzufragen. Verfolgen wir den ersten Pfad: Warum ist es wichtig, unabhängig vom Wohlwollen anderer Menschen zu sein? Auch hier gibt es Dutzende Antworten. Etwa: Ich möchte es mir jederzeit leisten können, meinen Job zu wechseln, wenn er mich unzufrieden macht. Oder: Ich liebe meinen Mann, aber ich möchte nie in die Situation kommen, nur aus finanziellen Gründen bei ihm zu bleiben. Auch die Aussage mit der Verantwortung für die eigenen Kinder kann ganz verschiedene Hintergründe oder Ansprüche haben: Startkapital in ein eigenes Leben mitgeben? Eine langfristige Betreuung für ein behindertes Kind sicherstellen? Möglichst viele gemeinsame Erlebnisse, Urlaube und Erfahrungen bezahlen? Die Ausbildung finanzieren? Schon der Wunsch, jedem Kind ein Studium bezahlen zu können, kann wieder unterschiedliche finanzielle Konsequenzen haben: in Greifswald, München, Amsterdam oder Boston? Eher komfortabel oder dass es gerade so reicht, oder wollen Sie bewusst oder aus Notwendigkeit mit einkalkulieren, dass Ihr Kind einen Teil selbst erarbeiten muss?

Es gibt eine Reihe von Umwegen und Zusatzfragen, um sich der Frage zu nähern, warum Geld wichtig für das eigene Leben ist. Der stark vom Buddhismus beeinflusste Autor und Trainer für Finanzberater George Kinder ist selbst für die buntere Finanzszene in den USA außergewöhnlich. Auch sein Denken kreist weitgehend um die Frage, wie man Lebensziele und finanzielle Ziele so weit wie möglich in Einklang bringen kann. Er empfiehlt Finanzberatern daher, ihren Kunden die folgenden drei Fragen zu stellen, um dem Thema »Warum ist Geld wichtig für mich?« auf den Grund zu gehen. Die erste ist noch vergleichsweise konventionell und erspart einem gegebenenfalls das ständige Nachfragen bei der »Warum«-Frage. »Ich möchte, dass Sie sich vorstellen, dass Sie finanziell abgesichert sind, dass Sie genug Geld haben, um jetzt und in Zukunft für Ihre Bedürfnisse zu sorgen. Die Frage ist, wie würden Sie Ihr Leben leben? Was würden Sie mit dem Geld tun? Würden Sie etwas ändern? Lassen Sie sich gehen. Halten Sie Ihre Träume nicht zurück. Beschreiben Sie ein Leben, das vollständig ist und vollkommen Ihnen gehört.« Eine Zusatzfrage hierzu könnte lauten: »Wenn Sie mehr Geld oder mehr Zeit hätten, was würden Sie tun? Stellen Sie sich etwa vor, Sie hätten 5 000, 25 000 oder 250 000 Euro und eine Woche, einen Monat oder ein Jahr frei, um es auszugeben.« Die nächste Frage nähert sich dem Thema nach einem erfüllten Leben und der Rolle, die Geld dabei spielen kann, auf eine deutlich drastischere Weise: »Sie gehen zu Ihrem Arzt, der Ihnen mitteilt, dass Sie noch fünf bis zehn Jahre zu leben haben. Das Gute daran ist, dass Sie sich nie krank fühlen werden. Die schlechte Nachricht ist, dass Sie den Zeitpunkt Ihres Todes nicht kennen und plötzlich sterben werden. Was werden Sie in der Zeit tun, die Ihnen noch zum Leben bleibt? Werden Sie Ihr Leben ändern und wie werden Sie es tun?« Ich finde die Frage einen großartigen Gegenentwurf zu der konventionellen Betrachtung, sich lebenslang einzuschränken und das gute Leben auf eine Zukunft nach der Rente zu verschieben, eine Zukunft, die es eventuell nie geben wird. Das ist natürlich kein Plädoyer, nicht vorzusorgen und alles zu verjubeln. Denn das wird Sie unabhängig davon, dass Sie dann im Alter nichts mehr haben, sicher auch nicht glücklich machen. Aber es ist ein gutes Korrektiv. Die letzte der drei Fragen von George Kinder ist noch einmal eine emotionale Steigerung von Frage zwei: »Diesmal schockiert Sie Ihr Arzt mit der Nachricht, dass Sie nur noch einen Tag zu leben haben. Achten Sie darauf, welche Gefühle aufkommen, wenn Sie mit Ihrer sehr realen Sterblichkeit konfrontiert werden. Fragen Sie sich selbst: Welche Träume werden unerfüllt bleiben? Was hätte ich gerne noch zu Ende gebracht und wer wäre ich lieber gewesen? Was wünschte ich, ich hätte es getan? Habe ich etwas verpasst?«[34] ... Puh.

Es gibt eine gute Chance, dass die Antworten auf diese Fragen Ihnen zu einem guten Teil auch die Frage beantworten, warum Geld für Sie wichtig ist. Die wenigsten Menschen bereuen am Ende ihres Lebens, nicht noch ein klein bisschen reicher zu sterben oder nicht genug gearbeitet zu haben. Viele dagegen bereuen, nicht mehr Zeit mit ihren Familien verbracht zu haben, sich einen großen Traum nicht erfüllt zu haben oder im richtigen Moment ihres Lebens nicht den Mut für eine Veränderung gehabt zu haben. Geld hätte bei all diesen Dingen helfen können – es kann bei all diesen Dingen helfen.

Wenn Sie Ihre Wertvorstellungen definiert haben, können Sie im nächsten Schritt das tun, was die meisten Menschen und fast alle Finanzberater tun, allerdings *ohne* vorher allzu viel nachzudenken:

konkrete Ziele und Maßnahmen festlegen. Auch das ist wichtig, denn die Wahrscheinlichkeit, dass Sie ohne konkrete Ziele am richtigen Ort ankommen, ist ausgesprochen gering. Konkret könnte das dann sein: Sparvorgänge für die Altersvorsorge oder die Ausbildung der Kinder aufzusetzen, das Bilden von Reserven für Sondertilgungen, Investitionen in das eigene Geschäft, das Erstellen einer Notfallplanung oder aber auch der Wechsel des Jobs. In einem ersten Schritt reicht es, wenn Sie diese Maßnahmen zusammen mit Ihren Wertvorstellungen schriftlich festhalten, ohne sie mit konkreten Zahlen zu hinterlegen.

Was Sie bisher haben – also Ihre Wertvorstellungen und die daraus resultierenden konkreten Maßnahmen –, ist das, was Carl Richards einen »one page financial plan« nennt. Und eine solche Finanzplanung-auf-einer-Seite sollten auch Sie in jedem Fall *schriftlich* anfertigen. Wie bei so vielen Dingen in Finanzangelegenheiten gilt auch hier: Einfachheit und Klarheit sind wichtiger als Komplexität. Die Funktion dieses Plans besteht darin, ein Kompass in unerforschtem Terrain zu sein, er ist *keine* exakte Landkarte. Genauer: Er kann es gar nicht sein. Dafür sind zu viele Parameter an den Kapitalmärkten und in Ihrem Leben zu unberechenbar. Am Ende haben Sie dann wenige Sätze, die, wenn nicht auf einen Bierdeckel, so doch zumindest auf eine Schreibmaschinenseite passen. Sätze, die für andere vielleicht generisch aussehen, für Sie aber mit jeder Menge Bedeutung aufgeladen sind.[35] Mein Finanzplan-auf-einer-Seite sieht seit Längerem so aus:

Werte:

1. Meiner Familie und mir ein an positiven (meist gemeinsamen) Erfahrungen reiches Leben ermöglichen.
2. (Beruflich) selbstbestimmt sein: inhaltlich, zeitlich und geografisch.
3. Nur Zeit verbringen mit Menschen, die ich mag.

Ziele und Maßnahmen:

1. Eigenes Unternehmen mit einem selektiven Geschäftsmodell aufbauen.
2. Genügend Reserven bilden, um die Ausbildung meiner Kinder sicherzustellen, inklusive Studium im Ausland.
3. Laufend genügend Einkommen und Zeitreserven generieren, um mit Kindern und Freunden mindestens zweimal, lieber dreimal im Jahr Urlaub zu machen.

4. Eine langfristige und großzügige liquide Reserve aufbauen, die Spielräume bei Veränderungen und in Krisen ermöglicht und mir erlaubt, nur so viel zu arbeiten, wie es mir Freude bereitet.
5. Eine solide Notfallplanung erstellen, falls ich oder meine Frau frühzeitig versterben oder zwischen Leben und Tod hängen bleiben.

Da ich gerne arbeite und auch jetzt schon zeitlich relativ selbstbestimmt bin, spielen Ruhestand oder Altersvorsorge keine größere Rolle, als in Punkt vier enthalten – einer der wenigen Punkte, bei dem meine Frau und ich etwas unterschiedliche Vorstellungen haben.

Ihr Finanzplan-auf-einer-Seite ist etwas ganz anderes als das Arbeiten mit Zinskalkulationen, Szenariorechnungen oder einer ausführlichen Finanzplanung. Auch damit werden wir uns im Laufe des Buchs immer wieder beschäftigen. In vielen Fällen ist es sinnvoll und für einige sogar dringend notwendig, die abstrakten Ziele und Maßnahmen aus dem Finanzplan-auf-einer-Seite mit konkreten Zahlen durchzurechnen. Doch danach können Sie diese Berechnungen auch gerne wieder vergessen, solange Sie sie alle zwei, drei Jahre einmal überprüfen und konkrete Maßnahmen ein Stück anpassen. Ihre Werte und Ziele sollten Sie dagegen verinnerlicht haben. Sie sind Ihr Kompass, helfen Ihnen laufend, sicherzustellen, dass Sie mit Ihren täglichen Entscheidungen und Ihrem Verhalten in der Spur sind.

MEINE GANZ KONKRETE EMPFEHLUNG: Erstellen Sie sich, bevor Sie weiterlesen, einen Finanzplan-auf-einer-Seite. Und machen Sie es sich dabei nicht zu leicht: Fragen Sie lieber einmal zu viel als einmal zu wenig »Warum?« und suchen Sie sich dazu einen guten Gesprächspartner, sonst drehen Sie sich sehr schnell im Kreis.

Teil 2
Gelassen bleiben: Die wichtigsten Spielregeln und Grundsatzentscheidungen

»Das größte Problem des Investors
– ja sein schlimmster Feind –
ist er vermutlich selbst.«[36]
Benjamin Graham

Bevor Sie sich operativ mit dem Thema Geld beschäftigen, müssen Sie sich darüber klar werden, was und vor allem wer Ihnen bei erfolgreichen Entscheidungen im Weg steht. Vor allem sollten Sie verstehen, wie Sie die ganz großen Fehler vermeiden. Wenn Sie das geschafft haben, müssen Sie noch eine Reihe Grundsatzentscheidungen fällen: So stellen Sie sicher, dass sich Ihre konkreten Maßnahmen auch im Einklang mit Ihren Wertvorstellungen und Zielen befinden und dazu beitragen, dass Geld in Ihrem Leben eine positive Rolle übernimmt.

3.
Kenne deine Feinde: Wie Sie sich gegen den Lärm der Finanzbranche immunisieren

Pinocchio-Banking

So bedauerlich es ist: Ich bin nicht als Honorarberater vom Himmel gefallen und habe selbst die ersten Jahre meines Lebens als Finanzberater in einer Großbank gearbeitet. Na ja, so richtig groß war die Bank eigentlich nicht und Berater war ich auch nicht, eher Verkäufer. Und genau darum geht es jetzt.

Was glauben Sie, wie oft habe ich zwischen 2000 und 2007 in irgendwelchen Führungskräfterunden, -telkos, -workshops und -schulungen gesessenen? Wenn ich die einzelnen Stunden addiere, dann komme ich vermutlich auf einen knappen Monat: Tag und Nacht. Und wie oft, glauben Sie, haben wir uns in diesen Runden darüber unterhalten, was die richtige langfristige Strategie für unsere Kunden ist, etwa für den Übergang in den Ruhestand oder beim Berufseinstieg? Wie oft haben wir diskutiert, wie wir verhindern, dass Kunden in Krisenphasen ihre Aktien verkaufen oder sich in die Schuldenfalle konsumieren? Okay, das waren jetzt eher rhetorische Fragen. Denn in den Leiter- wie in den Vertriebsrunden gab es nur ein Thema, immer und so gut wie ohne Ausnahme: Verkaufen, vulgo »die Zahlen.«

Die Rituale in den meist 14-tägigen Leiterrunden waren immer die gleichen: Die Ansagen, die unser Chef von seinem Vorgesetzten und dieser vom zuständigen Regionalvorstand bekommen hatte, wurden eins zu eins runtergebrochen. Wo stehen wir heute? Wo wollen wir hin? Wen (also welche Kunden) sprechen wir an? Was sind die Kernargumente? Wie gelingt es uns, die Mitarbeiter stärker einzubinden (also Druck zu machen)? Allein die Frage, ob und wer die Produkte eigentlich brauche, machte einen als »Reichsbedenkenträger« verdächtig. Die Funktionsweise oder die Kostenstruktur der offerierten Produkte offen infrage zu stellen, war ein absolutes Tabu. Und ebenso der Hinweis, dass das Erreichen einiger Ziele nur dadurch möglich war, dass man langjähriges Vertrauen in Euro tauschte, war unsagbar.

Wenn es nicht so lief wie gewünscht – und das tat es meistens –, wurde die Rhetorik oft relativ martialisch. Spätestens wenn die Metaphern vom Sport in den Militärbereich wechselten, wusste auch der Letzte, dass es ernst wurde. Dabei können Sie davon ausgehen, dass die Ausdrucksweise, der Tonfall und die Lautstärke nicht immer so blieben, wie Ihnen das Ihre Mutter hoffentlich einmal beigebracht hat. Je weiter oben in der Pyramide der Bankhierarchie, umso drastischer. Da fielen dann schon mal Sätze wie »entweder es ändern sich die Zahlen oder es ändern sich die Köpfe.« Kein Wunder, dass, wenn man auf dem Gang eine Kollegin oder einen Kollegen fragte, wie es ihnen denn ginge, man im Regelfall die aktuelle Zielerreichung in der Wertpapierverkaufsaktion zur Antwort bekam. Absurd.

Was auf Führungskräfteebene besprochen – respektive diktiert – wurde, wurde spätestens am nächsten Tag nach unten weitergegeben. Gerade für die Bank~~berater~~verkäufer, die mit dem Absatz hinterherhinkten, gab es eine Reihe »motivierender« Klassiker: »Warum lassen Sie die Kollegen hängen? [...] Da bin ich auch ein Stück menschlich enttäuscht von Ihnen.« ... »Woran liegt es? Wen sprechen Sie jetzt ganz konkret bis heute Abend an? Wie viel nehmen Sie sich bis morgen Mittag vor?« Oder auch: »Können Sie nicht – oder wollen Sie nicht ...? Oder beides?«

Glauben Sie, es ist realistisch, dass Sie in einem solchen Umfeld als Kunde eine objektive Beratung bekommen können? Im besten Fall wird Ihr Berater irgendeinen Spagat zwischen Ihren Interessen und denen seiner Bank machen. Im realistischeren Fall ist ihm oft alles egal. Er will nur endlich ein paar Tage seine Ruhe haben. Das heißt konkret: Sie bekommen, was gerade raus muss. Ein risikobehaftetes, provisionsgeschwängertes Fokusprodukt, das Ihren eigentlichen Zielen nicht einmal durch Zufall entsprechen wird.

Letztlich bewegt sich das Feld der Verkäufer in Banken dabei zwischen zwei Polen: Auf der einen Seite sind Mitarbeiter, die ihre Kunden eigentlich gut beraten wollen und sich mehr schlecht als recht mit der Bank arrangieren. Diese Mitarbeiter sind häufig etwas älter, erfahren und noch gut ausgebildet worden. Auf der anderen Seite finden Sie Mitarbeiter, die sich klar als Verkäufer definieren. Sie machen, was der Chef anordnet – basta. Da werden die Produkte auch ohne viele scheinsachliche Argumente immer wieder von links nach rechts und von rechts nach links »gedreht« – so der interne Jargon. Ich kann mich an eine Einheit solcher Verkäufer erinnern, die sich selbst den Spitznamen »Grillstation« gegeben hatten. O-Ton: »Wir wenden das Depot der Kunden so oft, bis das letzte Fleisch von den Knochen fällt.«

Seit meinem Ausstieg aus dem Provisionsgeschäft habe ich viele Dutzend Gespräche mit Bankern geführt, die für sich einen anderen Weg gesucht haben. Was ich schnell gelernt habe: Ich war selbst gar nicht in einer besonders schlimmen Bank gewesen. Überall war und ist es bis heute dasselbe Bild. Monatliche, auch wöchentliche Vertriebsrunden, manchmal tägliche Vertriebs-Calls sind weiterhin die Regel. Egal, in welche Bank Sie gehen und wann: Sie treffen mit 99-prozentiger Wahrscheinlichkeit auf einen Menschen mit einem gewaltigen Problem: Er muss Ihnen dringend etwas verkaufen.

Dieser Verkaufsdruck hinterlässt eine überdeutliche Spur in den Kundendepots. Im Laufe der vergangenen zwölf Jahre habe ich mir viele Hundert davon angesehen. Auch hier gibt es bis heute kaum Ausnahmen. Von der Großbank über Sparkassen, Volks- und Raiffeisenbanken bis hin zum kleinen, edlen Privatbankhaus: Interessenkonflikte, versteckte Provisionen und intransparente Risiken finden sich überall. Mal etwas zurückhaltender, meist überdeutlich. Das ganze Elend bringen die Worte eines mir bekannten Filialleiters auf den Punkt, der die Bedenken seines frustrierten Mitarbeiters zerstreuen wollte: »Ach, haben Sie sich doch nicht so, allerhöchstens 10 % unserer Trades sind kriminell.« Noch ein O-Ton eines Beraters gefällig? »Mein Gewissen, Herr Dr. Braun? Das gebe ich jeden Morgen an der Garderobe ab.« Bleibt nur zu hoffen, dass es da noch hängt, wenn der Kollege abends wieder heimgeht.

Unter diesen kriminellen Trades gibt es immer wieder spektakuläre Einzelfälle. An meinen persönlichen ersten Vollkontakt mit dem Irrsinn der Provisionswelt kann ich mich bis heute gut erinnern. Die übermotivierte Verkäuferin Frau Waste schwatzte der gut 80-jährigen Ilse eine Immobilienbeteiligung mit erstaunlichen unternehmerischen Risiken auf: Das sei eine sichere Sache und toll für die Erbschaftssteuer. Nur dumm, dass Ilse so wenig Vermögen hatte, dass es nie eine Erbschaftssteuer geben würde, die Beteiligung aber auf 30 Jahre konzipiert war. 180 000 Euro waren erst mal versenkt. Was für den Notfall einer häuslichen Pflege gedacht war, war nun zum Großteil außer Reichweite. Denn sehr viel mehr hatte die alte Dame nicht. Ob die zunehmend demente Ilse überhaupt von dem ganzen Deal irgendetwas verstanden hatte, sei dahingestellt. Vier Monate später stand sie bereits unter Betreuung, ein Jahr später war sie tot. Die Erben waren zumindest wenig begeistert, in einem Produkt gefangen zu sein, das sich nur unter erheblichen Verlusten verkaufen ließ.

Welche Konsequenz hatte diese Fehlberatung für Frau Waste? Verlor sie ihren Job? Wurde sie wenigstens abgemahnt? Nein, sie machte Karriere. Ein Teil der stattlichen Vertriebsprovision landete auf ihrem persönlichen Gehaltskonto. Schon kurz zuvor war sie – wegen ihres goldenen Händchens für den Vertrieb – in den Kreis für Nachwuchsführungskräfte aufgenommen worden. Jetzt tingelte Frau Waste von Vertriebsregion zu Vertriebsregion, um anderen Verkäufern zu erklären, wie einfach diese »nur scheinbar komplexe Beteiligung« zu verkaufen sei. Letztlich sei eine Beteiligung an einer Gewerbeimmobilie ja nichts anderes als eine lang laufende Staatsanleihe, nur mit einer viel besseren Verzinsung. In dem Kontext wundert es nicht, wenn andere Berater Containerschiffe schon mal zu »schwimmenden Sparbüchern« erklären.

Am bekanntesten geworden ist der Fall der sogenannten Lehman-Oma, die nichts anders wollte als ein besser verzinstes Sparbuch, und am Ende mit Zertifikaten von Lehman Brothers ihre gesamten Ersparnisse verlor. Ich selbst habe vor ein paar Jahren eine Lehman-Tochter kennengelernt. Im Sommer 2008 investierte Renate 254 000 Euro – die gesamte Erbschaft ihrer Mutter – in ein Zertifikat, das ihr die örtliche Raiffeisenbank empfohlen hatte. Der Deal war schon als solcher intransparent und unsinnig genug. Wenn der Kapitalmarkt nicht ausgesprochen schlecht liefe und irgendwelche Schwellen oder so ähnlich durchbrochen würden, bekäme Renate eine Rendite von 6 %. Jedenfalls könne eigentlich nichts schiefgehen. Sehr viel mehr hatte Renate nicht verstanden – eher weniger. An dem Abend knallten in einer Genobank am Münchner Stadtrand die Sektkorken. Einige Wochen später war das

Geld weg – komplett. Totalverlust. Der Emittent, also der Hersteller des Zertifikats, war die berüchtigte Lehman-Bank gewesen. Juristisch gesehen hatte Renate der Lehman-Bank 254 000 Euro geliehen und dafür einen Zettel mit einem Versprechen darauf bekommen. Ein Versprechen, das jetzt keiner mehr halten konnte, denn Lehman war pleite. So komplizierte Dinge wie das Wort »Emittentenrisiko« lernte Renate erst nach ihrem Totalverlust kennen. Dabei wäre es doch so einfach zu verstehen gewesen: Geld verliehen – Schuldner pleite – Geld weg.

Der Durchschlag auf Renates Lebensqualität war gewaltig. Der Wunsch, die letzten sieben Jahre ihres Berufslebens auf Teilzeit umzustellen, hatte sich endgültig erledigt. Der Traum, nach der Pensionierung ihres Mannes einen Bulli zu kaufen und ein Jahr durch Europa zu reisen, kaum mehr zu realisieren. Aber das war es nicht, was Renate am meisten beschäftigte. Was sie nicht losließ, waren ihre Selbstvorwürfe. Der Gedanke, dass sich die in Euro geronnene Lebensleistung ihrer Mutter in Luft aufgelöst hatte. Ihre Mutter, die sich selbst nur selten etwas geleistet hatte, die sich abends mit Näharbeiten etwas dazuverdient hatte, die Mark um Mark, Euro um Euro zurückgelegt hatte. Wie konnte sie nur so dumm, so naiv gewesen sein? Ich habe Renate seitdem nicht wiedergesehen. Ich bin mir sicher, es beschäftigt sie noch heute.

Mir fällt noch ein Dutzend ähnlicher Geschichten ein. Doch so eindringlich Fälle wie die der 80-jährigen Ilse oder der Lehman-Tochter Renate sind – sie haben einen gravierenden Nachteil. Es sind Extremfälle. Sie sind journalistisch gut aufzubereiten, gut zu erzählen und hinterlassen bei uns ein sanftes Erschauern. »Gott sei Dank betrifft mich das nicht.« Falsch. Grundlegend falsch. Auch Sie sind vermutlich Kunde genau so einer Bank. Sie merken es nur nicht, oder Sie wollen es nicht wahrhaben. Absurd genug: Nur 17 % aller Deutschen vertrauen »den« Banken, aber 60 % vertrauen ihrer Bank beziehungsweise ihrem Banker. Laut einer Gallup-Studie von 2019 misstraut über die Hälfte der Deutschen den Banken. Laut dem Portal Statista (2021) ist die überwiegende Zahl der Bankkunden mit ihrer Bank unzufrieden – bei den verbleibenden Großbanken Deutsche Bank und Commerzbank gerade mal noch jeder Fünfte. Und laut Dialego (2020) halten gerade einmal 12 % der Deutschen Finanzberater für vertrauenswürdig.[37] Nur Konsequenzen werden ganz offenbar nicht gezogen.

Was viele nicht verstehen: Schlechte Finanzberatung ist in erster Linie keine Frage mangelnder Moral der Mitarbeiter – sie ist systembedingt. Solange Banken und andere Finanzberater von Provisionen leben, gibt es einen diametralen Interessenkonflikt: immer, überall, ohne Ausnahme. Nicht *Sie* zahlen Ihren Berater, sondern die Finanzindustrie. Und deshalb vertritt Ihr Berater auch nicht Ihre Interessen, sondern die Interessen des Produktherstellers. Sprich, er sorgt dafür, dass Ihnen etwas verkauft wird. Das ist das kleine Einmaleins des Kapitalismus: Wer zahlt, schafft an. Ihr Berater ist keiner – er ist ein Verkäufer. So einfach ist das.

Das Problem dabei: Unterschiedliche Produkte bringen dem Verkäufer unterschiedlich hohe Provisionen. Immobilienbeteiligungen, wie sie der 80-jährigen Ilse aufgeschwatzt wurden, bis zu 10 %, Zertifikate, wie sie die Lehman-Tochter Renate erwarb, gut 5 %, ein Aktienfonds ebenfalls 5 %, ein ETF oder eine Staatsanleihe aber nur 1 % oder 0,5 %. Noch schlimmer: Die Provision, die Ilse und Renate gezahlt haben, ist für einen Laien zur Hälfte nahezu unsichtbar. So etwas nennt sich Innenprovision beziehungsweise Strukturierungsgewinn. Auch beim Aktienfonds sehen Sie nur die Spitze des Eisbergs: So bekommt die Bank nicht nur einmalig den sogenannten Ausgabeaufschlag. Die Fondsgesellschaft schiebt Ihrer Bank auch Jahr um Jahr rund 1 % des Fondsvolumens, also 1 % Ihres Geldes, als Kickback unter dem Tisch zu. Was wird Ihnen Ihr Verkäufer also empfehlen? Mit ihm zu reden ist nicht nur sinnlos, es ist gefährlich. Mag er noch so freundlich und sympathisch sein – er ist Teil eines gegen Ihre Interessen gerichteten Systems.

Eventuell glauben Sie, das sei alles nicht mehr so schlimm. Die Banken hätten seit 2008 ihre Lektion gelernt. Strengere Transparenzrichtlinien und härtere Gesetze hätten der systematischen Fehlberatung ein Ende bereitet. Das ist großteils Wunschdenken. In der Vermögensverwaltung, also da, wo Sie als Kunde Ihre Gelder der Bank anvertrauen, ohne selbst an Entscheidungen mitzuwirken, gibt es Fortschritte: Versteckte laufende Provisionen sind hier nicht mehr erlaubt. Banken müssen hier wesentlich mehr Energie entwickeln, um heimlich an Ihr Geld zu kommen. Auch der Strukturierungsgewinn bei Zertifikaten wird mittlerweile im Produktinformationsblatt ausgewiesen – das hilft aber nur, wenn man danach sucht und das Informationsblatt auch liest. Meiner Erfahrung nach passiert das nicht.

Auch der sogenannte Ex-ante- und Ex-post-Kostenausweis könnte in Zukunft eventuell helfen. Wenn das ganze Elend von Verwaltungsgebühren, Produktkosten und Transaktionskosten sichtbar wird, wird das den einen oder anderen Kunden vermutlich aus dem Tiefschlaf rütteln. Schauen Sie sich das, wenn Sie es von der Bank zugeschickt bekommen, genau an, suchen Sie es in Ihrer elektronischen Postbox oder fragen Sie Ihren Verkäufer danach. Bis jetzt zumindest ändert das alles noch nichts daran, dass die meisten Vermögensverwaltungen auch heute noch indiskutabel teure Selbstbedienungsläden sind.

Auch sonst bleibt vieles beim Alten: Die Depots, die ich heute zu sehen bekomme, sind nicht anders als vor zehn Jahren. Verdeckte Testkäufe, die wir 2019 und dann wieder 2023 gemacht haben, waren genauso ernüchternd wie eh und je. Und insbesondere bei Sparkassen und Volksbanken feiert der Absatz intransparenter Zertifikate fröhliche Urstände mit potenziell gravierenden Vermögensschäden.[38]

Ein völliger Fehlschlag ist auch das sogenannte Beratungsprotokoll, das man Ihnen am Ende eines Verkaufs in die Hand drückt. Erfahrungsgemäß werden Sie es nicht lesen, und wenn Sie es lesen, werden Sie die juristischen Implikationen nicht verstehen und im Konfliktfall mit der Bank werden Sie keine Ansprüche haben, solange Ihr Verkäufer keine Formfehler gemacht hat. Leidtragende dieses unsäglichen Versuchs, einen Missstand differenziert zu verwalten, sind neben den Verbrauchern und dem Wald auch die wenigen seriösen Berater, denen der administrative Aufwand eine vernünftige Beratung verleidet oder – gerade bei weniger zahlungskräftigen Kunden – ökonomisch unmöglich macht.

Dabei wäre alles so einfach: Ein komplettes Provisionsverbot, wie es Verbraucherschützer oder die Bürgerbewegung »Finanzwende« fordern, ist kein Hexenwerk. In England, den Niederlanden und Australien funktioniert das auch. Deutschland bleibt hier weiter Entwicklungsland, die Bankenlobby nach wie vor bestens vernetzt mit den politischen Entscheidern. Sie führt nach wie vor eine verbitterte Abwehrschlacht um die gefährdeten Pfründe. Bisher mit Erfolg: Sowohl die Bemühungen während der Koalitionsverhandlungen Ende 2021 als auch die Initiative der EU-Kommission im Frühjahr 2023, dem Irrsinn Provision ein

Ende zu setzen, liefen ins Leere. Das ist beim besten Willen nicht einzusehen. Steuerberater werden auch nicht vom Finanzamt bezahlt. Anwälte verlieren ihre Zulassung, wenn sie Gelder der Gegenseite annehmen – das nennt man Mandantenverrat. Warum Mandantenverrat in einem der wichtigsten Lebensbereiche, wo es um Ihre Lebensqualität, Ihren Lebensstandard im Alter oder die Ausbildung Ihrer Kinder geht, legal sein soll, ist nicht zu verstehen.

Strukkis, Versicherungstandler und »unabhängige« Berater

Wenn man von Banken keine neutrale Beratung erwarten kann, wie sieht es dann mit sogenannten unabhängigen Beratern aus? Nicht wirklich besser, denn »unabhängig« ist kein geschützter Begriff. Es heißt im Regelfall »unabhängig von Sachkenntnis und ethischen Standards«. Bei kleinen Firmen erkennen Sie diese Scheinunabhängigkeit am leichtesten durch einen Blick in das Impressum. Wenn da jemand eine Lizenz nach Gewerbeordnung 34f angibt, ist er ein Verkäufer. So einfach ist das, da würde ich mich auf nichts einlassen.

Strukturvertriebe, umgangssprachlich auch Strukkis genannt, betreiben diese angeblich unabhängige Beratung im großen Stil. Die Gründer großer Vertriebe wie Carsten Maschmeyer (AWD) und Reinfried Pohl (Deutsche Vermögensberatung) wurden Milliardäre. Gerade Maschmeyers Kontakte in die Politik waren bestens geölt. Mit Bert Rürup, dem Initiator der nach ihm benannten Rürup-Rente, hatte er nach Einführung dieses Geschenks an die Finanzindustrie ein gemeinsames Unternehmen. Auch sein kulturelles Engagement, insbesondere für Literatur, ist bemerkenswert: So kaufte Maschmeyer die Rechte an Gerhard Schröders Memoiren für erstaunliche zwei Millionen Euro. Zufälligerweise gerade, nachdem Rot-Grün das reformierte Alterseinkünftegesetz verabschiedet hatte – eine Gesetzesnovelle, die eine veritable Goldgrube für den AWD war.[39]

Strukturvertriebe, zu denen auch Adressen wie MLP, Tecis und Mayflower zählen, funktionieren nach dem Prinzip des Multi-Level-

Marketings. Eine Methode, nach der auch viele Versicherungen arbeiten. Meist sehr junge Mitarbeiter steigen auf der untersten Hierarchiestufe einer pyramidenförmigen Organisation ein. Nicht selten werden neue Strukkis in der Fußgängerzone von bereits erfahreneren Kollegen angesprochen: »Du hast so eine unglaublich tolle Ausstrahlung, kannst du dir vorstellen ...«

Was folgt, ist ein Crashkurs. Wobei sich der Crashkurs weniger auf Fachwissen als auf Verkaufstechniken bezieht: Sympathie herstellen, dem Kunden ein Problem machen, eine Lösung des Problems anbieten, eine »Ja-Schiene« aufbauen (auf offene positive Körpersprache achten), dem Kunden recht geben und ihn bestätigen (nach vorne beugen und nicken), den Wurstzipfel (also das Produkt) hinhalten und wieder kurz wegziehen (»Ich glaube, das ist doch nichts für Sie«), Einwände rhetorisch neutralisieren, Zeitdruck herstellen, Exklusivität suggerieren, mit irreführenden Ankern hohe Vertragssummen erreichen oder den alten Metzgertrick anwenden: »Darf es auch ein bisschen mehr sein?« Damit es bei der Schulung dann auch richtig flutscht, wird vor dem gemeinsamen Abtelefonieren von Akquisitionsadressen schon mal ein Gläschen Sekt serviert.

Der Job der neu Rekrutierten sieht dann so aus: im Kreis ihrer Familie, bei Freunden und Bekannten die überteuerten und unnötigen Produkte des Strukturvertriebs verkaufen. Das geht meist so: Dem Bekannten wird erst ordentlich Angst gemacht, eine riesige Versorgungslücke im Alter vorgerechnet und dann eine Lebensversicherung »drübergebraten« – auch dies gängiger Jargon. Wenn die Angst nicht reicht, muss die Gier zur Hilfe kommen: meist in Form einer staatlichen Förderung oder eines Steuervorteils, den man sich nicht entgehen lassen sollte. Ist der Verkauf erfolgreich, fließt ein kleiner Teil der Provision an den Verkäufer. Der Rest wird anteilsweise nach oben auf die höheren Hierarchiestufen in der Unternehmenspyramide verteilt – ähnlich wie bei einem Schneeballsystem.

Das läuft am Anfang meist ganz gut, sodass sich der Neu-Strukki – mit Blick auf den zukünftigen Reichtum – nicht selten erst mal ein teures Auto least. Doch die meisten Strukkis kommen über die unterste Hierarchiestufe nicht hinaus. »Nur wer schreibt, der bleibt.« So laufen die meisten Strukkis früher oder später wieder zu Fuß, zahlen mehr schlecht als recht Schulden aus Leasingverträgen und Versicherungsstornos[40] zurück und haben einen deutlich dezimierten Freundeskreis. Spaß macht es nur, wenn man aufsteigt. Und das passiert nur, wenn man beim Verkaufen nicht zu viele Skrupel hat, und vor allem nur, wenn man schnell genug neue Strukkis rekrutiert: »Du hast so eine unglaublich tolle Ausstrahlung, kannst du dir vorstellen ...«

Ein Lieblingstummelplatz für Strukturvertriebe ist die Universität. In den Worten von Daniel Korth und Albert Warnecke: »Was das tote Gnu für Hyänen und Geier ist, ist der Berufseinsteiger für MLP, AWD, DVAG und andere sogenannte Finanzdienstleister. Eine Beute, die man sich fix sichern möchte.«[41] Im Strukki-Jargon spricht man auch von »Goldfischen«. Petri Heil.

Die Verflechtungen mit einzelnen Hochschulen sind erstaunlich: Gewinnspiele (zum Datensammeln) auf dem Campus; Vertriebe, die sich durch beste Kontakte und kleine finanzielle Anerkennungen die Studierendenvertretungen gewogen und deren Adresskartei zugänglich machen, die Rhetorikseminare und Bewerbungstrainings anbieten; Mitarbeiter von Strukturvertrieben, die als Gastdozenten einspringen, wenn eine Vorlesung ausfällt.[42] Auch Sponsoring von Infrastruktur und Forschungsprojekten sind keine Seltenheit. Die Uni Mannheim verfügt nicht nur über eine MLP Lounge, sie hat auch – nach einer Spende von 400 000 Euro – einen Hörsaal nach MLP-Mitgründer Manfred Lautenschläger benannt.[43] Wer als Hochschulprofessor versucht, gegen solche und ähnliche Missstände vorzugehen, der hat mitunter ganz schnell ein paar Kratzer im Autolack sowie eine persönliche Audienz beim Präsidenten der Hochschule, inklusive cholerischem Anfall.

Was heißt das für Sie konkret? Wenn Sie von einem Bekannten aktiv auf Finanz- und Versicherungsprodukte angesprochen werden, sollten bei Ihnen die Alarmglocken eher an- als ausgehen. Der Vertrauensvorschuss könnte Teil der Vertriebsmasche sein und kein Qualitätsmerkmal. Wenn Sie noch an der Uni sind, machen Sie um jegliche Form von Finanzvertrieb einen großen Bogen: Sie müssen keinen Kugelschreiber und auch kein Smartphone gewinnen. Nicht im Tausch für Ihre Daten und Ihre finanzielle Zukunft. Auch Rhetorik können Sie woanders lernen. Warnen Sie Ihre Geschwister, Freunde, Kommilitonen und – wenn Sie schon älter sind – Ihre Kinder. Nicht nur schlechte Beratung in Banken, auch »unabhängige« Finanzvertriebe verursachen einen großen volkswirtschaftlichen Schaden. Sie sind mit schuld daran, wenn Menschen im Alter auf soziale Sicherheitssysteme zurückfallen. Ich sehe die Spätschäden solcher »Beratung« immer wieder. Im schlimmsten Fall ist die Folge ein (finanziell) gescheiterter Lebensentwurf. Helfen Sie, dass es niemandem passiert, der Ihnen am Herzen liegt.[44]

Finanzpresse – Finanzpornografie

Angesichts des weitgehend desolaten Zustands der Beratungsqualität in der Finanzbranche ist es nicht verwunderlich, dass viele Anleger versuchen, sich selbst zu informieren. Das Problem: Die Qualität vieler Informationen, sei es digital, in Form von Zeitschriften oder auch in Buchform, ist ähnlich desolat wie die der Finanzberatung selbst – oder desolater.

Das Prinzip Finanzzeitschrift oder YouTube-Kanal ist relativ einfach erklärt: Das Grundmuster ist ein abwechselnder Appell an Gier und Angst. Und weil Gier mehr Spaß macht als Angst, dominieren eindeutig Titelgeschichten, die erklären, wie man mit »Geheimaktien«, Kursschnäppchen und Ähnlichem schnell reich wird. Hier eine Auswahl aus dem Frühjahr und Sommer 2023: »5 Einsatzverdoppler«[45], »Jahrhundert-AKTIEN: Rendite von 200 % bis 1 000 % in 10 Jahren«[46] oder »Megatrend-Aktien für die Ewigkeit – so werden aus 50 000 Euro 1 Million«[47]. Na, das lässt sich ja ziemlich gut an. Allerdings wissen auch die Redakteurinnen dieser Zeitschriften, dass die Börse keine Einbahnstraße ist. Deshalb sind jährlich mindestens zwei oder drei Titel, die vor einem Crash warnen, Pflicht. Nur so kann das Magazin hinterher behaupten, es schon vorher gewusst zu haben. Mit Verweis auf ähnlich intellektuelle Fabrikate nennt man solche Zeitschriften auch treffend Finanzpornografie.

Wiederholungen sind dabei unvermeidlich, doch dass den Blättern irgendwann die Themen ausgehen, scheint kein Problem zu sein. Sehr lustig sind da etwa die beiden Ausgaben von *Focus Money* 28/2016 und 44/2018, die mit einem identischem Portraitbild von Max Otte und fast gleichem Wortlaut aufmachten: »Der Euro muss/wird platzen«.[48] Warum es sinnlos ist, sich in Finanzzeitschriften zu informieren, ist eigentlich relativ offensichtlich. Die Mechanismen, mit denen man Auflage macht, sind schlicht und ergreifend nicht dieselben, mit denen Sie ein erfolgreicher Anleger werden. 2010 habe ich mich dazu einmal länger mit einer Journalistin unterhalten, die für eines der genannten Blätter arbeitete. Privat hatte sie ihr eigenes Depot schon damals längst stringent auf ETF-Basis umgestellt: prognosefrei und weltweit diversifiziert. Sie kannte die Bücher von Gerd Kommer und Martin Weber und fand diese ausgesprochen überzeugend. Naiv, wie ich war, habe ich sie gefragt, warum sie rationales Investieren nicht zum Thema in ihren Artikeln mache. Ihre Antwort war so überzeugend wie ernüchternd: »Und was schreibe ich dann nächste Woche?« Wir haben uns zuletzt 2023 getroffen. An der Art, wie sie ihre Artikel schreibt und wie sie ihr Geld anlegt, hat sich in den vergangenen zwölf Jahren nichts geändert.

Dieses Dilemma betrifft in abgeschwächter Form auch qualitativ deutlich hochwertigeren Finanzjournalismus, ob im *Handelsblatt*, in der *Süddeutschen Zeitung* oder der *FAZ*. Das Publikum will Neuigkeiten, Tipps und konkrete Hinweise. Auch wenn in diesen Blättern viele hochwertig recherchierte Informationen zu Finanzthemen stehen – sobald es in den Anlageteil geht, dreht sich vieles um die Auswahl der richtigen Produkte oder um das Abpassen des richtigen Zeitpunkts: Kristallkugel-Journalismus.

Allein aufgrund der Vielzahl der besprochenen Themen in der Finanzpresse ist es irgendwann zwingend notwendig, dass das eine oder andere Szenario, die eine oder andere Investmententscheidung aufgeht. Ein Umstand, auf den man sich dann immer wieder werbewirksam beziehen kann. Das Blatt *Effectenspiegel* und auch viele Börsenbriefe haben diese Technik perfektioniert. Sie titeln immer wieder mit Empfehlungen aus den letzten Heften, oft mit höchst sinnigen Metaphern: »Lufthansa-Call [...] hebt um 370 % ab«[49]. Über empfohlene Optionsscheine, die mit Totalverlust ausgebucht wurden, wird dagegen vornehm geschwiegen.

Genau an dieser Stelle setzt das vierwöchige Finanz-Porno-Detox-Programm für die erfolgreiche Kur daheim an. Suchen Sie sich dazu ein oder zwei Finanzzeitschriften aus und besorgen sich per Zufall einige alte Ausgaben von vor fünf, zehn und 20 Jahren.[50] Wenn Sie schon länger am Kapitalmarkt unterwegs sind, werden Sie – solange Sie nicht zu viel Geld verloren haben – vermutlich um ein gewisses Schmunzeln nicht herumkommen: »Meine Güte, was hat man (ich) nicht alles für einen Unsinn für eine hippe Investmentidee gehalten.«

Wenn Sie wenig Kapitalmarkterfahrung haben, dann machen Sie einen kleinen Test. Lesen Sie am besten kreuz und quer durch *Börse Online*, *Der Aktionär*, *Euro am Sonntag* oder *Focus Money*, bis Sie pro Ausgabe zumindest eine wirklich spannende Idee gefunden haben.[51] Machen Sie das, bis Sie ungefähr 20 Kennnummern notiert haben, und recherchieren Sie dann im Netz, was aus den heißen Tipps geworden ist. Losgelöst von den absurden Risiken eines solchen Kamikaze-Depots: Die Wahrscheinlichkeit, mit einer solchen Nicht-Strategie einen Index wie den MSCI-World zu schlagen, grenzt an null.

Wenn Sie, um den Zufall zu eliminieren, das Spiel mit 200 statt mit 20 Tipps spielen, wird sich aufgrund des Gesetzes der großen Zahl folgendes Bild einstellen: Ein paar wenige Empfehlungen werden phänomenal durch die Decke gegangen sein. Immer noch relativ viele werden sich ganz solide geschlagen haben. Schließlich wird in der Summe ja am Kapitalmarkt Geld verdient und nicht verloren. Und dennoch: Ein großer Teil der Ideen wird sich entweder als schlecht oder rückblickend als völliger Blödsinn herausgestellt haben: als tolle Geschichte, aber katastrophales Investment.

Wenn Sie Unterhaltung suchen, gehen Sie ins Stadion, den Zoo, ins Kino oder die Oper. Eine aktuelle Finanzzeitschrift ist nicht nur viel langweiliger und eine reine Zeitverschwendung. Sie kann richtig teuer werden, Ihr Vermögen und damit Ihren zukünftigen Lebensentwurf gefährden. Lesen Sie das nicht, suchen Sie danach auch nicht im Internet und abonnieren Sie auch keine Newsletter: Es ist im besten Fall Lärm. Historische Ausgaben von Finanzpornografie zu kaufen, ist dagegen eine gute Investition in Anschauungsmaterial.

Wo kann ich mich seriös informieren?

Wenn Sie Verantwortung für die eigenen Finanzen übernehmen wollen, sind Sie dem Krach der Finanzbranche nicht hilflos ausgeliefert. Es gibt eine ganze Reihe seriöser und zum Teil auch relativ leicht verständlicher Informationsquellen, gerade für den Bereich Kapitalmarktinvestition. In Buchform sind das die Klassiker von Gerd Kommer, Hartmut Walz und Martin Weber.[52] Für jüngere Menschen ist Henning Jauernigs *Young Money Guide* ein fundierter und sehr gut lesbarer Leitfaden.[53]

Schwieriger ist es, seriöse Quellen für die laufende Information als Gegengewicht zum Lärm der Finanzpornografie zu finden. Es gibt zwar mittlerweile eine sehr lebendige Szene guter Finanz-Blogs. Doch Vorsicht, der größte Irrsinn ist oft nur einen oder zwei Mausklicks entfernt und die Verwechslungsgefahr ist wie bei Gift- und Speisepilzen hoch.

Den größten Erfolg auf YouTube hat seit geraumer Zeit Thomas Kehls Kanal Finanzfluss – und das völlig zu Recht. Die Beiträge sind gut recherchiert und verständlich aufbereitet und mit Stand Mitte 2023 über 1,1 Millionen Abonnenten hat es als Medium für Selbstentscheider einen spürbaren Einfluss auf eine positive neue Kapitalmarktkultur – gerade bei jüngeren Menschen. Mein persönlicher Favorit ist das *Zendepot* von Holger Grethe. Es ist einerseits fachlich fundiert, stellt andererseits aber auch Fragen zu Sinn und Unsinn von Geld. Auch die alten Ausgaben seines inzwischen nicht mehr aktiven Podcasts sind hörenswert.[54] Immer wieder sehr humorvoll ist der Blog von Hartmut Walz, einem Urgestein im Kampf gegen den Provisionsvertrieb.[55] Gute Unterstützung, auch zum rationalen Agieren in Krisenzeiten, fand man bis 2021 beim Finanzwesir Albert Warnecke sowie auf seinem mit dem Finanzrocker Daniel Korth zusammen betriebenen Podcast *Der Finanzwesir rockt*. Seine Empfehlungen sind dagegen sehr monothematisch. Sein Geld in ein MSCI-World-ETF zu stecken und gut ist, ist selbst mir als Minimalisten zu dünn. Nachdem Warnecke sich allerdings kürzlich an einer Firma beteiligt hat, die Produkte für Managed Futures vertreibt, und sich seitdem komischerweise erstaunlich auffällig für diese Produkte begeistert, sollten Sie seinen Blog nun dringend auf die Giftliste setzen.[56] Nicht nur für (jüngere) Frauen bieten sich der feministische Finanzblog und die Online-Seminare von *Geldfrau* Dani Parthum an.[57] Das gilt auch für den Podcast und Blog *Madame Moneypenny* von Natascha Wegelin. Ihr Seminarangebot dagegen finde ich aufgrund der erstaunlichen Gebühren wenig überzeugend. Auch wenn ich nicht bei jedem Buch immer derselben Meinung bin: Celine Nadolnys Blog *Book of Finance* hat es geschafft, das Lesen von guten Finanz- und Motivationsbüchern einem großen, vor allem jungen und weiblichen Publikum schmackhaft zu machen.[58] Unter den Blogs kommerzieller Honorarberater haben die monatlich erscheinenden Beiträge von Gerd Kommer eine Sonderstellung in puncto Fachkenntnis und Rationalität.[59] Und wenn Ihnen dieses Buch gefällt, dann lesen Sie vermutlich auch gern den Blog *Über Geld nachdenken*, den mein Sozius Stefan Heringer mit mir unter neunundvierzig.com/blog betreibt.[60]

4.
Erkenne dich selbst

Es gibt eine ganze Reihe von Untersuchungen, die zeigen, dass eine immense Lücke zwischen der Rendite des Kapitalmarkts und der des einzelnen Anlegers klafft. Die meisten Studien stammen aus den USA, da hier Daten wesentlich transparenter zur Verfügung stehen. Am bekanntesten ist hier der seit 1994 regelmäßig erscheinende *Dalbar Report*. Die Ergebnisse sind erschütternd: Egal, ob Sie sich die Zahlen auf eine, auf drei, auf fünf, auf zehn, 20 oder 30 Jahre anschauen – ein Desaster. Besonders deutlich wird der Effekt bei langen Zeiträumen: Zwischen Anfang 1993 und Ende 2022 etwa erzielte der durchschnittliche (US-amerikanische) Aktieninvestor durchschnittlich eine jährliche Rendite von 6,81 %. Der S&P 500, also der Index, der die 500 größten US-amerikanischen Unternehmen abbildet, wuchs dagegen im Schnitt um 9,65 % pro Jahr.[61] Also fast 3 % mehr. Ausrufezeichen!

Was heißt das konkret? Oder anders gefragt: Ist eine Differenz von ungefähr 3 % pro Jahr viel oder wenig? Stellen Sie sich kurz vor, sie wären US-Amerikaner, hätten 100 000 US-Dollar geerbt und – weil Sie nicht so viel Angst vor dem Kapitalmarkt hätten wie der deutsche Sparfuchs – alles in Aktien investiert. Wenn Sie Anfang 1993 insgesamt 100 000 US-Dollar in Aktienfonds angelegt hätten, dann wären daraus bis Ende 2022 rund 722 000 US-Dollar geworden. Das sieht ja erstmal nicht schlecht aus. Allerdings: Einen guten Teil davon hätte Ihnen eine Inflation von durchschnittlich 2,5 % weggefressen,[62] sodass Sie in Kaufkraft von 1993 jetzt rund 343 000 US-Dollar hätten – vor Steuern. Nicht gerade berauschend für 30 Jahre, in denen die Märkte immer wieder Achterbahn gefahren sind und Ihre Nerven strapaziert hätten. Für das gleiche Risiko, die gleichen strapazierten Nerven hat Ihr Nachbar direkt in den Index investiert und damit – nach unvermeidbaren Trading- und Produktkosten von circa 0,2 % p. a. – rund 1 501 000 US-Dollar erzielt; inflationsbereinigt sind das (vor Steuern) immer noch knapp 716 000 US-Dollar.Das sind nicht einfach Zahlen. Das ist Lebensqualität, Teilhabe am Leben: Wohin fährt Ihr Nachbar in den Urlaub, während Sie daheimbleiben? Wer wird daheim gepflegt und wer in einem eher bescheidenen Altenheim der Stadt? Wer kann seine Enkel und Kinder finanziell unterstützen, wenn die sich selbstständig machen oder eine Wohnung kaufen wollen? Die Situation in Deutschland ist im Vergleich ganz sicher nicht besser. Produkte sind eher teurer, die Transparenz geringer, Investoren ängstlicher.

Woher stammt diese Lücke? Ein kleiner Teil sind unvermeidbare Kosten – kein Mensch kann direkt einen Index kaufen. Der deutlich größere Teil der Kosten ist jedoch unnötig: Gebühren für Manager, die sich um Ihr Geld kümmern, ohne einen Mehrwert zu generieren, Verwaltungskosten, Transaktionskosten, Performance-Gebühren. Doch die Finanzindustrie und ihre überteuerten Produkte sind nicht der einzige Feind, den Sie beim Umgang mit Ihrem Vermögen haben. Den größten Feind Ihres Anlageerfolgs sehen Sie jeden Morgen beim Zähneputzen: sich selbst. Dies ist ein Punkt, der chronisch unterschätzt wird. Irrationales Anlegerverhalten vernichtet nachweislich mehr Vermögen als die Finanzindustrie. Die Lücke zwischen erzielbarer Rendite und erzielter Rendite ist im Wesentlichen eine Verhaltenslücke.[63]

Wie Emotionen Sie ruinieren können

Heftige Krisen wie der Ölschock, das Platzen der Tech-Blase, die Finanzkrise oder zuletzt Corona sind relativ selten. Aber schon etwas heftigere Schwankungen können Anleger aus der Bahn werfen. Hätten Sie gedacht, dass der US-amerikanische Kapitalmarkt in den 44 Jahren zwischen 1979 und 2022 statistisch in jedem vierten Jahr unterjährig um mehr als 20 % eingebrochen ist?[64] Hier ein typisches Beispiel für eine »Scheinkrise«: Anfang 2016 – der DAX hatte seit Ende November 2015 mehr als 20 % an Wert verloren – brachte ein sonst sehr rationaler Mandant von mir den Einfluss medialer Berichterstattung so auf den Punkt: »Dass mein Depot 7 % unter Wasser ist, stört mich gar nicht so, aber die Nachrichtenlage ist so schlecht ...« Ach so. Die Kombination von schlechten Nachrichten und schlechten Kursen ist eben mal relativ häufig. Was war passiert? Welches Ereignis hatte die Märkte so verunsichert, dass *Focus Money* am 27.1.2016 titelte: »Soll ich wirklich alle meine Aktien verkaufen? Es kommt der größte Crash dieser Generation. Großbank warnt vor 75 % Einbruch.«[65] Dankbar, einen seriösen Wissenschaftler gefunden zu haben, der ihre düsteren Einschätzungen insbesondere zum Euro teilte, nahm dieselbe Postille Prof. Hans-Werner Sinn einen Monat später zum fünften Mal innerhalb eines Jahres auf den Titel. Und das, wie mir Hans-Werner Sinn selbst versichert hat, ohne auch nur ein einziges Mal mit ihm gesprochen zu haben. Können Sie sich erinnern, was damals los war? Ich nicht wirklich. Ein überzeugender Anlass ist kaum zu finden. Hat man wirklich geglaubt, die Flüchtlingskrise würde den Euro und dann den weltweiten Kapitalismus zu Fall bringen? Mit Blick auf den weltweiten Aktienmarkt war das Spektakel – trotz Brexit und Trumps Wahlsieg im selben Jahr – innerhalb von sechs Monaten so gut wie vorbei und die Welt wieder einmal davongekommen.

Wenn es dann wirklich ernst wird, ist die nervliche Belastung ungleich schwerer auszuhalten. Können Sie sich noch an den März 2000 erinnern? Kurz vor Ausbruch von Corona in Europa, am 17. Februar 2020 stand das, was deutsche Anleger fälschlicherweise für den Kapitalmarkt halten, also der DAX, in der Spitze bei 13 795 Punkten. Nicht mal einen Monat später waren 40 % davon weg. Im restlichen Europa, in Amerika, Asien und in Schwellenländern – überall das gleiche Bild. Nur wenn Sie damals selbst investiert waren, wissen Sie, wie sich das angefühlt hat: schlecht, sehr, sehr schlecht. Ich habe damals tagelang mit dutzenden Anlegern gesprochen. Was den Kapitalmarkt angeht, war nur ein einziger richtig gelassen. Ich bin ihm bis heute dankbar dafür.

Die Finanzbranche hat für solche realen oder auch potenziellen Verluste im Depot die unterschiedlichsten niedlichen Namen, unter anderem Volatilität, Maximum Draw Down, Value at Risk. Im Krisenfall macht für den Anleger jedoch nur eine Übersetzung dieser Fachbegriffe Sinn: Stress, purer Anlegerstress. Der weltweite Aktienmarkt mehr als 30 % im Minus, das eigene Depot je nach Risiko und Anlagefehlern 20, 30 oder mehr Prozent unter Wasser. Das muss man erst mal verdauen. Denn was da in Gefahr ist, ist ja nicht in erster Linie Ihr Depot, sondern Ihre Lebensqualität. Ist es da nicht ganz normal, dass Sie sich Sorgen machen, dass Sie Angst bekommen? Ist es nicht im Gegenteil richtig und rational, alte Entscheidungen noch mal auf den Prüfstand zu stellen? Dazu kam gerade beim Kursabsturz zu Beginn der Coronakrise eine ganze Latte von weiteren guten Gründen, Angst zu bekommen: LKW voller Särge in Bergamo, Angst um die eigene Gesundheit oder zumindest die der Eltern, das Gefühl von sozialen Kontakten abgeschnitten und daheim eingesperrt zu sein, ein kaum funktionierendes Homeschooling, Sorge um den eigenen Arbeitsplatz, das eigene Unternehmen ... Wie soll man da besonnen und rational bleiben?

Während Corona zumindest an den Börsen nach ein paar Wochen vorbei war: Nach dem Platzen der Tech-Blase im März 2000 dauerte der Niedergang an der Weltbörsen ganze drei Jahre. Auch für die Finanzmarktkrise 2008 brauchte man einen langen Atem. Hier zog sich der Kursverfall nach der Lehman-Pleite im September 2008 über mehrere Monate bis in den März 2009 hin. In der Summe waren die Verluste damals noch größer als während der Coronakrise und nach dem Platzen der Technologie-Blase. Wie soll man das durchstehen, ohne aufzugeben und alles hinzuschmeißen? Ist es da nicht im Gegenteil vielleicht sogar vernünftig seine Anlagestrategie noch einmal komplett zu überdenken?

Angesichts solch beunruhigender Krisen und solch herber Rückschläge in Ihrem Vermögen läuft in Ihrem Inneren fast zwangsläufig ein Film ab: Sie sehen Ihren für die Zukunft geplanten Lebensstandard innerhalb von Monaten, Wochen, ja Tagen zwischen den Fingern zerrinnen. Dazu kommt ein zunehmend lauter werdendes mediales Trommelfeuer. Solange es nicht allzu schlimm kommt, sind es erst mal die üblichen finanzpornografischen Kanäle: *Der Aktionär*, *Euro am Sonntag*, *Focus Money*, *Börse Online* und die diversen Untergangspropheten, die sich im Netz lautstark zu Wort melden. Die haben es ja schon immer gewusst und wurden lange verlacht – nun ist die Stunde ihres Triumphs gekommen. Irgendwann steigen dann der *Spiegel* und die *BILD* ein, und in der *Tagesschau* wird auf einmal ausführlicher von der Börse berichtet. Großaufnahmen zeigen entsprechend staatstragende Gesichter von Börsenhändlern und Journalisten vor Ort. Blicke voller Angst und Sorgen, die sich durch sogenannte Spiegelneuronen in unserem Hirn direkt auf uns übertragen. Bestes Beispiel dafür ist der bekannte Börsenhändler Dirk Müller: Er saß 2008 im richtigen Moment unter der DAX-Anzeigentafel in Frankfurt und setzte seine Sorge herrlich fotogen in Szene. Darauf basierend setzte er ein hocherfolgreiches Geschäftsmodell als Mr. DAX, Verschwörungstheoretiker, Untergangsprophet und Fondsmanager auf – also erfolgreich für Herrn Müller, nicht aber für seine Anhänger und Anleger.

Wenn dann irgendwann auch qualitativ hochwertige Medien wie *FAZ*, *Süddeutsche* oder *Die ZEIT* über den drohenden Zusammenbruch der Weltwirtschaft berichten, ist es dann nicht völlig normal, dass diese zunehmend nervösere Berichterstattung Ihre Sorgen weiter befeuert? Die Folge: Sie wollen nur noch raus! Lieber ein Ende mit Schrecken als ein Schrecken ohne Ende. Sie verkaufen alles, haben zwar Lehrgeld gezahlt, aber fühlen sich erst mal besser. Aber was haben Sie eigentlich gelernt für Ihr Lehrgeld? Entweder: »Nie wieder Aktien!« oder »Wenn es wieder besser aussieht, kann ich ja wieder einsteigen.« Dass beide Lehren völlig unsinnig sind, spielt zunächst keine Rolle. Im Moment überwiegt die Erleichterung. Die Folgen für Ihre langfristige Vermögensentwicklung sind allerdings verheerend: Sie haben aus einem virtuellen Buchverlust, einer schmerzhaften Vermögensschwankung einen realen Verlust gemacht. Mit potenziell dramatischer Auswirkung auf Ihre Lebensqualität. Danach dauerhaft auf die produktivste (und pflegeleichteste) Anlageklasse zu verzichten, bedeutet, dass Sie massive Probleme beim Vermögensaufbau bekommen werden. Sie werden das Loch, das Sie gerissen haben, nicht mehr stopfen können. Auch die Alternative, später wieder einzusteigen, wenn sich alles wieder beruhigt hat, ist eine Illusion. Solange der Markt weiter fällt, fühlen Sie sich bestätigt. Bis Sie genügend Mut zum Aktienkaufen gefunden haben, befinden sich die Indizes mit an Sicherheit grenzender Wahrscheinlichkeit wieder auf einem Niveau, das teurer ist als das, auf dem Sie verkauft haben. Billig verkaufen, teuer kaufen: Ist das sinnvoll?

Dass Privatanleger oft nahe dem Tiefpunkt in der Panik verkaufen, ist ein Klassiker vieler populärwissenschaftlicher Artikel und Vorträge. Und obwohl die meisten Anleger die Thematik theoretisch kennen, kommt die Botschaft nicht an. Sind *Sie* irrational? Sind *Sie* ein Mensch, der wichtige Entscheidungen in Panik fällt? Natürlich nicht. So kommt es, dass die meisten Anleger, solange der Markt gut läuft, die

Problematik unter »Ist klar, betrifft mich aber nicht« abhaken. Auch wenn der Markt dann einbricht: Die wenigsten Menschen verkaufen ihre Aktien in *bewusster* Panik. Menschen, die aus Verlustaversion in nackter Panik verkaufen, *meinen* meist, sie hätten eine ganz rationale Entscheidung getroffen. Psychologisch steht dahinter das Phänomen der sogenannten Rationalisierung. Eine in Sekundenbruchteilen emotional gefällte Entscheidung wird im Nachhinein mit logischen Argumenten unterfüttert, eben rationalisiert. Dies führt regelmäßig zu der Selbsttäuschung, man habe erst nachgedacht und sich dann entschieden. Sie denken also nur, dass Sie denken. Inhaltlich klingt das dann so: »Die alten Regeln gelten nicht mehr; noch kann ich den Schaden begrenzen; ich habe auch Verantwortung für meinen Partner und die Kinder; selbst international angesehene Experten meinen, dass …« Psychologisch mag das ein sinnvoller Selbstschutz sein: Er hilft Ihnen, ein kohärentes Selbstbild aufrechtzuerhalten, und Sie verschleiern so vor sich selbst, dass Sie kognitive Dissonanzen und Brüche haben.[66] Wer ist schon gern irrational, handelt gegen seine objektiven Interessen? Finanziell ist es eine Maschinerie zur Vernichtung von Vermögen, genauer: von Lebensqualität.

Verlustaversion ist ein von der psychologischen Forschung gut untersuchtes Phänomen. Sie ist Teil der Nobelpreis-gekrönten Neuen Erwartungstheorie, die die beiden Psychologen Daniel Kahnemann und Amos Tversky 1979 begründeten. Anders, als es die Theorie eines rationalen Homo oeconomicus erwarten ließe, handeln Menschen unter Risiko tatsächlich nicht rational. Sie unterliegen dabei einer ganzen Latte kognitiver Verzerrungen: Selbstüberschätzung, Besitztumseffekt, Trugschluss durch versunkene Kosten, Ankerheuristiken, unangebrachtes Bedauern, Status-quo-Verzerrung. Falls Sie das näher interessiert, lesen Sie Daniel Kahnemans großartiges Buch *Schnelles Denken, langsames Denken*. Es hat das Potenzial, Ihren Blick auf die Welt und auf sich selbst zu verändern. Für unseren Kontext ist relevant, dass Gewinne und Verluste in gleicher Höhe unterschiedliche starke Emotionen auslösen. Verluste werden dabei in etwa doppelt so stark negativ empfunden, wie Gewinne positiv wahrgenommen werden[67] – ein Mechanismus, der Verhaltensweisen wie in der Krise alles zu verkaufen, deutlich begünstigt.

Das sind so tief verwurzelte evolutionäre Strukturen, dass sie sich sogar bei Primaten nachweisen lassen.[68] Evolutionär war das durchaus sinnvoll. Für unsere Vorfahren – egal ob Jäger und Sammler oder Bauer – gab es in der Regel mehr zu verlieren als zu gewinnen. Jäger, die in der Hoffnung, zwei Hasen zu erlegen, keinen erlegten, sind ebenso aus dem Genpool verschwunden wie risikofreudige Bauern, die es in Aussicht einer vermeintlichen Rekordernte nicht über den Winter geschafft haben. Und letztlich ist Geld ja nichts anderes als das moderne Äquivalent eines Wintervorrats: geronnene Zeit, (Über-)Lebensqualität in frostigen Zeiten, in denen es nichts mehr zu ernten beziehungsweise nichts mehr zu verdienen gibt. Wir alle stammen von Menschen ab, die solche Vorräte angelegt haben. Denn die, die es nicht gemacht haben, haben sich ebenso wenig vermehrt wie die experimentierfreudigen Bauern und die überoptimistischen Jäger. Es sind diese tief in unserer DNA und unserem kulturellen Gedächtnis verkabelten Strukturen, die die unglaubliche Wucht der Emotionen begründen, die Verluste am Kapitalmarkt in uns auslösen. Vor unserem inneren Auge brennt die Scheune, tanzen Mäuse durch die Kornkammer oder verfaulen die Kartoffeln kurz vor der Ernte: Lebensgefahr!

Und so wundert es nicht, dass auch die Reaktionsmuster auf die Krisensituation »Wintervorrat in Gefahr« aus einer Zeit stammen, als Menschen noch nicht die Spitze, sondern ein Teil der Nahrungskette waren: Flucht oder Angriff. Sie ahnen es: Keiner von uns stammt von Menschen ab, die angesichts einer existenziellen Bedrohung durch ein Raubtier erst einmal angefangen haben, länger nachzudenken oder zu diskutieren. Der Mensch ist evolutionär gesehen ein Beutetier, ein Fluchttier. Für den Kapitalmarkt übersetzt heißt das natürlich: nichts wie weg. Reißleine ziehen. Ekelhafterweise ist es so, dass die Muster, die evolutionär unser Überleben gesichert haben, in komplexen Kontexten kontraproduktiv sind. Sie gefährden unsere Existenz, zumindest aber unseren Lebensstandard. Eine Kapitalmarktkrise ist kein Säbelzahntiger, das Leben in einer Dienstleistungs- und Wissensgesellschaft lässt sich nicht mit den Rezepten von Jägern und Sammlern bewältigen. Doch bevor der Verstand seine Chance bekommen kann, müssen Sie erst eine Technik finden, mit der sich Ihre Emotionen (potenziell) in den Griff bekommen lassen. Also versuchen wir das mal.

Disziplin und Gelassenheit lernen

Meine Erfahrung aus der täglichen Arbeit ist: Je rationaler ein Anleger ist, umso eher erkennt er seine Emotionalität und deren Wurzeln an und kann dann auch damit umgehen. Wichtig ist, dass Sie nicht erst in der Krisensituation anfangen, nachzudenken, was jetzt zu tun ist. Wie bei einem Feueralarm, einer Notfallmeldung oder einer Wiederbelebung: Sie müssen die Situation im Normalzustand immer wieder durchgespielt haben und Automatismen entwickeln. In der Situation selbst blockieren sonst Angst und Stress das Denken.

Ein gutes Beispiel ist das »Mann über Bord«-Manöver auf einem Segelboot. Nach der Meldung »Mann über Bord« läuft ein klar definierter Prozess ab: Ein Besatzungsmitglied gibt per Funk die Position an die Rettungsleitstelle durch, der Nächste wirft dem Verunglückten einen Rettungsring hinterher, behält ihn im Auge und zeigt dessen Position fortlaufend an; wenn möglich, markiert man die Stelle mit einer Boje; darauf leitet der Steuermann ein genau definiertes kompliziertes Wendemanöver ein, welches das Boot möglichst exakt neben dem Verunglückten zum Halten bringt. Ohne das regelmäßige Üben dieses Vorgehens würden die Besatzungsmitglieder vermutlich von Emotionen und Stress übermannt durcheinanderschreien, sich gegenseitig beschuldigen, erst den Überblick und dann auch den Verunglückten verlieren.

Wie sieht das »Mann über Bord«-Manöver für den Kapitalmarkt aus? Erstens: Es bringt nichts, im ersten Schritt einer Krisensituation mit rationalen Argumenten beikommen zu wollen. Angst und Stress blockieren nicht nur mental, nein, auch physiologisch das Denken. Sie sollten deshalb negative Emotionen nicht einfach ignorieren oder wegdrücken, sondern den Schmerz zulassen und beobachten – ein bisschen wie beim Yoga. Denn wenn ich die Gefahr kenne, beobachte und ernst nehme, kann ich auch mit ihr umgehen. Verdrängen ist, wie bei so vielen Dingen im Leben, keine gute Idee.

Was Ihnen jetzt hilft, ist jemand, mit dem Sie reden können. Nicht über den Charme eines weltweit diversifizierten Portfolios oder ob Quality eine sinnvolle Ergänzung der gängigen Fama-French-Faktoren ist, sondern über Ihre Ängste, Ihren Lebensentwurf, warum Geld wichtig für Sie ist, für wen Sie Verantwortung tragen. Sie brauchen eher jemanden, der Sie in den Arm nimmt, als einen Professor für Finanzmathematik. Die Crux: einen geeigneten Gesprächspartner zu finden. Ein Stück Hilfe können Sie bei den richtigen Finanz-Blogs finden. Allerdings: Das Netz ist auch die gefährlichste Quelle Ihrer Verunsicherung. Hochwertige, zumindest akzeptable Inhalte sind die Ausnahme. Für den Laien sind sie von der großen Masse der Finanzpornografie kaum zu unterscheiden. Und den Finanzpornokanal, ob digital oder analog, ob Hardcore oder weichgezeichnet, sollten Sie auf alle Fälle abschalten – sofort. Es ist also so, als würde ein trockener Alkoholiker in seine Stammkneipe gehen, um nach einem Tee zu fragen – oder doch lieber wenigstens nach einem ganz kleinen Grog?

»Berater«, die von Provisionen leben oder ihre Empfehlungen von Prognosen abhängig machen, fallen kategorisch als Gesprächspartner raus, so etwa der Produktverkäufer in Ihrer Bank. Der ist vermutlich selbst stark verunsichert und freut sich, wenn er jemanden findet, dessen Vermögen er in »sichere« Anlagen umschichten kann. Ich erinnere mich gut an das Ehepaar Wanderer, deren Finanztandler im März 2009 bei absoluten Tiefständen alle Aktienpositionen in offene Immobilienfonds getauscht hatte. Für den Verkäufer waren das 15 000 Euro Provision, für das Paar ein realisierter Verlust von 200 000 Euro. Nur dafür, dass die verbleibenden 300 000 Euro fast vollständig in einer Anlageklasse landeten, die wenig später massiv unter die Räder geriet: Etliche Produkte wurden zwangsweise geschlossen, massiv abgewertet und über Jahre hinweg abgewickelt.

Völlig ungeeignet zum Reden ist meist auch der eigene Partner. Er ist in den gleichen Emotionen gefangen wie Sie. Die Dynamik Richtung Notausgang wird sich eher anheizen. Wenn Sie Ihren Partner bei der Anlageentscheidung vorher nicht vernünftig miteingebunden haben, sei es aus (patriarchalischer) Selbstherrlichkeit, sei es, weil Ihr(e) Partner(in) das Thema liebend gern an Sie delegiert hat, haben Sie noch ein weiteres gravierendes Problem: ernsthaften Stress in der Beziehung. Wenn der gemeinsame Wintervorrat in Gefahr ist, geht das oft an die Grundfesten des Zusammenseins. Das Programm Flucht oder Angriff schaltet hier potenziell auf Angriff. Denn mental ist es einfach leichter, mit einer Stresssituation klarzukommen, wenn man einen Schuldigen hat – nur schlecht, wenn Sie dieser Schuldige sind.

Dies ist die klassische Situation, in der ein Honorarberater als neutraler und professioneller Ansprechpartner einen Mehrwert bieten kann. In einer solchen Krisensituation ist es optimal, wenn Sie jemanden haben, der unabhängig von Verkaufsinteressen ist, jemanden, dem Sie vertrauen, mit dem Sie im Vorfeld schon Jahre zusammengearbeitet haben und der Ihre Lebenssituation und Ihre Werte kennt. Wenn Sie dann noch jemanden finden, der mit einem prognosefreien Ansatz arbeitet, haben Sie gute Chancen, eine Kapitalmarktkrise diszipliniert durchzustehen.[69]

Wenn Sie allein mit der Situation klarkommen müssen und jetzt meinen, dass Sie Ihre Strategie umstoßen müssen, lassen Sie in jedem Fall erst einmal 48 Stunden vergehen, bevor Sie etwas verändern. Das schützt Sie vor impulsiven Entscheidungen. Sie sollten sich jetzt möglichst gar nicht mit Börse, Kursen und Ihrem Depot beschäftigen. In den Worten von Holger Grethe: »Vergiss die Börse und fang an zu meditieren.«[70]

Erst wenn es Ihnen gelungen ist, Ihre eigenen Emotionen zu beobachten, zu reflektieren und damit wieder zu beherrschen, sind Sie so weit, dass Sie wieder rational über Geld nachdenken können. Das funktioniert natürlich nur dann, wenn Sie im Vorfeld der Kapitalanlage sauber gearbeitet haben. Am wichtigsten: Sie haben Ihren Partner mit eingebunden und darüber nachgedacht, warum Geld für Sie wichtig ist. Jetzt ist es Zeit, Ihren Finanzplan-auf-einer-Seite herauszuholen und sich zu verdeutlichen, wo Sie hinwollen. Falls Sie eine ausführliche Finanzplanung gemacht haben, schauen Sie nach, ob Sie noch im Korridor der zu erwartenden Szenarien sind. Im Regelfall werden Sie feststellen, dass eine Momentaufnahme, so kritisch sie sich gerade anfühlen oder sein mag, nicht wirklich bedrohlich ist.

Wenn Sie zusätzlich im Vorfeld die Risikoquote Ihrer Kapitalanlage an Ihrer Lebenssituation ausgerichtet haben und Ihr Portfolio so sauber aufgestellt ist, wie ich es unten im Umsetzungsteil erklären werde, haben Sie gute Aussichten, unbeschadet durch jede Krise zu kommen. Auch hierzu sollten Sie sich die wichtigsten Punkte auf einer Seite notieren und für sich eine Art Mantra für schlechte Zeiten formulieren: »Die freie Marktwirtschaft wird nicht absperren; langfristig haben sich Kapitalmärkte immer wieder erholt; Märkte sind nicht prognostizierbar; eine Kapitalmarktkrise ist kein Horrorszenario, sie fühlt sich nur so an

…« Erst wenn Sie so weit wieder klar denken können, können Sie eine gute Entscheidung fällen und das machen, was manchmal das Schwerste ist: nichts. Noch besser: Sie kaufen die Aktienposition billig nach.

Was ich im Zusammenhang mit Kapitalmarktstress häufig beobachte, ist eine Art Symptomverschiebung. Die eigentliche Ursache für den Stress sind gar nicht die Kapitalmarktschwankungen. Sie liegt woanders. Oft ist ein zu hoher Konsum das eigentliche Problem. Um sich diesem ungelösten Dilemma nicht stellen zu müssen, werden unrealistische Erwartungen an die zu erzielende Rendite gestellt. Erwartungen, die früher oder später nicht erfüllt werden können. Wenn es dann zu Rückschlägen im Depot kommt, fühlt sich der Schmerz doppelt stark an, da das Geld ja schon unter guten Voraussetzungen kaum reichen wird. Die Folgen: Kurzschlussreaktionen, Panikverkäufe, finanzielle Schäden und relativ häufig auch gesundheitliche Belastungen.

Wenn Sie mit spekulativen Investitionen an die Wand gefahren sind, helfen tief Durchatmen und Abwarten natürlich nichts, dann müssen Sie Ihr Depot dringend in eine rationale Struktur bringen. Auch wer bei der Ermittlung seiner Werte und Zielvorstellungen oder bei der Risikoquote geschlampt hat, muss sich jetzt nicht wundern, wenn ihm Kursschwankungen schlaflose Nächte bereiten. In beiden Fällen sollten Sie sich unbedingt die Hilfe eines objektiven Honorarberaters holen – alleine kommen Sie da vermutlich nicht mehr raus.

Zum Schluss noch eine gute Nachricht: Mit der Zeit wird das leichter. Je öfter man kleinere oder größere Rückschläge durchgemacht hat, je öfter man darüber gesprochen hat, umso besser lassen sie sich ertragen. Bettina ist ein Musterbeispiel dafür. Mit ihr arbeite ich seit 2003 zusammen, als ich noch auf der dunklen Seite der Macht stand, also bei der Großbank beschäftigt war. Ja, sie gibt immer ein bisschen mehr aus, als sie eigentlich sollte. Ihr laufendes Einkommen ist übersichtlich, und so verzehrt sie nach und nach ihr Vermögen. Beste Voraussetzungen also für erhöhte Nervosität am Kapitalmarkt aufgrund der oben genannten Symptomverschiebung. Ich mag sie wirklich, aber sie war meist die erste meiner Mandantinnen, die hibbelig wurde, und die letzte, die sich wieder beruhigte. Im Sommer 2014, kurz nach der Annexion der Krim durch Russland, lagen ihre Nerven mal wieder blank. Weil wir uns so lange kennen und mögen, habe ich mich getraut, die Beratungsdosis drastisch zu erhöhen: »Jetzt habe ich es dir schon hundertmal erklärt und jetzt erkläre ich es dir noch mal, und wenn du es dann immer noch nicht kapierst, schmeiß ich dich raus, denn so kann ich keine Verantwortung mehr für dich übernehmen …« So grob kann Zuneigung manchmal aussehen: Schocktherapie.

Knapp ein Jahr später, im August 2015, stürzte der DAX wie im Vorjahr um 20 % ab. Diesmal war die Situation – gefühlt – deutlich dramatischer: Erstens erwischte es nicht nur Deutschland, sondern sämtliche Aktienmärkte weltweit. Außerdem passierte der Absturz innerhalb von 14 Tagen. Und das ausgerechnet während meiner Elternzeit. Ich lag mit Freunden und meiner Familie am Strand und musste an Bettina denken. Ich habe damals meinen heutigen Sozius Stefan kontaktiert und ihn gebeten, mit Bettina zu sprechen. Auch Bettina lag am Strand, das Telefonat dauerte keine zwei Minuten; »Das hat mir der Niki doch schon so oft erklärt, alles gut.« Das heißt nicht, dass wir seitdem nicht immer wieder über das gleiche Thema gesprochen haben. »Ich weiß ja schon, was du mir sagen willst.« – »Jetzt bist du extra vorbeigekommen, dann hör es dir auch an …« Was lernen wir daraus? Übung und Erfahrung machen die Meisterin.[71]

Und noch eine letzte gute Nachricht und Auffanglinie. Wenn alles andere versagt, gibt es noch eine Alternative zu Flucht oder Angriff. Evolutionär genauso alt, mindestens genauso irrational, aber in Bezug auf Ihr Vermögen relativ unschädlich: sich tot stellen. Leugnen und ignorieren Sie alles, öffnen Sie die Bankpost nicht mehr, schauen Sie nicht mehr auf das Depot in Ihrem Onlinebanking und warten Sie, bis die *Bild* wieder über Boris Becker oder Lothar Matthäus berichtet.

Vorsicht, Crash-Prophet!

Crash-Propheten wie Dirk Müller, Max Otte, Marc Friedrich oder Markus Krall haben ein so einfaches wie wirkungsvolles Geschäftsmodell: plausible Untergangsprognose plus Rettung der eigenen Anhänger; Sintflut plus Arche; Fegefeuer plus Erlösung. Intellektuell ist das Ganze niederschmetternd.

Da sind einerseits die erstaunliche Arroganz und Selbstherrlichkeit, mit der Aussagen über die Zukunft gemacht werden. Das ist für mich als gelernten Historiker kaum auszuhalten. Dazu kommt gerade bei Müller, der immer wieder von einer »internationalen Finanz- und Machthydra« schwadroniert, eine kaum erträgliche Nähe zu rechten Verschwörungstheorien.[72] Auch Markus Krall hat in seinem letzten Buch endgültig den Boden des Grundgesetzes verlassen.[73] Das regelmäßige Nichteintreten ihrer Prognosen tangiert das Selbstbewusstsein dieser Propheten kaum. Denn da es am Kapitalmarkt immer wieder Rückschläge geben muss, bekommen Crash-Propheten früher oder später automatisch recht. Dann haben sie es schon lange kommen sehen. Auch eine kaputte Uhr zeigt zweimal am Tag die richtige Zeit. Nach dem Corona-Crash zu behaupten, man habe es schon immer gewusst, ist daher irgendetwas zwischen zynisch, idiotisch und auch ein bisschen komisch.

In Summe kosten Crash-Propheten mit ihren Untergangsszenarien ihren Anhängern nicht nur die gute Laune, sondern auch einen signifikanten Teil ihres Vermögens. So warnte etwa Dirk Müller im Herbst 2008: »Also Finger weg von Aktien, bevor sich die Lage nicht grundlegend geklärt hat.«[74] Rückblickend gab es wohl kaum einen besseren Einstiegszeitpunkt. Aber das ficht Müller, für den ETFs »dummes Geld« sind und der seit 2008 jährlich den Untergang proklamiert, nicht weiter an. Das ist umso unredlicher, als er und seine Brüder im Geiste selbst bestens vom Geschäftsmodell Untergangsprophet leben – sei es als Vortragsreisende, Buchautoren oder Fondsmanager. So konnte sich Müller während der Coronakrise über Mittelzuflüsse in Höhe von 400 Millionen Euro in seinen »Dirk Müller Premium Aktien« freuen. Bei einer Verwaltungsvergütung von 1,5 % kein schlechtes Geschäft. Außer natürlich für die Anleger: Die haben in der Regel in der Panik während der Coronakrise verkauft und Verluste realisiert. Und das nur, um dann mit Müllers Hilfe nicht nur den Aufschwung zu verpassen, sondern weitere Verluste einzufahren: Vom Höhepunkt der Coronakrise im März 2020 bis Ende September 2023 waren das mehr als minus 20 %. Und das in einer Zeit, in der der MSCI World um rund 40 % zulegen konnte ...[75]

Für die Kapitalvernichtung durch Crash-Propheten gibt es Dutzende weitere Beispiele und Varianten.[76] Wie soll man auch Geld verdienen, wenn man permanent auf den Niedergang der Welt wettet? Hier also eine kurze Übersicht, wie sich die Produkte der prominentesten Crash-Propheten seit der jeweiligen Auflage bis Mitte Oktober 2023 gegenüber einem MSCI-World-ETF entwickelt haben.[77]

Prophet	Produkt	WKN	Auflage	Wert-entwicklung	Wertentwicklung MSCI All Country World ETF
Dirk Müller	Aktien Premium	A111ZF	17.02.2015	– 14,9 %	+ 79,9 %
Marc Friedrich	Solit Wertefonds	A2AQ95	02.01.2017	+ 10,5 %	+ 68,1 %
Max Otte	Vermögens-bildungs-fonds AMI	A1J3AM	01.07.2013	+ 37,5 %	+ 175,8 %

Ziemlich ernüchternd. Dabei waren doch Pandemie, Krieg, Inflation und Energiekrise zuletzt ein optimales Umfeld, um ein erfolgreiches Krisenmanagement unter Beweis zu stellen.

Das Dauerthema aller Crash-Propheten ist dabei, die Angst vor der Hyperinflation zu bedienen, die bei uns Deutschen hartnäckig im kollektiven Gedächtnis verwurzelt ist.[78] Die Geschichten vom Urgroßvater, der 1923 mit einer Schubkarre voller Geld zum Brotkaufen gefahren ist, der Horror, dass innerhalb kürzester Zeit alle Ersparnisse fort waren, sitzen tief. Insbesondere als es nach dem Zweiten Weltkrieg zu einer zweiten völligen Geldentwertung innerhalb von 25 Jahren kam.

Dazu noch ein besonders bezeichnendes Beispiel zum Merksatz: Je runder eine Investmentstory klingt, umso entschlossener sollten Sie die Finger davon lassen. 2012 machte der Finanzjournalist Stefan Riße aus der deutschen Inflationsangst ein Produkt: den »Inflation Opportunities«-Fonds – auf Englisch klingt es irgendwie besser als Inflationsgelegenheiten. Das Versprechen: das durch das »hemmungslose Gelddrucken« der EZB gefährdete Vermögen nicht nur zu schützen, sondern im Gegenteil aus der Not eine Tugend, aus der Bedrohung eine Chance zu machen. Riße ist ein guter Rhetoriker und auch er ist ziemlich fotogen. Insgesamt war das eine tolle Geschichte und gut erzählt, doch erwartungsgemäß keine gute Investition: Seine Anleger verloren in knapp vier Jahren fast die Hälfte ihres Geldes – dann wurde der Fonds geschlossen.[79] Und das in einem Zeitraum, in dem der weltweite Aktienmarkt, gemessen am MSCI World, um circa 60 % zulegte.

Das Glück der Untergangspropheten: Rückschläge, Krisen und negative Ereignisse erhalten ganz automatisch viel mehr Aufmerksamkeit als langfristige positive Entwicklungen. Ein Anschlag auf einen Weihnachtsmarkt in Berlin ist eine Nachricht – dass die Säuglingssterblichkeit in Bangladesch letzten Monat wieder um 0,01 % gesunken ist, ist keine. Auch wenn die zweite Tatsache auf Sicht von einem Jahr deutlich mehr Menschenleben retten wird, als die erste gekostet hat. Deshalb ist es – nicht nur mit Blick auf den Kapitalmarkt – wichtig, sich vor Augen zu halten, dass früher alles schlechter war. Glauben Sie nicht? Dann sollten Sie in jedem Fall den Welt-Unwissenheits-Test der Gapminder-Stiftung machen.[80] Krankheiten, Kindersterblichkeit, absolute Armut, Bildung, Geburtenraten, Demokratisierung: In allen Bereichen hat die Welt in den vergangenen 100, 50 und 20 Jahren gewaltige Fortschritte gemacht.[81] Fortschritte, die sich in Form von Wohlstand und Wachstum auch langfristig positiv auf den Kapitalmarkt durchgeschlagen haben. Dazu müssen Sie, genauso wie ich, letztlich nur in die eigene Familiengeschichte blicken.

Als meine Oma Alice 1914 in die Schule kam, hing über dem Eingang ein großes Banner: »Gott strafe England!« Von da an hieß Alice Anneliese. Ihre Lebenserwartung betrug bei Geburt 49 Jahre. Erster Weltkrieg, Revolution, Hyperinflation, Dutzende Regierungskrisen, Straßenschlachten, politische Morde, Weltwirtschaftskrise, Massenarbeitslosigkeit. Wollten Sie mit ihrer Kindheit tauschen?

Als mein Vater Oswald 1943 in die Schule kam, bekam seine Mutter Irma Kinderlähmung. Zwei Jahre später packte sie meinen Vater und dessen drei Brüder und floh mit einem Leiterwagen, mit einem eisernen Willen mehr humpelnd als gehend, vor der Roten Armee. Zerbombte Städte, nicht immer genug Essen, ein geteiltes, zu Recht geächtetes Land und ein Vater, der nach sechs Jahren Kriegsgefangenschaft als Fremder nach Hause kam – was für eine grauenhafte Zeit für eine Kindheit.

Als ich 1976 eingeschult wurde, hatte Deutschland über 20 Jahre Wirtschaftswunder hinter sich, war Teil eines zusammenwachsenden Europas und eine stabile Demokratie. Auch vor der Kinderlähmung mussten wir uns dank Impfung nicht mehr fürchten, und im Sommer fuhren wir wie so viele ans Mittelmeer. Was für eine großartige Zeit, um groß zu werden. Und dennoch: Linksterrorismus, ETA, IRA, der Rhein eine tote Brühe, Ölkrise und hohe Inflationsraten, die Welt (gefühlt) am Rand eines Atomkriegs und Deutschland das dafür vorgesehene Schlachtfeld für einen Panzerkrieg. Auch darüber hinaus war die Welt geteilt. Die Hälfte der Weltbevölkerung lebte in absoluter Armut, in Ländern wie Indien war die Lebenserwartung mit 52 Jahren so niedrig wie heute nur noch in der Zentralafrikanischen Republik.

Als meine Tochter 2014 eingeschult wurde, war die Lebenserwartung in Deutschland fast doppelt so hoch wie 100 Jahre zuvor zu Zeiten ihrer Urgroßmutter Alice. Sie wird in einem Land groß, in dem seit der Einschulung ihres Großvaters 75 Jahre zuvor Frieden herrscht. In einer Welt, in der seit meinem Schulstart fast ganz Asien den Sprung aus der absoluten Armut geschafft hat. Wäre es schöner für sie gewesen, in der »guten alten Zeit« groß zu werden?

Freie Marktwirtschaft, soziale Verantwortung und menschlicher Erfindungsgeist haben zu einem nie da gewesenen Wohlstand geführt. Das muss man trotz aller Herausforderungen wie dem Klimawandel oder der nach wie vor bestehenden Bedrohung durch Atomwaffen erst mal anerkennen. Es ist auch völlig normal, dass man die Krisen der Gegenwart wie etwa Corona oder den Ukrainekrieg mit dem Vergrößerungsglas wahrnimmt, während es im Rückspiegel immer nur noch eine Geschichte gibt: retrospektiver Determinismus.[82] Zu behaupten, es würde alles schlechter oder es sei noch nie so schwer gewesen wie heute, ist allerdings nicht nur dumm – es ist geradezu unanständig. In den Worten meiner 81-jährigen Mutter auf dem Höhepunkt des Lockdowns im April 2020: »Wir sitzen in der Sonne, haben genug zu essen und ich muss nachts nicht in den Luftschutzbunker rennen …« Nostalgie beruht primär auf einem schlechten Gedächtnis. Seine Lebensplanung – auch seine finanzielle – an Verschwörungstheorien und Untergangsszenarien zu orientieren, ist nicht nur freudlos, es ist mit an Sicherheit grenzender Wahrscheinlichkeit falsch und wird im Regelfall richtig teuer werden.

5.
Die ganz großen Fehler vermeiden

Bevor wir uns ansehen, wie Sie bezogen auf Ihre Vermögensanlage die wichtigsten Grundsatzentscheidungen fällen, möchte ich Ihnen zeigen, wie Sie die ganz großen Fehler vermeiden. Denn viel wichtiger, als die perfekte Anlagestrategie zu finden, ist es, keine kapitalen Fehler zu begehen. Aus abschreckenden Beispielen lässt sich manchmal mehr lernen als aus positiven Vorbildern, und sie sind auch viel unterhaltsamer. Ich arbeite jetzt seit 20 Jahren in der weitgehend geistlosen Finanzindustrie und wenn ich mich mit irgendwas auskenne, dann genau damit: abschreckenden Beispielen.

Gier: Hybris, Monokulturen, heiße Tipps

Letzten Herbst saß ich mit Freunden in einer Strandbar. Ich hatte es geschafft, mich richtig zu erholen, war diszipliniert genug, (fast) keine E-Mails zu lesen, als mich völlig überraschend der Fluch meiner Arbeit einholte – in seiner schlimmsten Form. Wir kamen irgendwie mit dem Ober ins Gespräch, der uns eröffnete, dass er nicht nur zwölf Stunden am Tag in der Gastronomie arbeite. Nach Feierabend beschäftige er sich weitere drei bis vier Stunden mit einem sensationellen Finanzprodukt, irgendwas mit Bitcoin und so. Wenn es uns interessiere, könne er es uns nachher kurz erklären. Und – zack – war er schon wieder weg. Keine schlechte Technik: neugierig machen und dann den Wurstzipfel erst mal wieder wegziehen. Das lernen die im Strukturvertrieb auch in der ersten Woche.

15 Minuten später war er wieder da und gewährte uns auf seinem Handy einen Einblick in die wunderbare Welt der Blockchain, zeigte uns sein sogenanntes Wallet mit einer ganzen Handvoll Kryptowährungen: Bit-

coin, Bitcoin Cash, Litecoin, Ripple, EOS, Tether, Ethereum ... Und, Sie ahnen es – zack – war er wieder weg, bevor ich ein Bier bestellen konnte, um den sich anbahnenden Unsinn besser zu ertragen. Wenig später ging es weiter. Auf den Einwand, dass Kryptowährungen ja nicht immer nur steigen, wurde uns das eigentliche Geheimnis enthüllt: Um das elende Auf und Ab in den Griff zu kriegen, gäbe es einen künstlich intelligenten Algorithmus, sodass man nicht nur von steigenden, sondern auch von fallenden Kursen profitiere. Damit könne man zwar nicht mehr sein Kapital innerhalb weniger Wochen verdoppeln, aber das Risiko sei weitgehend unter Kontrolle. 6 bis 12 % seien allemal noch drin – pro Monat. Und noch besser: Wenn man Freunde und Bekannte mit in diese exklusive Community bringe, bekäme man von deren Gewinnen auch was ab.

Meine Freunde sind – was soll ich jetzt anderes sagen – intelligente und aufgeweckte Menschen. Am Tisch saßen da jetzt keine Neandertaler, sondern ein Mediziner, ein Ingenieur und ein Rechtsanwalt, und so war es nicht erstaunlich, dass sich das Interesse in Grenzen hielt, erstaunlicherweise aber auch nicht völlig bei null war. Ich habe meinen Freunden darauf eine relativ schlichte Frage gestellt: »Was glaubt ihr, wenn der Kellner 1000 Euro investiert und zwölf Jahre lang 12 % im Monat bekommt – was kommt da ohne eine einzige weitere Einzahlung bei raus?« Bevor Sie nach unten schauen, machen Sie schnell mal die Augen zu und raten selbst. Die Antworten meiner Freunde waren recht unterschiedlich: Sie lagen irgendwo zwischen 250 000 Euro und 2 000 000 Euro – die letztere Schätzung ergänzt durch ein zweifelndes »Ne, vermutlich nicht so viel«. Wie gesagt, ich habe clevere Freunde, und ihnen war klar, dass die Zinsen recht zügig deutlich mehr ausmachen würden als das eingezahlte Kapital – 250-mal so viel, 800-mal so viel, 2000-mal so viel! Wissen Sie, was wirklich rauskommt? 12 229 120 630,69 Euro.[83] Über zwölf Milliarden! Es ist immer wieder so: Der Zinseszinseffekt – von Einstein angeblich als achtes Weltwunder bezeichnet – sprengt regelmäßig das menschliche Vorstellungsvermögen. Unser Hirn ist nicht in der Lage, sich Exponentialfunktionen vorzustellen. Eine Kostprobe gefällig? Wenn der Kellner noch sechs Jahre und einen Monat länger durchhalten würde, könnte er mit 47 897 287 511 086,39 Euro rechnen – einer Zahl, bei der auch ich genau hinschauen muss, um sie richtig auszusprechen. Damit könnte er – Stand 2019 – die Staatsschulden der Eurozone, der USA und

Japans auf einmal zurückzahlen, den Kampf der WHO zur weltweiten Ausrottung von Malaria finanzieren und mehrere bemannte Marsmissionen durchführen. Wäre das nicht ein feiner Zug? Zumal er immer noch über drei Billionen, also 3 000 Milliarden übrighätte, um sich eine Wohnung zu kaufen und mal in den Urlaub zu fahren. Nur: Warum hetzt er dann abends in Tel Aviv am Lala Beach von Tisch zu Tisch? Welcher philanthropische Ehrgeiz treibt ihn an, wahllos Touristen an seiner Gelddruckmaschine zu beteiligen? Ich habe mir einen Schnaps bestellt und ordentlich Trinkgeld gegeben.

Völlig überzogene Renditeversprechen, Belohnungen für Anleger, die neue Opfer anschleppen: Das sind die typischen Zutaten für Schneeballsysteme. Dazu kommen im Regelfall das Ausschütten vermeintlicher Gewinne zum weiteren Anfüttern und das Vorspiegeln einer gewissen Exklusivität. Natürlich ist das ein sehr durchsichtiges Beispiel, aber definitiv kein Einzelfall. Ich sehe sowas, eher mit 3 als 6 % in Aussicht gestellter *monatlicher* Rendite, immer wieder – nicht nur vor der Fehlentscheidung, auch danach. Die Nutzung eines einfachen Rechen-Tools im Netz könnte eigentlich den Dümmsten davor bewahren. Doch Gier frisst Hirn, sagt der Volksmund. Im Umfeld niedriger Zinsen reichen oft schon 6 bis 8 % Renditeversprechen pro Jahr, um am Neocortex vorbeizukommen. Ich habe es zu oft erlebt, dass Anleger einfach glauben, was sie glauben wollen, und sich von Tatsachen oder Plausibilitätsprüfungen nicht aus der Ruhe bringen lassen. Ein Klassiker ist es dabei, wenn es erst mal gut läuft, den Einsatz zu erhöhen und immer höhere Beträge auf ein Pferd zu setzen.

Im Regelfall brauchen Sie keine kriminelle Energie auf der Gegenseite, um durch Gier Ihr Vermögen zu beschädigen. Und Sie müssen gar nicht gierig sein. Sind Sie gierig? Wer ist schon gern gierig? Gier kommt häufig verkleidet in der Form der Selbstüberschätzung. In der Behavioral Finance, also der Erforschung des Investorenverhaltens, spricht man von Overconfidence Bias.

Vom intellektuellen Niveau und von den Anlageergebnissen gleichermaßen niederschmetternd sind Modeinvestments, die hohe Renditen versprechen. Und dennoch sehen die Depots vieler Anleger aus wie eine Chronologie der hippsten Ideen der vergangenen Jahre. Eine Akkumulation toller Investmentgeschichten, die in Summe alles ergeben, nur keine sinnvolle Struktur. Als wäre ein Betrunkener in einen Baumarkt gegangen, hätte jedes Sonderangebot mitgenommen und sich am nächsten Tag ausgenüchtert gewundert, dass er mit seinem Einkauf kein Gartenhaus bauen kann. Denn eines kommt bei Modeinvestments mit an Sicherheit grenzender Wahrscheinlichkeit nach dem Investmentrausch: der Investmentkater.

Die häufigste Form des Modeinvestments ist der Megatrend, eine sprachliche Zumutung, der eine besonders feinsinnige Bank sogar eine extra Comicfigur gewidmet hat: Megan Trends. Zeit, den Marketingchef zu feuern. Spätestens, wenn Sie dieses von Finanzpornos und Verkäufern inflationär verwendete Wort hören, sollten Sie sich die Ohren zuhalten: das Internet, erneuerbare Energien, die demografische Entwicklung, Digitalisierung ... Dies alles werde die Welt verändern, und Sie können dabei sein. Also das mit der Digitalisierung weiß vermutlich auch Ihr Friseur – meiner weiß es, ich habe ihn neulich extra gefragt. Zusammen mit mir und Ihrem Friseur sind wir jetzt schon vier, und ich fürchte, wir sind nicht allein. Am Markt ist diese Information nichts wert. Im Gegenteil, der Informationsgehalt ist unter null. Megatrends sind Plattitüden, das Gegenteil eines Informationsvorsprungs, fast eine Garantie dafür, prozyklisch auf einen schon längst fahrenden Wagen aufzuspringen und sich irrationale Klumpenrisiken und meist unnötige Managementkosten einzuhandeln.

Auch wenn es schon länger her ist: Erinnern Sie sich an die Jahre 1998 bis 2000? Einer der damals grassierenden Megatrends: Das Internet wird die Welt verändern. Gut, richtig, aber für ein vernünftiges Investment nicht nur absolut unbrauchbar, sondern hochgradig gefährlich. Ja, das Internet hat die Welt verändert, aber welche von hunderten damals aus dem Boden schießenden Unternehmen am Ende zu den wenigen Überlebenden gehören würden, war völlig unklar. Die Sache ging von der Investmentseite so daneben, dass die Deutsche Börse sich im Juni 2003 gezwungen sah, ein ganzes Marktsegment – den Neuen Markt – aus Imagegründen wieder zu schließen. Der entsprechende Index Nemax 50 hatte in der Spitze über 96 % verloren. Minus 96 % – das war das Ergebnis, das Anleger in diesem Marktsegment zwischen dem 10. März 2000 und dem 9. Oktober 2002 *durchschnittlich* über *alle* enthaltenen Aktien erwirtschaftet hatten.

Das Gegenstück zum Megatrend ist das Nischenprodukt. Ein besonders schönes unter endlosen Beispielen, wie Cannabis oder Wasser, war die Investition in Seltene Erden. 2011 war das einmal ein absolutes Must-have für den Investmentconnaisseur. Der entstehende Hype, der auch vor Qualitätsmedien wie der *FAZ* nicht haltmachte, wurde von einer Studie der Unternehmensberatung Roland Berger noch weiter angeschoben.[84] Warum? Man braucht diese Rohstoffe für alle möglichen technischen Geräte, die wichtigsten Förderstellen liegen in China und können staatlich kontrolliert werden und – wie der Name verrät – der Rohstoff ist selten. Ungefähr auf dem Informationsniveau bewegten sich die meisten Anleger und Banker, mit denen ich mich zu dem Thema unterhalten habe. Das unfreiwillig Komische: Obwohl sie de facto keine Ahnung hatten und obwohl das Thema in der gesamten Finanzpresse plattgetreten wurde: Sie hatten das Gefühl, zu einer kleinen Gruppe topinformierter Insider zu gehören: Over Confidence. In diesem Hype gingen 2011 die Preise für viele Seltene Erden durch die Decke. Je nach Rohstoff war eine Verdopplung des Preises innerhalb eines Jahres drin. Nur wie so oft hielt sich die Realität nicht an die Analyse, weder an die brillante von Roland Berger noch an die nachgeplapperte aus der Finanzpresse. Stand Oktober 2023 sah die Bilanz gegenüber Anfang 2011 so aus: Terbium +11,2 %, Neodym nach Rückschlägen von über 60 % bei -18,4 %, Yttrium und Europium mehr als -96 %.[85] Dabei sind es nicht nur die reinen Rohstoffpreise, die für die desaströsen Ergebnisse verantwortlich sind. Haben Sie eine Ahnung, wie man Seltene Erden lagert? Also in den Keller oder das Schließfach legen kann man sich das instabile und oft radioaktive Material nicht. Entsprechend geben oft die Kosten für Lagerung und teure Zertifikatsmäntel dem Investment den Rest. Genauso desaströs sah es für die Anleger aus, die, wie etwa von der *FAZ* empfohlen, nicht in den Rohstoff, sondern in Minenaktien investierten, also in Unternehmen, die Seltene Erden fördern. Der Stoxx Global Rare Earth Extended Index, der diese Unternehmen abbildet, verlor von seinem Höchststand im April 2011 bis Oktober 2023 in US-Dollar rund 75 %.[86]

Besonders gefährlich ist der Irrglaube, man könne sein eigenes Know-how vergolden. So erinnere ich mich noch gut an den Leiter eines Forschungslabors in einem Start-up aus dem Biotechnologiesektor. Sein Depot bestand zu 80 % aus hochspekulativen Biotech-Werten. Risikostreuung Fehlanzeige. War ja auch nicht nötig. Er konnte ja gut beurteilen, an was die Kollegen so alles dran waren. Was er leider gar nicht beurteilen konnte, waren die ökonomischen Perspektiven dieser Unternehmen. Das Ende vom Lied: ein völlig zerschossenes Depot.

Gier, die Selbstüberschätzung, schlauer zu sein als alle anderen, alles auf eine Investition setzen, Modeinvestitionen, der Tipp vom gut informierten Insider, Risiken erhöhen, weil es so gut läuft - dies alles vermengt sich zu einem sicheren Rezept, um Geld zu vernichten. Unterm Strich kostet das alles Lebensqualität, auch weil man sich mit sinn- und geistlosen Dingen beschäftigt.

Angst: defensive Investments und alternative Fakten

Dass gierige Investoren ihr Vermögen zerlegen, erscheint irgendwie logisch – mit etwas klassischer Bildung fast gerecht: Gier – Hybris – Nemesis. Der Selbstüberschätzung – Over Confidence – folgt die göttliche Strafe. Sie bringt die Dinge wieder ins Lot. Mindestens genauso häufig beobachte ich aber auch das Gegenteil: Ängstliche Investoren, die beim Versuch, sich vor Horrorszenarien zu schützen, ihr Vermögen beschädigen. Das klingt erst mal unlogisch – fast ungerecht –, funktioniert aber, wie ich oben am Beispiel des Inflationsfonds von Stefan Riße bereits gezeigt habe, tadellos. Auch die Reißleine zu ziehen und in Krisenzeiten auszusteigen, ist nur eine besonders schmerzhafte von vielen Fehlentscheidungen. Sie alle haben letztlich eine gemeinsame Ursache: Angst beziehungsweise Verlustaversion.

Ein verbreitetes Einfallstor für Fehlentscheidung ist dabei oftmals eine unangebrachte Sehnsucht nach der vermeintlich guten alten Zeit: »Wann wird es endlich wieder, wie es früher nie war?« Dieses rückwärtsgewandte Denken ist so verständlich wie dumm und am Kapitalmarkt ausgesprochen teuer. Konkret sieht das Muster dann so aus: Nostalgie – Wunschdenken – Irrweg. Nostalgie: »Früher war die Kapitalanlage einfach, da gab es noch 8,0 % Zins am Festgeld.« Wunschdenken: »Ich bin ja nicht gierig, wenn ich nur 3,0 % ohne Schwankungen bekommen könnte, wäre ich schon zufrieden.« Irrweg: »Da muss es doch Experten geben, die das können ...« Dieses Denken beruht auf massiver Unkenntnis der Mechanismen des Kapitalmarkts und ersetzt Fakten durch Wünsche. Kein gutes Fundament, um Verantwortung für die eigene finanzielle Zukunft zu übernehmen.

Nostalgie bezüglich höherer Zinsen ist ziemlich unangebracht: Wenn eine Anlage keine Risiken beinhaltet, erhält der Anleger auch keine Risikoprämie. Negative Realzinsen, also ein Kaufkraftverlust nach Inflation, Kosten und Steuern, sind bei risikolosen Anlagen etwas ganz Normales und über lange historische Zeiträume in gut der Hälfte aller Jahre zu beobachten. 1975 lag der durchschnittliche Sparzins bei 4,4 %, die Inflation bei 5,9 % und der Spitzensteuersatz bei 56 %. Also:

$$(4{,}4\,\% \times 0{,}44) - 5{,}9\,\% = -3{,}964\,\%$$

Der Anleger hatte nach Steuern fast 4,0 % Kaufkraftverlust zu ertragen. Wenn Sie sich den gesamten Zeitraum von 1959 bis 2016 ansehen, dann müssen Sie von einem sehr moderaten Steuersatz von 20 % ausgehen sowie von Kosten, die nicht höher als 0,3 % waren. Nur so konnten Sie mit deutschen Geldmarktanlagen im Schnitt wenigstens 1,0 % nach Inflation pro Jahr erzielen.[87] Bösartig formuliert: Goldene Zinserträge waren nur in Tateneinheit mit Steuerhinterziehung möglich. Gute alte Zeit sieht anders aus.

Der Versuch, sich alternative Fakten zu suchen, ist ein kostspieliger Irrweg: Das drastischste Beispiel der jüngsten Zeit ist der Skandal um den Vermieter von Schiffscontainern P&R. 3 % in Aussicht gestellte schwankungsfreie Nachsteuerrendite – das traf genau ins Herz der Wunschvorstellungen nostalgischer Anleger. Am Ende kostete diese »defensive« Variante eines Schneeballsystems die Anleger in Summe dreieinhalb Milliarden Euro.[88]

Es ist absolut verständlich, dass die Finanzindustrie auf die riesige Nachfrage nach schwankungsfreier Rendite reagiert und das Märchen bedient, dass es da draußen Menschen geben muss, die das irgendwie hinbekommen. Sehr beliebt ist es dabei, ein Bündel verschiedener Strategien unter einem Dach anzubieten. Nachdem Hedgefonds (zu Recht) irgendwie gefährlich klingen, kriegt das Kind erst mal einen netteren Namen: alternativ (auch gern wieder Englisch ausgesprochen), marktneutral, seitwärts, Know-how, Wissen ... Was sich dahinter verbirgt, sind intransparente Produkte, denn – so argumentiert die Branche – wenn wir verraten würden, wie es geht, würde es ja jeder nachmachen. Statt Fakten bekommt der Anleger wieder eine plausible Geschichte: Chancen an Immobilienmärkten, Arbitragegeschäfte, Prämien von Katastrophenanleihen, die sich besonders dann lohnen, wenn die Hurrikansaison nicht so arg ausfällt – der Fantasie beim Erzählen sind keine Grenzen gesetzt. Über die hochgradig intransparenten Risiken sind sich auch die wenigsten Berater im Klaren: Wie sieht es aus mit Eigentümerstrukturen, Fremdkapitalquoten, Währungsrisiken, (mangelnder) Liquidität, Prozess-, Gegenpartei- und Emittentenrisiko, wie funktionieren die hochkomplexen Strukturen der um die Produkte »gestrickten« Mäntel? Ein Insider hat das mir gegenüber einmal so auf den Punkt gebracht: »Das ist, wie wenn man Centstücke vor einer Dampfwalze einsammelt, das kann lange gutgehen, aber wenn man stolpert ...«

Während der Anleger (und der Berater) also keine Ahnung hat, in was investiert wird und wie hoch die Risiken wirklich sind, erweisen sich die Kosten der entsprechenden Produkte als erstaunlich. Kosten, die wiederum nur durch das Eingehen deutlich erhöhter Risiken zurückerwirtschaftet werden können. Two and twenty – also 2,0 % Fixgebühr, 20 % Erfolgsbeteiligung – sind nach wie vor üblich, wobei Bankvertrieb und Produkthersteller häufig halbe-halbe machen. Aber nicht nur (versteckte) Zuwendungen sind eine Quelle für gefährliche Interessenkonflikte: Seilschaften, Spezlwirtschaft, Einflussnahme von Anteilseignern oder guten Kunden des Investmentbankings sind – so erfährt man hinter vorgehaltener Hand – durchaus üblich. Man schätzt sich, man hilft sich. Ein problematisches eigenes Projekt wird erst an einen vom Investor selbst gemanagten Fonds verkauft und landet dann in der Hedgefonds-Strategie der befreundeten Bank. Diese Entsorgung von finanziellem Giftmüll ist oft lukrativer als eine versteckte Provision – wenn auch nicht für den Anleger.

Der Wunsch nach der Quadratur des Kreises ist so verständlich wie dumm. Wenn der risikolose Zins null beträgt, sind 3,0 % relativ viel. Rendite gibt es nicht dafür, besonders schlau sein zu wollen, sondern dafür, Risiken zu ertragen. Defensive Strategien sind kontrafaktischer Unsinn. Sie führen genau wie beim gierigen Anleger zu Monokulturen und intransparenten Risiken. Am Ende werden auch Sie vermutlich vor der Dampfwalze stolpern und Ihr Vermögen beschädigen. Den Ängstlichen ereilt daher wie den Gierigen völlig zu Recht die göttliche Rache für seinen Hochmut: Angst – Hybris – Nemesis.

Falsche Ankerpunkte und Referenzrahmen

Eine Reihe kognitiver Verzerrungen erhöht die Wahrscheinlichkeit von Fehlentscheidungen dramatisch: irrelevante zeitliche Bezugsrahmen, falsche Vergleichsmaßstäbe und irreführende Referenzgrößen. Diese Denkfehler wirken auf die Grundzutaten Angst, Gier und Selbstüberschätzung wie Brandbeschleuniger.

Nachdenken ist mühsam, fast schmerzhaft. Deshalb stellt unser Hirn viele Entscheidungen quasi auf Automatik: Faustregeln, Plausibilitätschecks, sogenannte Heuristiken helfen uns durch den Alltag, ohne dass wir vor Überanstrengung verrückt werden. Daniel Kahneman spricht hier von »schnellem Denken«. Die Tücke: Unser präfrontaler Neocortex, der Sitz des logischen Denkens, wird ausgebootet: Wieder denken wir nur, dass wir denken. Dessen sollten Sie sich bewusst sein. Denn wenn es darum geht, langfristig Ihre Lebensqualität aufrechtzuerhalten, müssen Sie langsam denken.[89]

Was ich bei fast jedem Anleger beobachte, ist das Setzen eines zeitlich viel zu kurzen Bezugsrahmens: im Regelfall vom 1. Januar bis zum 31. Dezember eines Jahres. Seit jeher hat die Finanzindustrie Anleger darauf konditioniert, ihre Wertentwicklung auf Jahressicht zu bewerten – bei vermögenderen Kunden auch meist quartalsweise. Warum, verstehe wer will – warum nicht vom 4. Juni bis zum 28. Oktober des Folgejahres? Was in einer Agrargesellschaft zwingend und bei der Bewertung der Entwicklung von Unternehmen relativ sinnvoll ist, ist im Kontext Kapitalanlage kontraproduktiv. Denn kurzfristige Referenzrahmen, kurzfristige Bewertungen führen schnell zu ebenso kurzsichtigen Entscheidungen.

Unvergessen ist mir in dem Kontext ein Gespräch mit Herrn Borchert, der im Sommer 2015 zu mir kam, um mir mitzuteilen, er sei zutiefst menschlich enttäuscht von der Zusammenarbeit. Er habe die Hälfte seines Geldes verloren. Originalton: »Ich lag in dem Jahr schon mal bei plus 14 %, jetzt sind es nur noch plus 7 %.« Ich habe eine Weile gebraucht, bis ich verstanden habe, dass das kein Scherz war, sondern sein bitterer Ernst. Abgesehen davon, dass plus 7 % nicht das Gleiche ist wie minus 50 %: Der Verweis auf drei sehr gute vorausgegangene Jahre, einen Anlagehorizont, der mit an Sicherheit grenzender Wahrscheinlichkeit bis in die nächste Generation reichen wird, der Hinweis, dass ich ihm ungefähr zwei Dutzend Mal erzählt habe, dass bei seiner Strategie Rückschläge bis 30 % jederzeit möglich, nein, langfristig unvermeidbar sein werden: Das alles interessierte Borchert nicht. Wieder O-Ton: »Ich bin nicht gern ein Verlierer.« Wie konnte sich die Realität nur so bockig gegenüber seinen Wunschvorstellungen verhalten ...

Herr Borchert war (sonst) ein intelligenter, sensibler Mensch: Akademiker, hochgradig erfolgreicher Geschäftsmann mit einer großen Leidenschaft für Kunst und klassische Musik, der einen Teil seines Einkommens regelmäßig für kulturelle und soziale Zwecke spendete. Ein paar Monate später habe ich aufgegeben. Warum erzähle ich Ihnen dieses Beispiel meines Scheiterns als Berater? Weil die Auswirkungen eines solchen Verhaltens auf Ihr Vermögen drastisch sein können. Meines Wissens lag das Geld von Herrn Borchert, nachdem er die »Verluste« nicht mehr ertragen konnte und alles verkauft hatte, noch Jahre später unangelegt auf einem Girokonto. Dank eines falschen zeitlichen Bezugsrahmens hatte Borchert das Programm nahtlos von Gier auf Angst umgestellt – ein Verhalten, das ihn nicht nur akut viel Lebensfreude gekostet hat, sondern langfristig eine Menge an finanziellem Gestaltungsspielraum.

Bei Ihrer Vermögensanlage geht es darum, *langfristig* Ihren Lebensstandard zu sichern und dafür zu sorgen, dass Geld *langfristig* dazu führt, dass Sie zufriedener und glücklicher sind. Und dennoch sucht man beim Thema Wertpapieranlagen – anders als etwa bei Immobilien – eine langfristig strategische Herangehensweise bei Privatanlegern oft vergebens. In den spöttischen Worten eines Kollegen: »Wenn ein Kunde langfristig sagt, meint er bis zur nächsten Korrektur.« Eine der größten Vorteile bei der Kapitalanlage ist also paradoxerweise ihr größtes Problem: die Preistransparenz und jederzeitige Verfügbarkeit. Je nachdem, wie diszipliniert Sie sind, kann es ein entscheidender Nachteil sein, wenn Sie jederzeit ohne Probleme zu Konsumzwecken in die Keksdose greifen, Ihren Emotionen oder einer »großartigen« Idee zur Neustrukturierung des Vermögens nachgeben können. Das ist zwar kein Naturgesetz – wie Sie damit umgehen und wie Sie sich verhalten, ist letztlich Ihre freie Entscheidung. Aber es ist alles andere als leicht. Passen Sie auf sich auf. Machen Sie sich immer wieder bewusst, dass Sie eine Kapitalmarktinvestition im Grunde wie eine Immobilieninvestition betrachten müssen. Anlagehorizont ist nicht das gleiche wie Verfügbarkeit, sondern häufig eher das Gegenteil. Solange Sie danach handeln, sind Sie auf der sicheren Seite.

Anleger setzen sich nicht nur zeitlich die falschen Referenzrahmen. Ein weiterer Klassiker falsch gesetzter Bezugspunkte ist, sich am Einstiegskurs eines Investments mental festzuhalten. Häufig wird das kombiniert mit dem Denkfehler, jede Investition isoliert anzusehen, anstatt das Portfolio als Ganzes zu betrachten. Ob eine Investition gut oder schlecht ist, wird dann danach beurteilt, wie weit sie über oder unter dem Einstiegskurs liegt, und nicht danach, ob sie sinnvoller Bestandteil einer Vermögensstruktur ist. Im Laufe der Zeit wird dann dieses sinnfreie Korsett um einen weiteren irrelevanten Anker erweitert: den einmal erreichten Höchstkurs. Ich habe mehrfach erlebt, wie unglaublich schwer sich Anleger damit tun, sich von hochspekulativen Anlagen wie Bitcoin oder Hightech-Aktien zu trennen, wenn sie wieder unter dem Kurs liegen, den sie schon einmal erreicht hatten.[90] Auch wenn die Papiere weit im Plus lagen, auch wenn sie in Bezug auf das Gesamtvermögen massiv übergewichtet waren, auch wenn sich ein Verlust direkt auf den Lebensentwurf durchschlagen würde.

Einstandsdenke und isoliertes Betrachten einzelner Wertpapierpositionen führen dabei zu völlig absurden Überlegungen: Stellen Sie sich zwei Anleger vor. Beide haben in Gold investiert. Frau Meier hat 2012 für 3 % ihres Vermögens Goldmünzen in ihr Schließfach gelegt. Sie hat über 1300 Euro pro Unze gezahlt. Herr Weiß hat sich für 45 % seines Vermögens 2009 ein Goldzertifikat für 700 Euro pro Unze gekauft. Für die Überlegung, was jetzt zu tun ist und wie die Investition zu beurteilen ist, spielt der Einstiegskurs sachlich überhaupt keine Rolle. Und dennoch: Frau Meier hat sich jahrelang geärgert, eventuell hat sie die Münzen wieder verkauft, nachdem sie endlich wieder ihren Einstiegskurs erreicht hatten. Und das, obwohl sie Gold in einer sinnvollen Größenordnung und in einer sinnvollen, weil realen Form gekauft hat. Herr Weiß dagegen fühlt sich vermutlich wie ein Anlegergott: der einmal erreichte Höchstkurs aus Mitte 2012 im Frühjahr 2020 geknackt, die Position bis Sommer 2023 mit 150 % im Plus – Jackpot! Dass er mehr Glück als Verstand hatte, dass er mittlerweile durch den Kursanstieg mit deutlich über 80 % seines Gesamtvermögens eine gefährliche Monokultur unterhält, wird er nicht wahrnehmen. Auch dass er überhaupt kein Gold gekauft hat, sondern von seiner Bank einen Zettel mit einem Versprechen darauf bekommen hat, wird er erst dann merken, wenn seine Bank pleite ist. Dann wird seine Investition in die irrationale Ersatzwährung Gold gerade in dem Szenario versagen, für das er es erworben hat: eine massive Wirtschaftskrise mit Bankenpleiten wie zu Lehmans Zeiten. Erst wenn das Schiff sinkt, wird er merken, dass er in seiner Hand keine Rettungsweste hält, sondern nur den Gutschein für eine Rettungsweste. Wie so viele Anleger verwechselt Herr Weiß ein ex post erreichtes Ergebnis mit einer ex ante verantwortungsvollen Strategie. Wenn ein Mensch betrunken mit dem Auto von einer Party nach Hause fährt, ist das verantwortungslos, eventuell kriminell. Auch, wenn er nicht erwischt wurde, auch, wenn er keinen Unfall verursacht hat und auch, wenn er sich so das Geld für das Taxi gespart hat.

Ähnlich fatal und ähnlich verbreitet ist das Anlegen falscher Vergleichsmaßstäbe. So halten annähernd 99 % aller deutschen Anleger und 95 % aller Banker den deutschen Kapitalmarktindex DAX für »den Markt«, mit dem sie die Entwicklung der eigenen Geldanlage vergleichen. Unsinn! Der DAX ist im globalen Maßstab ein Dorfindex mit erstaunlich hohen Risikokennziffern. Deutschland machte Stand Ende 2022 gerade einmal 1,8 % des weltweiten Aktienmarkts aus und der DAX repräsentiert nur einen Teilausschnitt davon.[91] Dasselbe gilt aus der Perspektive des Anlegers. Im Regelfall besteht das Vermögen eines Deutschen im Wesentlichen aus dem Wert der eigenen Arbeitskraft, Immobilien und Versicherungen – es ist also gar nicht im Depot. Im Depot finden sich dann neben meist irrational übergewichteten deutschen Aktien auch internationale Aktien, Anleihen, Mischfonds und andere Wertpapiere. Das eingegangene Risiko ist regelmäßig deutlich niedriger als das des DAX. Mit einer fast zwangsläufigen Folge: Solange der Kapitalmarkt gut läuft, wird Ihr Depot meist subjektiv schlecht aussehen.

Und wenn Verluste im Depot auftreten? Dann spielt der DAX, der mutmaßlich viel stärker abgestürzt ist, auf einmal keine Rolle mehr.

Nicht wenige Anleger suchen sich dann auf einmal eine andere Referenz: das Festgeld, und seien es auch nur 0,01 %. Auf diese Weise bauen sie sich eine Welt, die zu permanenter Unzufriedenheit führt. Herr Borchert, der plus 7 % und minus 50 % nicht unterscheiden konnte, war ein Paradebeispiel für diese Technik. Fehlentscheidungen sind dabei fast unvermeidlich, da die Anleger einer Fata Morgana hinterherjagen.

Eine andere Variante dieses Fehlverhaltens ist sogenanntes Performance-Chasing: Erst mal schaut man nicht auf das Portfolio als Ganzes, sondern vergleicht die im Depot gekauften Fonds mit Rennlisten aus Finanzzeitschriften. Dabei ist es relativ egal, ob Sie seriöse Zeitschriften wie *Finanztest* nutzen oder die üblichen Finanzpornos. Das Ergebnis ist schon vorher annähernd sicher: Da es mehr investierbare Fonds als investierbare Aktien gibt, wird Ihr Fonds sicher nicht ganz oben stehen. Wenn Sie jetzt umschichten, kaufen Sie den Fonds, von dem Sie jetzt wissen, dass Sie ihn vor fünf Jahren hätten kaufen sollen. Das ist so clever, als würden Sie beim Roulette immer die Zahl setzen, die gerade gefallen ist. Der Hinweis »Die Wertentwicklung der Vergangenheit ist kein Indikator für zukünftige Ergebnisse« ist wohl der meistignorierte Satz der Finanzindustrie. Das permanente Austauschen der Produkte dagegen ein gutes Geschäft – für die Bank, nicht für Sie. Sie sollten daher nicht überrascht sein, wenn Sie Ihr Berater beziehungsweise Verkäufer bei diesem Blödsinn noch tatkräftig unterstützt und Ihnen immer die aktuell besten Produkte empfiehlt. Auf diese Weise können Sie Ihr Depot so lange optimieren, bis Sie pleite sind.

Wenn Ihnen das zu lange dauert, können Sie es auch beschleunigen: Kaufen Sie nicht einfach nur den gerade besten Fonds, sondern wechseln Sie auch noch möglichst in die gerade erfolgreichste Strategie: 1999: Neuer Markt. 2003: Notbremse – nie wieder Aktien. 2007: Zertifikate und Finanzwerte. 2009: Jetzt aber wirklich nie wieder Aktien und Total-Return-Strategie. 2019: Die besten Mischfonds. 2020: Jetzt aber wirklich, wirklich keine Aktien mehr und nur noch Tagesgeld. Sie erinnern sich vielleicht an das Ehepaar Wanderer, das im März 2009 alle Aktien verkauft hat, um in »sichere« Immobilienfonds zu fliehen?

Es macht keinen Sinn, ständig auf der Suche nach der besten Anlage oder nach dem Jackpotinvestment zu sein, das kostet Zeit, Lebensfreude und sehr wahrscheinlich viel Geld. Was Sie brauchen, ist eine vertretbare und anständige Strategie, die Sie langfristig durchhalten können und die dafür sorgt, dass Ihr Vermögen Ihren Lebensentwurf unterstützt – keine Fata Morgana.

Dem Staat die Steuer nicht gönnen

Ich zahle gerne Steuern. Nicht leidenschaftlich, nicht mehr als nötig, aber im Grunde gern. Ich finde es großartig, in einem Land zu leben, in dem ich nachts gut schlafen kann, auch wenn meine Kinder noch unterwegs sind, in dem es ein relativ hohes Maß an sozialer Sicherheit gibt und in dem jeder prinzipiell einen Zugang zu einem guten Bildungs- und Gesundheitssystem hat. Und das kostet eben. Auch wenn Steuergelder zum Teil vergeudet werden, auch wenn mir vieles nicht passt: Ich kaufe mir damit ein Stück Zivilisation. Mein Sohn Philipp ist mit 19 in Johannesburg mitten am Tag von acht Männern überfallen und ausgeraubt worden. In München hätte er es damit auf die erste Seite der Lokalpresse geschafft. In Südafrika lohnt sich nicht einmal der Aufwand, zur Polizei zu gehen. Wollen Sie in solch einer Gesellschaft leben, in eingezäunten Wohnsiedlungen, mit bewaffnetem Wachpersonal? Was nützt Ihnen Ihr Wohlstand, wenn soziale Ungleichheit und Gewalt Ihre Lebensqualität belasten? Und es gibt noch einen Grund, warum ich gerne Steuern zahle: Wenn ich Steuern zahle, habe ich vorher was verdient. Bei der Kapitalanlage kommt dazu, dass ein großer Teil der Gewinne schon auf Unternehmensebene versteuert wird und Sie mit 25 % Abgeltungssteuer zumindest ein gefühltes Steuerprivileg haben. Also ist doch eigentlich alles in Ordnung, oder?

Die gelebte Realität – insbesondere bei der Kapitalanlage – sieht anders aus: Steuern erscheinen den meisten Anlegern als eine Zumutung, die man irgendwie umgehen muss. Entsprechend macht es sich die Finanzindustrie zunutze, dass der Steuervermeidungstrieb beim Deutschen stärker ausgeprägt sein soll als der Fortpflanzungstrieb. Kaum ein Köder, den der Produktverkäufer auswirft, ist so schmackhaft wie: »Herr Maier, Sie wollen doch nicht fürs Finanzamt arbeiten, ich habe da was für Sie ...« Der geschulte Verkäufer koppelt das gerne mit einem

Uralttrick: Verknappung und Zeitdruck. Er ruft kurz vor Weihnachten an, weist darauf hin, dass im nächsten Jahr alles viel schlimmer werden würde und man jetzt noch handeln müsse, zumal das Produkt ohnehin schon fast ausverkauft sei. Dabei geraten die wesentlichen Fragen der Kapitalanlage meist völlig aus den Augen: Warum ist Geld wichtig für mich? Bringt mich die Investition meinen Zielen näher? Wie viel Komplexität halse ich mir auf? Passt die Investition in meine gesamte Vermögensstruktur? Ist sie auch ohne Steuervorteil wirtschaftlich sinnvoll?

Mit der Steuervermeidung als Köder schlucken viele Anleger den größten Giftmüll: Die Liste überteuerter und provisionsgeschwängerter Produkte ist lang: Ostimmobilien, Filmfonds – auch als »stupid German money« bekannt –, Containerschiffe, 6b-Immobilienfonds, aber auch steueroptimierte Geldmarktfonds und Kapitallebensversicherungen, um nur einige zu nennen. Anwälte, Wirtschaftsprüfer, Verwalter, Marketingagenturen und natürlich der Finanzvertrieb, alle werden rund und satt bei dem Geschäft. Nur einer nicht: Sie. Denn zu über 90 % enden solche steuermotivierten Investitionen im Desaster. Wenn Sie Glück haben, gilt Grundregel 1: Die Produktkosten sind deutlich höher als die Steuerersparnis. Wenn Sie Pech haben, trifft Sie Grundregel 2: Erst kommt die Verlustzuweisung, dann kommt der Verlust.

Wenn Steuervorteile im Spiel sind, sollten bei Ihnen alle Alarmglocken angehen. Umgekehrt: Wenn alle anderen Parameter stimmen, dann sollten Sie sich natürlich für die Variante entscheiden, in der Sie a) weniger und b) später Steuern zahlen. Gerade das Steuernzahlen in die Zukunft zu verschieben, ist dabei relativ einfach: Wenn Sie Ihre Wertpapiere nicht dauernd austauschen und an sinnvollen Investitionen langfristig festhalten, passiert das ganz von selbst. Die Auswirkungen dieses Vorgehens auf Ihr Vermögen sind keine Peanuts. Gerade über lange Zeiträume hat das immense Auswirkungen. So ermittelt der renommierte Finanzratgeberautor Gerd Kommer, dass ein Anleger bei einer Aktienrendite von 8,5 % und einer Laufzeit von 30 Jahren durch konsequente Steuerstundung ein um 29 % höheres Endvermögen erzielen wird.[92]

6.
Prioritäten im Einklang mit den eigenen Zielen setzen

Bevor Sie sich auf die Umsetzung stürzen, müssen Sie im Vorfeld Entscheidungen zu den wichtigsten Koordinaten Ihres Umgangs mit Vermögen fällen: Wie schnell müssen welche Teile meines Vermögens verfügbar sein? Wie viel Rendite erwarte beziehungsweise benötige ich? Was ist überhaupt eine realistische Renditeerwartung? Wie viel Risiko kann ich objektiv tragen und subjektiv ertragen? Welche Risiken sind vermeidbar und welche nicht? Und am wichtigsten: Was bedeutet Risiko für meine private Lebensplanung?

Nur wenn Sie diese Fragen geklärt haben, können Sie sicherstellen, dass sich der von Ihnen eingeschlagene Weg in Linie mit Ihren Wertvorstellungen und Ihrer Lebensplanung befindet. Wer auf dieser Ebene Abkürzungen sucht, wird mit hoher Wahrscheinlichkeit scheitern. Sie gleichen sonst einem Patienten, der bei einer ernsthaften Erkrankung Tabletten in der Onlineapotheke bestellt, anstatt sich erst einmal vom Arzt ordentlich diagnostizieren zu lassen. Nur: Im medizinischen Bereich bekommen Sie die richtig gefährlichen Sachen nicht ohne Rezept, im Finanzbereich schon.

Es ist also noch eine letzte Runde Anamnese nötig, bevor wir zu den Rezepten kommen. Aufgrund des Mangels an vernünftigen Finanzärzten lassen Sie uns im Folgenden die wichtigsten Fragen für die Selbstdiagnose durchgehen.

Budgets bilden

In meinen Tagen als Verkäufer in einer Großbank gab es eine klassische Standardsituation. Eine Summe X war fällig geworden und stand zur Neuanlage zur Verfügung. Wenn ich dann meinen Kunden gefragt habe: »Ja, wann brauchen Sie denn Ihr Geld wieder?«, bekam ich meist die Antwort: »Na, die nächsten drei bis fünf Jahre wahrscheinlich nicht.« Danach waren alle Beteiligten zufrieden: der Kunde, weil er nicht weiter nachdenken musste, und ich, weil er mir – nach Bankdefinition – den Mindestanlagehorizont für den Großteil meiner Produktpalette abgenickt hatte. Das ist natürlich nicht wirklich sinnvoll.

Fehler 1: Es ergibt keinen Sinn, für einen willkürlichen Teilbetrag seines Geldes über einen Anlagehorizont oder gar eine konkrete Produktlösung nachzudenken. Man muss solche Entscheidungen stets im Kontext einer Gesamtsituation sehen. Fehler 2: »Drei bis fünf Jahre« – diese Aussage ist nicht mehr als eine Übersetzung von »Erst mal nicht« oder »Keine Ahnung«. Es besteht eine gewisse Wahrscheinlichkeit, dass viele Kunden – durch jahrelange Verkaufsgespräche geschult – einfach eine sozial erwünschte Antwort gegeben haben. Was passiert denn nach den drei bis fünf Jahren, beginnen dann die nächsten drei bis fünf Jahre? Und danach? Und danach?

Das geht viel besser. Was Sie im ersten Schritt tun sollten, ist, für unterschiedliche Formen von Kapitalbedarf unterschiedliche Töpfe zu bilden und diese nacheinander zu füllen. Dabei gilt die Regel: Erst den kurzfristigen Bedarf sicherstellen, und wenn das geklärt ist, mittelfristig ansparen und langfristig investieren.

Sie können sich das so vorstellen wie einen barocken Brunnen, etwa die Fontana di Trevi in Rom. An einem erhöhten Punkt (hier unter dem Meeresgott Neptun) tritt Wasser aus und füllt ein kleines Becken, dessen Überlauf in ein etwas größeres Becken fließt, von da in ein mittleres, bis sich schließlich der eigentliche riesige Brunnen füllt. Die Fontana di Trevi ist insofern ein gutes Beispiel, als nicht nur die Größenverhältnisse der Becken relativ gut zu einer erstrebenswerten Vermögensstruktur passen, sondern er sich durch die vielen Münzen, die die Touristen hineinwerfen, sehr zügig mit Geld füllt.

Falls Sie in irgendeiner Form Konsumschulden haben, einen Autokredit, einen in Anspruch genommenen Dispokredit oder, noch schlimmer, einen Konsumentenkredit: Letzteren nehmen Sie als Erstes in Angriff, immer. Den hätten Sie nie haben dürfen. Denn eine Kreditaufnahme ergibt, wenn überhaupt, nur bei einem Immobilienerwerb oder im Rahmen einer Unternehmensfinanzierung Sinn. Verbraucherkredite sind

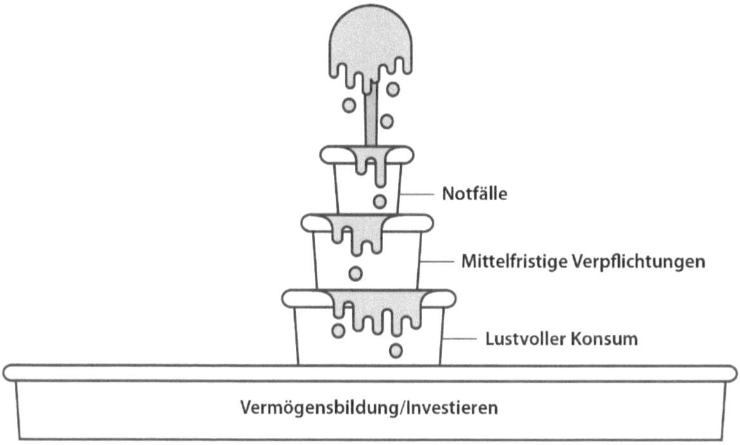

Abbildung 3: Brunnenmodell zum sinnvollen Sparen

Quelle: Oliver Schmitt, Mainz

richtig teuer und kosten langfristig viel Gestaltungsspielraum. Was Sie durch Tilgen völlig risikolos durch gesparte Zinsen erwirtschaften, bekommen Sie auf der Anlageseite nur mit höheren Risiken oder gar nicht.

Als Erstes brauchen Sie dann einen Liquiditätspuffer für unvorhergesehene Notfälle. Diesen Topf dürfen Sie keinerlei Risiken aussetzen, denn im Notfall muss er da sein, sofort und in voller Höhe. Außer Cash oder Tagesgeld bei einer deutschen Bank kommt nichts infrage. Notfalls müssen Sie Negativzinsen ertragen. Falls der Negativzins noch einmal zurückkommt, müssen Sie auch diesen tapfer ertragen. Generell gilt: Hinter jedem Angebot, das Ihnen eine noch so kleine Extra-Rendite verspricht, steckt ein Risiko – oder Geld aus dem Marketingbudget.

Eine viel zitierte Faustregel zur Höhe eines solchen Puffers lautet, mindestens drei Monatseinkommen auf der Seite zu haben. Ins Feld geführt werden dann Dinge wie Autoreparaturen oder kaputte Waschmaschinen. Ich sehe das anders: Das wirkliche Risiko ist nicht ein kaputtes Auto, sondern der Wegfall Ihres Einkommens. Sie sollten daher in der Lage sein, längere Zeit ohne Ihr Erwerbseinkommen durchhalten zu können. Wie viel Sie dafür benötigen, hängt nicht nur von Ihrem Lebensstil ab, sondern auch von Ihrem Beruf. Wenn Sie Beamter sind, stellt sich die Frage kaum, als Selbstständiger brauchen Sie vermutlich mehr Puffer als ein Angestellter, den das Arbeitslosengeld eine Weile über Wasser hält. Dazu kommt: Wie realistisch ist es, dass Sie im Fall eines Jobverlusts zügig wieder Arbeit finden? Wie sicher schätzen Sie Ihren Job ein? Da wiederum kann eine Selbstständigkeit viel sicherer sein als ein Angestelltendasein. Und nicht zuletzt: Wie hoch ist Ihr Bedarf nach Sicherheit? Je nach Situation sollten Sie für sechs bis neun Monate ohne Einkommen abgesichert sein. Dazu brauchen Sie natürlich nicht sechs oder neun Monatsgehälter anzusparen, sondern nur so viel, wie Sie in diesen sechs oder neun Monaten auch verbrauchen. Das kann je nach Konsumverhalten, Einkommen und sozialer Absicherung etwas sehr Unterschiedliches sein. Sollte es dann wirklich noch dicker kommen, müssen Sie notfalls doch an einen der anderen Töpfe.

Das zweite Brunnenbecken sollten Sie für größere Ausgaben vorsehen, die absehbar und unvermeidbar auf Sie zukommen und die Sie nicht aus dem laufenden Einkommen abdecken können. In jedem Fall gehören dazu Instandhaltungsrücklagen für eine Immobilie, gegebenenfalls das Ansparen für das Ablösen eines Immobilienkredits oder für das Bedienen von Sondertilgungen – und abhängig davon, wie hoch Ihr Einkommen ist und welchen Stellenwert für Sie das Thema Auto besitzt, eventuell auch ein Budget dafür. Auch für diesen Topf sollten Sie keine oder nur moderate Risiken eingehen. Für alles, was in weniger als drei Jahren fällig ist, kommt nichts anderes als Tagesgeld infrage.

Topf drei ist mein Lieblingstopf: lustvoller Konsum. Auch in dieser Hinsicht ist die Fontana di Trevi ein perfektes Bild: Insbesondere wenn Sie an Anita Ekbergs und Marcello Mastroiannis nächtliches Bad in Anzug und Abendkleid in diesem Brunnen denken, sollten Sie sich daran erinnern, »la dolce vita« nicht zu vergessen. Je nach Ihren Lebensverhältnissen und Ihren Ansprüchen kann da die Latte unterschiedlich hoch liegen. Auch für welche Form von Konsum es sich lohnt, Geld auszugeben, sehen Menschen naturgemäß sehr unterschiedlich. Wichtig ist: Setzen Sie sich unbedingt ein separates Budget, um sich Dinge zu leisten, die nicht einfach aus dem regelmäßigen Einkommen zu stemmen sind. Während Sie die ersten beiden Töpfe notfalls auch über ein und dasselbe Tagesgeldkonto abwickeln können, nutzen Sie für Topf drei unbedingt ein separates Tagesgeldkonto. Selbstverständlich ist das Eingehen von Risiken mit diesem Geld ebenfalls tabu.

Ein budgetierter Konsumtopf wirkt sich nicht nur positiv auf Ihre finanzielle Zukunft aus, sondern trägt deutlich zu einem entspannteren Umgang mit Geld bei. Wenn Sie zu den Menschen gehören, die (wie ich) eher ein bisschen zu viel als ein bisschen zu wenig für Urlaub, Essengehen und Geschenke ausgeben, hilft Ihnen ein rational bemessenes Budget, andere finanzielle Ziele nicht zu gefährden: etwa das langfristige Aufrechterhalten Ihres Lebensstandards. Da so ein Budget naturgemäß endlich ist, zwingt es Sie dazu, Prioritäten zu setzen und nachzudenken: Was ist nur gedankenloser Konsum – und was macht mich glücklicher?

Umgekehrt: Wenn Sie eher mit einer Verzichts- und Sparsamkeitsethik groß geworden sind, hilft Ihnen ein Konsumtopf dabei, nicht permanent ein schlechtes Gewissen zu haben, wenn Sie sich mal etwas gönnen. Es unterstützt Sie dabei, eine wichtige Disziplin beim Umgang mit Geld zu lernen: loszulassen, Geld in Zeit, in Gestaltungsspielraum oder Lebensfreude umzutauschen. Es verhindert, dass Sie als deutlich vermögenderer, aber freudloser Geizkragen sterben. Denn durch das Bilden eines separaten Topfs wissen Sie: Dieses Geld auszugeben, ist erlaubt, ich habe meine Finanzen nach wie vor völlig im Griff.

Wenn Sie diese drei Töpfe vernünftig befüllt haben, haben Sie eine gute Grundlage dafür, dass Sie in Kapitalmarktkrisen gelassen bleiben können. Ihre Töpfe für Risikovorsorge und für größere absehbare Zahlungsverpflichtungen verhindern, dass Sie in kritischen Situationen finanziell unter Druck geraten. Ihr Konsumtopf verhindert die oben beschriebene gefährliche Symptomverschiebung, also dass ein schlechtes Gewissen bezüglich des eigenen Ausgabenverhaltens zu deutlich erhöhtem Stress bei Kursschwankungen und damit verbundenen Fehlentscheidungen führt.

Kommen wir also zum letzten Topf, da, wo die Fontana di Trevi richtig breit wird, und da, wo fast alle Münzen drin liegen. Für diesen Teil Ihres Vermögens haben Sie Zeit, viel Zeit, oft über Generationen hinweg. Und das ist eine gute Nachricht. Ob Immobilie oder Kapitalmarktinvestition – bei risikobehafteten Investitionen steigt die Erfolgswahrscheinlichkeit mit der Anlagedauer massiv an. Das liegt nicht nur daran, dass es bei manchen Anlagen eine sogenannte Illiquiditätsprämie gibt, also eine Art Schmerzensgeld dafür, dass man für eine gewisse Zeit nicht an sein Geld kommt. Wichtiger ist, dass insbesondere Kapitalmarktanlagen zwar durchschnittlich eine deutlich höhere Rendite versprechen, sich die kurzfristigen Renditen aber unberechenbar und zufällig verteilen. Je länger ich also investiert bin, umso sicherer nähere ich mich langsam dem erwarteten Durchschnittswert. Für diesen langfristigen Anteil lohnt es sich also, anders als bei den kurzfristigen Töpfen, darüber nachzudenken, wie viele Risiken man eingehen kann und will, um mehr Rendite zu erzielen.

Rendite und Risiko

Die Dreh- und Angelpunkte jeder Anlageentscheidung sind die Fragen: Wie viel Rendite will ich erzielen? Und: Wie viel Risiko kann ich (er)tragen? Was aussieht wie zwei Fragen, ist in Wirklichkeit eine: Denn Rendite und Risiko sind keine Gegensatzpaare, sie sind untrennbar miteinander verbunden wie siamesische Zwillinge. Nicht zu Unrecht sprechen Finanzwissenschaftler in Bezug auf Rendite von Risikoprämie. Nur wenn Sie über die Mechanismen dieser Risikoprämie Klarheit haben, können Sie eine rationale Entscheidung fällen.

Die meisten Anleger, fast alle Finanzberater, aber auch die Risikoprofilierung sogenannter Roboadvisor machen es sich beim Thema Risiko viel zu leicht. Zurück zu unserem Verkaufsgespräch: Der Kunde möchte also drei bis fünf Jahre anlegen. Und wie hält er es mit dem Risiko? Meist wird dem Anleger hier die Auswahl zwischen fünf unterschiedlichen Risikoprofilen mit mehr oder minder sinnstiftenden Namen gelassen wie sicherheitsorientiert, konservativ, ausgewogen, chancenorientiert, spekulativ. »Welches Schweinderl hätten'S denn gern?« Sie ahnen es: Wieder wird der Verkäufer wenig erläutern und der gut konditionierte Anleger wird, ohne nachzudenken, eine sozial erwünschte Antwort gegeben. Er wird im Regelfall auf die Mitte tippen: ausgewogen – klingt auch irgendwie am besten. Der Absatz des Mischfonds der Woche, 5 % Provision und eine jährliche Verwaltungsvergütung von 1,8 % sind in greifbarer Nähe. Was ausgewogen aber konkret heißt, bleibt im Dunkeln. Was kann ich in schlechten Zeiten verlieren? Was wird dabei in 20 Jahren herauskommen? Schweigen. Wobei in dem konkreten Fall die 20 Jahre Anlagedauer keine wirkliche Rolle spielen: Spätestens in drei Jahren wird der Verkäufer ohnehin eine »bessere« Anlage empfehlen, das heute empfohlene Produkt »rausdrehen« und einen neuen Wertpapierertrag generieren – für die Bank, nicht für den Kunden.

Alternativ zu dieser Nichtbeschäftigung mit Risiko versteckt sich die Finanzindustrie gerne hinter einer Mauer aus Jargon, Fachbegriffen und Zahlen. Der beliebteste Begriff: Volatilität – ein Risikomaß, das die Abweichung von einem Basiswert innerhalb eines gewissen Zeitraums misst. Doch so sinnvoll das Maß innerhalb der Finanzszene sein mag, so sinnbefreit ist es für den normalen Anleger. Was ist viel Volatilität, was ist wenig? Auf welchen Zeitraum bezieht sich die Kennzahl: Wochen, Monate, Jahre? Sprechen wir von historischer oder impliziter Volatilität? Dazu kommt, dass auch besser informierte Anleger oftmals der Illusion erliegen, diese Abweichungen vom Basiswert seien, wie in der bekannten Gauß'schen Glockenkurve, normalverteilt. Doch heftige Kurseinbrüche sind viel häufiger, als es eine Normalverteilung erwarten lassen würde. Volatilitäten springen in Krisen massiv an. Die Spielregeln für das Messen von Risiko werden also genau dann verändert, wenn man sich auf sie verlassen möchte. In Summe ist die Kennzahl viel zu abstrakt. Auf die Frage »Was hat eine Ein-Jahres-Volatilität im DAX von 28 mit meinem Leben zu tun?« gibt es keine wirklich greifbare Antwort.

Etwas besser geeignet ist das Konzept »Value at Risk« (VaR). Diese Maßeinheit versucht zu prognostizieren, mit einer wie hohen statistischen Wahrscheinlichkeit ein unerwünschtes Verlustereignis eintritt. So soll ein jährlicher VaR von 10 % bei einem Konfidenzniveau von 95 % beziffern, dass ein Verlust von mehr als 10 % mit 95 % Wahrscheinlichkeit nicht überschritten werden wird. Dieses Konstrukt wird allerdings dann hochproblematisch, wenn es durch Algorithmen – oder präziser in Werbeaussagen – an die Illusion geknüpft wird, Risiken seien durch den VaR berechenbar und damit beherrschbar.[93] In der Praxis scheitern Fondsmanager mit diesen Modellen regelmäßig. So zuletzt einer der prominentesten Verfechter eines solchen Konzepts während des ersten Abschwungs der Coronakrise. Er hatte binnen Kurzem fast auf den Euro genau den laut Marketingaussagen definierten Maximalverlust produziert. Trotz wortreicher und unfreiwillig komischer Erklärungen per Videobotschaft, warum die Früherkennung versagt habe: Die daraus resultierende Situation ist für Vermögensverwalter und Anleger immer wieder ein mittlerer Alptraum.[94] Da weitere Verluste um jeden Preis vermieden werden müssen, wird die Aktienquote massiv abgesenkt. Sprich: Der Fondsmanager muss, ob er will oder nicht, den großen Fehler schlechthin begehen und in der Krise die Reißleine ziehen. Die häufigste Folge dieses in Fachkreisen als »Rentenfalle« bezeichneten Debakels: Der Markt erholt sich wieder, die Kundendepots nicht. Das ist kein Unfall, keine Ausnahme, es ist bei dieser Form des Risikomanagements der Normalfall. Der verständliche, aber unrealistische Wunsch, das Aktienrisiko zu beherrschen, führt mithin paradoxerweise zu dauerhaften Vermögensverlusten und damit zu Einbußen im Lebensstandard. Das ist erst mal ziemlich entmutigend.[95]

Versuchen wir uns dem Thema Rendite und Risiko aus einer anderen Richtung zu nähern. Nämlich mit den Fragen: Für wie viel (erwartete) Rendite muss ich wie hohe (potenzielle) Rückschläge ertragen? Welche Risiken sind vermeidbar und welche nicht? Wie riskant ist es, einfach nichts zu tun?

Ein erster Schritt für einen verantwortlichen Umgang mit Risiko besteht darin, anzuerkennen, dass die durchschnittlichen Aktienrenditen eher begrenzt sind. Da die Zahlenbasis für die USA wesentlich weiter zurückgeht als für Deutschland, schauen wir uns die historischen Daten von 1900 bis 2019 in US-Dollar an. Das ernüchternde Ergebnis: Inflationsbereinigt waren bei einer weltweit gestreuten Aktienanlage in den vergangenen 120 Jahren nicht mehr als 5,2 % Rendite drin.[96]

Das ist Ihnen zu wenig? Erstens hilft es Ihnen nichts, wenn sich die Realität nicht an Ihren Wünschen orientiert. Zweitens: Dutzende Kriege, darunter der Erste und der Zweite Weltkrieg, die Weltwirtschaftskrise nach 1929, eine Welt, in der die Diktatur lange Zeit die normale Staatsform war, Kalter Krieg, Ölschock, das Platzen der Tech-Blase, 11. September, die Finanzkrise: und trotzdem 5,2 % Rendite nach Inflation. Das ist bei Tageslicht betrachtet gar nicht so übel.

So weit zur Rendite. Wie sieht es nun mit den Risiken aus? Im ersten Schritt müssen wir gute und schlechte Risiken unterscheiden. Die Fachwelt spricht hier von systematischen und unsystematischen Risiken. Ich nenne die guten Risiken »Schmerzensgeld«, die schlechten »Spiel und Wette«. Sie markieren zugleich den Unterschied zwischen Investieren und Spekulieren.

Wenn Sie im Sinne von Spiel und Wette spekulieren, gehen Sie ein sogenanntes unsystematisches Risiko ein: Sie setzen wie etwa bei den oben besprochenen Modeinvestments auf ein gewisses Szenario, den Erfolg eines bestimmten Unternehmens, einer bestimmten Branche oder Region. Der Kapitalmarkt ähnelt für Sie einem Nullsummenspiel. Er ist Ihr Kasino. Ein Blick auf die Finanzmärkte, wie er unter anderem durch Finanzzeitschriften vermittelt wird. Aber auch der sinnfreie Brauch, die Veränderung des irrelevanten DAX täglich vor der *Tagesschau* durchzugeben, befeuert diese Fehlwahrnehmung weiter. Zumal dies meist noch mit aus den Fingern gesaugten Begründungen garniert wird. Kein Wunder, dass so der Eindruck entsteht, dass der Markt willkürlich mal steigt und mal fällt. Am Ende dieses Spiels gehören Sie entweder zu den Gewinnern oder (wahrscheinlicher) zu den Verlierern. Aussitzen und Abwarten kann helfen, muss es aber nicht. Kein Gesetz der Marktwirtschaft ist verletzt, wenn das Unternehmen, in das Sie investiert haben, pleitegeht, ein Szenario nicht aufgeht oder eine ganze Branche oder ein Land unter die Räder gerät. Wenn in den Gesprächen Ihrer Familie Vermögen, Status und Prestige eine wichtige Rolle gespielt haben, sich Ihre Eltern – vermutlich eher Ihr Vater als Ihre Mutter – daheim gern mit erfolgreichen Investments profiliert haben, dann sind Sie besonders gefährdet, diesen Irrweg einzuschlagen. Auch im privaten Umfeld sollten Sie auf Partys den Raum wechseln, wenn irgendwelche Herren sich mit ihren Investitionen schmücken. Stellen Sie sich zu den netten Jungen und Mädchen, die sich über ihre Kinder oder den letzten Urlaub unterhalten. Es ist besser für Ihr Vermögen – und besser für Ihren Verstand.

Gerade bei der profitabelsten Anlageklasse Aktien, aber auch bei Anleihen gibt es eine entscheidende gute Nachricht: Diese unerwünschten, unsystematischen Risiken lassen sich fast vollständig ausschließen. Das ist einer der ganz großen Vorteile gegenüber einer Immobilieninvestition, wo man schnell sehr hohe Summen auf ein ganz spezifisches Objekt setzen muss, das dann funktioniert – oder auch nicht.

In der Summe ist der Kapitalmarkt eben gerade kein Nullsummenspiel. Wenn Sie investieren, statt zu spekulieren, beteiligen Sie sich an einer Kraft, die sich in den vergangenen 200 Jahren als eine phänomenale Produzentin von Wohlstand herausgestellt hat: freies Unternehmertum, Marktwirtschaft, vulgo der Kapitalismus.[97] Bei aller berechtigten

Kritik – das grundlegende Prinzip des Kapitalismus funktioniert und ist alternativlos. Es ist im Grunde sehr einfach: Auf der einen Seite steht ein Unternehmer mit einer Idee. Um aus dieser Idee ein Produkt zu machen, braucht er drei Zutaten: Rohstoffe, Arbeitskraft und Kapital. Alle drei Faktoren müssen langfristig bezahlt werden: Die Rohstoffe werden gekauft, die Arbeitskraft entlohnt, und beim Kapital kommen Sie als Anleger ins Spiel. Ihnen steht für das Risiko, dass die Idee des Unternehmers schiefgehen kann, und dafür, dass Sie Ihr Geld notfalls ganz verlieren können, eine Entschädigung zu. Im Einzelfall – unsystematisches Risiko – wird das immer wieder scheitern. Global über einen längeren Zeitraum gesehen – systematisches Risiko – muss diese grundsätzliche Vereinbarung langfristig aufgehen, solange es freie Marktwirtschaft gibt.[98]

Was Sie am Ende tun müssen, ist relativ einfach: Sie müssen Ihre Aktieninvestition nur, wie im Umsetzungsteil näher beschrieben, konsequent weltweit über alle Märkte und Branchen diversifizieren, und natürlich müssen Sie Ihre kurz- und mittelfristigen Kapitaltöpfe vernünftig gefüllt haben, damit Sie nicht unter Zeitdruck geraten. Dann verlieren selbst die größten Krisen am Kapitalmarkt ihren Schrecken.

Es gibt eine Berufsgruppe, die sich mit dieser Form der rationalen Anlage deutlich schwerer tut als alle andere: ausgerechnet Unternehmer. Warum? Unternehmer zu sein, heißt, Risiken einzugehen – häufig große Risiken. Unternehmer investieren Zeit, Energie und nicht zuletzt viel Geld in ihre Geschäftsidee. Häufig sind sie von ihrem Unternehmen so überzeugt, dass sie das Risiko kaum mehr wahrnehmen, müssen das Ruder gegebenenfalls um 90 oder 180 Grad herumreißen, auf unerwartete Situationen beherzt reagieren, Marktlücken erkennen, Neues ausprobieren.

Sie sehen: Unternehmer zu sein, heißt, *unsystematische* Risiken einzugehen. Bis dahin ist alles in Ordnung. Doch nun folgt ein brandgefährlicher Denkfehler: Was mich in meinem Business erfolgreich macht, funktioniert auch bei der Geldanlage. Konsequent zu diversifizieren, also *nicht* auszuwählen und einzugreifen, wird als Kontrollverlust wahrgenommen. Was Unternehmer immer wieder übersehen: In ihrem Business haben sie das Ruder in der Hand. Es ist ihre Aufgabe, aufgrund ihres Know-hows, ihres Informationsvorsprungs Chancen zu identifizieren und Risiken einzugehen. Am Kapitalmarkt dagegen sind Unternehmer wie (fast) alle anderen Investoren raus. Sie haben keinen

Einfluss auf die Unternehmen, in die sie investieren, und nicht den geringsten Informationsvorsprung.

Wenn Sie selbst Unternehmer sind, machen Sie sich eines bewusst: Reich werden Sie durch Ihre unternehmerische Tätigkeit. Hier sollten Sie dauerhaft Ihre Energie, Risiken und Emotionen investieren. Aufgabe der Kapitalanlage ist es, dass Sie nicht wieder arm werden. Geld, das Sie *dauerhaft* nicht für Ihr Unternehmen brauchen, sollten Sie nicht nur gedanklich, sondern tatsächlich auf die sichere Seite, quasi hinter eine Brandmauer schieben. Wirkliche Souveränität heißt, zu erkennen, was man beherrschen kann und was nicht. Das gilt umso mehr für Menschen, die im Regelfall überdurchschnittlich erfolgreich und clever sind. Was sich erst wie ein schwer zu ertragender Kontrollverlust anfühlt, ist in Wahrheit – auch nervlich – eine Entlastung von unnützem Ballast.

Um abschätzen zu können, mit wie viel Schmerz Sie rechnen müssen, rate ich Ihnen zu einer stark vereinfachenden Faustregel. Sie ist eine Variante dessen, was im Finanzjargon Maximum Draw Down heißt – also maximaler (historischer oder anzunehmender) Verlust. In der im Anschluss im Umsetzungsteil näher beschriebenen Praxis wird Ihr Portfolio aus einem risikoarmen Anleihenanteil und einem risikobehafteten Aktienanteil bestehen. Um die Auswirkungen einer Krise zu simulieren, unterstellen Sie einfach, dass sich Ihr Aktienanteil in der Krise halbiert, während der risikoarme Anteil Ihres Portfolios stabil bleibt. Diese Faustregel ist keine Garantie, dass es nicht auch schlimmer kommen kann, aber eine ziemlich robuste Hausnummer.

Je nachdem, wie hoch Ihre Aktienquote ist, tut das richtig weh. Vor allem, wenn Sie die Verluste in Opernabende oder Urlaube umrechnen. Deshalb noch einmal ein paar Worte zum Thema Emotionen bei Kursverlusten: Muten Sie sich im Zweifel lieber zu wenig als zu viel zu. Es reicht nicht aus, Verluste unter größten Schmerzen durchzuhalten. Das kostet Sie zu viel Kraft und Lebensqualität. Sie müssen, wenn nicht entspannt, zumindest besonnen mit Rückschlägen umgehen können. Um sich davon im wörtlichen Sinne ein Bild zu machen, nehmen Sie sich die Zeit, sich diese Situation in bunten Farben auszumalen: in Euro, nicht in Prozent. Überlegen Sie, wie lange Sie für den Betrag gearbeitet und gespart haben, und wofür Sie ihn ausgeben könnten. Stellen Sie sich vor, Sie blicken auf die tiefroten Zahlen in Ihrem Depot, während *Tagesschau*,

BILD und Ihr soziales Umfeld den wirtschaftlichen Kollaps prognostizieren. Vergessen Sie nicht: Es macht einen sehr großen Unterschied, sich vorzustellen, einen auf die Nase zu bekommen oder tatsächlich einen auf die Nase zu bekommen. In den Worten des Schwergewichtsweltmeisters Mike Tyson: »Everyone has a plan 'till they get punched in the mouth.«

Mit der nächsten Faustregel können Sie abschätzen, wie lange es dauert, bis sich Ihr Portfolio nach einem Einbruch wieder erholt. Im Regelfall setzt eine Erholung relativ zügig und sprunghaft ein. Deshalb ist es ja eine so schlechte Idee, in Krisenphasen aus dem Kapitalmarkt auszusteigen. Aber auch längere Durststrecken sind – wie etwa nach dem März 2000 oder in den 1970er Jahren – nicht ungewöhnlich und wenn Sie wirklich langfristig investieren, auch nicht wirklich tragisch. Gehen Sie dabei so vor: Gehen Sie für jeden Zehn-Prozent-Schritt mehr Aktienquote in Ihrem Portfolio von einem Jahr aus, das Sie notfalls abwarten müssen, um wieder auf einem einmal erreichten Kursniveau zu sein. Für die Schritte, die über 50 % Aktien hinausgehen, addieren Sie dann jeweils noch ein weiteres Jahr dazu. Das ist relativ großzügig gerechnet, aber wiederum keine exakte Wissenschaft und keine Garantie, dass es nicht noch schlimmer kommen kann. Es ist aber ein sehr solider Anhaltspunkt.[99]

Anhand dieser Faustregeln können Sie ein Gefühl dafür bekommen, welches Portfolio am ehesten Ihren Zielen und Ihrer nervlichen Belastbarkeit entspricht. Kombinieren wir zum Schluss die Erfahrungswerte und Faustregeln an einem konkreten Beispiel. Gehen wir von einem Portfolio aus, das zu 60 % aus Aktien und zu 40 % aus risikoarmen Anleihen besteht. Gehen wir nach Inflation von einer Rendite von 0,0 % für den Anleihenteil aus und unterstellen wir für den Aktienbaustein die historisch erzielten inflationsbereinigten 5,2 %. So kommen wir bei einer langfristigen Anlage auf eine *erwartete* Rendite von 3,12 % nach Inflation, aber vor Kosten und Steuern:

$$5{,}2\,\% \times 0{,}6 + 0{,}0\,\% \times 0{,}4 = 3{,}12\,\%$$

Nach der Faustregel, nach der sich der Aktienanteil in einer Krise halbieren kann, müssten Sie dafür temporäre Rückschläge von 30 % ertragen:

$$60 : 2 + 40 = 70$$

Von 100 000 Euro wären also noch 70 000 Euro übrig. Das ist der temporäre Verlust, mit dem Sie auf alle Fälle finanziell, aber auch mental klarkommen müssen.

Zusätzlich müssen Sie nach der zweiten Faustregel bereit sein, in sehr üblen Zeiten sieben Jahre durchzuhalten, bis Sie wieder über Wasser sind: Sechs Jahre für sechs Zehn-Prozent-Schritte plus ein Jahr für den Zehn-Prozent-Schritt oberhalb der Fünfzig-Prozent-Risikoquote.

Je länger Ihr Anlagehorizont ist, umso sicherer wird es Ihnen gelingen, eine positive Realrendite zu erzielen. Besser, Sie gehen von 20 Jahren oder mehr aus als von zehn. Unter sieben Jahren ergibt es, wie Sie selbst sehen, wenig Sinn.

Für viele Menschen mag das zu viel Risiko sein für zu wenig Belohnung. Daher ist es eine verständliche, wenn auch nicht besonders kluge Antwort, auf diese Problematik zu reagieren, indem man einfach nichts tut. Doch ist das wirklich risikolos? Wenn Sie Ihr Geld einfach auf dem Girokonto liegen lassen, leihen Sie juristisch gesehen Ihrer Bank Geld: einem Unternehmen, das meist kein funktionierendes Geschäftsmodell, hohe Kosten und verunsicherte Kunden hat und vermutlich immer noch die Digitalisierung verschläft. Vor diesem Hintergrund sollten Sie bei Ihrer Bank tunlichst nicht mehr als 100 000 Euro auf dem Konto liegen haben. Für diesen Betrag gibt es faktisch eine Staatsgarantie, also ein Versprechen, das auch in massiven Krisen mit hoher Wahrscheinlichkeit um jeden Preis gehalten werden wird.[100] Der Einlagensicherungsfonds oder die Sicherungssysteme der Sparkassen oder Raiffeisenbanken haben dagegen nur eine begrenzte Feuerkraft. Ich halte einen Bankenkollaps nicht für wahrscheinlich, aber wenn hier etwas schiefgeht, sind Sie tatsächlich Opfer eines sogenannten »deep risk« geworden: Sie haben einen langfristig unumkehrbaren und signifikanten Vermögensschaden erlitten.[101]

Das eigentliche Problem liegt woanders: Es heißt Inflation. Während, wie schon gezeigt, die Angst vor einer Hyperinflation wie 1923 den Deutschen fast in den DNA-Code gebrannt ist, wird die »normale« Geldentwertung standhaft ignoriert. Der Negativzins ist dabei nur die Spitze des Eisbergs. Mehr als 70 % des deutschen Geldvermögens ergibt sich seit eh und je auf Girokonten, aber auch in sinnfreien Lebensversicherungen (weitgehend) kampflos der Inflation. Im Gegenteil hat dieses pathologische Bargeldhorten Ende 2022 gerade erst wieder neue Höchststände erreicht.[102] Für jemanden, der meinen Beruf hat, ist das niederschmetternd. Häufig sind es hier in der Kindheit vermittelte Familienwerte, die dies zementieren: »Wir haben nie spekuliert« oder: »Für so was arbeite ich zu hart für mein Geld.« Kapitalanlage wird als ein schmutziges und unseriöses Nullsummenspiel für Menschen mit fragwürdiger moralischer Infrastruktur empfunden.

Eine andere Variante des Nichtinvestierens ist der ewige Zauderer: Weil es jetzt gerade besonders unsicher sei, wird erst mal abgewartet: die nächste Wahl in Griechenland, Italien, Deutschland oder den USA, die nächste Sitzung der EU-Kommission, der EZB, der FED, die nächste Verhandlungsrunde im Handelskrieg zwischen USA und China, die Entwicklung eines Impfstoffs gegen Corona oder auch das nächste Länderspiel der U21. »Prinzipiell will ich ja schon investieren, aber im Moment sind die Kurse a) so stark gelaufen, b) so stark unter Druck, c) so unentschlossen, da warte ich noch ein bisschen, bis ich klarer sehe und es wieder anders wird.« Die Begründungen werden dabei rollierend ausgetauscht, das Ergebnis aber ist stets das gleiche: jetzt nicht. Glauben Sie, dass so jemand bei Rückschlägen wie während der Coronakrise beherzt zugreift? Niemals. Selbst wenn sich die Inflation wieder auf durchschnittlich 1,5 % einpendelt, erleiden eine Million Euro bei dieser Herangehensweise innerhalb von fünf Jahren einen Kaufkraftverlust von 71 740 Euro, innerhalb von zehn Jahren von 138 332 Euro und innerhalb von 20 Jahren von 257 529 Euro.[103] Schon bei 2,5 % Inflation sinkt die Kaufkraft von 1 Million Euro auf 602 687 Euro. Ein automatischer, schleichender und in dieser Hinsicht völlig risikoloser Verlust an Lebensqualität und Gestaltungsspielraum. Deprimierend.

So weit zum finanztechnischen Teil von Risiko – aber was bedeutet Kapitalmarktrisiko konkret für Ihre Lebensplanung? Für den Anleger ist es eine hohe Kunst, mit Risiko einerseits zahlenbasiert und hochrational umzugehen, Risiko andererseits aber gerade *nicht* an (kurzfristigen) Zahlen festzumachen, sondern am eigenen Lebensentwurf. Denn Risiko bedeutet für Sie gerade *nicht*, zwischendurch tiefrote Zahlen im Depot zu sehen. Das ist nur eine vorübergehende Unannehmlichkeit. Risiko bedeutet auch *nicht*, dass Ihr Nachbar einen Fonds gekauft hat, der im vergangenen Jahr 3 % mehr Rendite generiert hat als Ihrer. Machen Sie sich frei davon. Was innerhalb von einem oder auch drei Jahren mit Ihrem Vermögen passiert, ist weitgehend irrelevant, solange Sie eine rationale Strategie verfolgen und genügend finanzielle Reserven für Ihre kurzfristen Verpflichtungen haben.

Risiko heißt, dass Sie Ihren Lebensentwurf nach unten korrigieren müssen, weil Sie grobe Fehler gemacht haben. Ihr Umgang mit Risiko muss so gut wie möglich sicherstellen, dass Sie die übergeordneten Werte und Zielvorstellungen aus Ihrem Finanzplan-auf-einer-Seite nicht gefährden. Es geht ja nicht in erster Linie um Geld, sondern um Lebensqualität. Genauer: Geld dann zu haben, wenn Sie es in Lebensqualität, Zeit, Gestaltungsspielraum und die Dinge tauschen möchten, die Ihnen wichtig sind. Wohin Sie im Alter in den Urlaub fahren, wie gut Ihre medizinische Versorgung ist, ob Sie das Studium Ihrer Kinder finanzieren können ...

Ich kenne ein älteres Ehepaar, für das bedeutet Risiko, kein Geld mehr für einen First-Class-Flug nach Australien zu haben, um die ausgewanderte Tochter besuchen zu können. Economy mit Umsteigen in Bangkok schafft insbesondere der Vater nicht mehr. Der First-Class-Flug bedeutet für ihn nicht Luxus, sondern die Möglichkeit, eine der wichtigsten Beziehungen in seinem Leben aufrechterhalten zu können.

Es gibt bei Entscheidungen unter Risiko keine Garantie, dass das gelingt. Aber es gibt eine ganze Reihe von Methoden, die Wahrscheinlichkeit eines Erfolgs drastisch zu erhöhen: Achten Sie sauber auf die Fristigkeiten Ihrer Kapitaltöpfe. Vermeiden Sie konsequent schlechte, also unsystematische Risiken. Eine zu hoch gewählte Risikoquote, die Sie nervlich nicht durchstehen, kann Sie genauso aus der Kurve tragen wie die deutsche Anlegerkrankheit schlechthin: die Risikoneurose.

MEINE GANZ KONKRETE EMPFEHLUNG: Richten Sie sich noch diese Woche drei Tagesgeldkonten ein, die Sie jeweils mit einem Dauerauftrag von Ihrem laufenden Konto befüllen: eines für Ihr Notfallbudget, eines für mittelfristige höhere Belastungen und eines für lustvollen Konsum.

Teil 3
Klug entscheiden: Wie Sie die richtigen Entscheidungen zu Ihrem Geld fällen

»Vollkommenheit entsteht offensichtlich nicht dann,
wenn man nichts mehr hinzuzufügen hat,
sondern wenn man nichts mehr wegnehmen kann.«[104]
Antoine de Saint-Exupéry

Wenn es an die konkrete Umsetzung geht, sollten Sie bei jeder Entscheidung folgende Leitfragen im Blick haben: Für wen trage ich Verantwortung? Was kann passieren, wenn ich nichts tue? Was darf auf keinen Fall geschehen – und was kann ich im schlimmsten Fall aushalten? Bringt mich das meinen Zielvorstellungen näher? Gewinne ich durch diesen Schritt ein Stück an Lebensqualität? Jede Entscheidung sollte einer kritischen Überprüfung dieser Fragen standhalten. Sie müssen sich dabei nicht in jedes Detail hineinsteigern. Wenn Sie Ihre Gegner kennen, die ganz großen Fehler vermeiden und saubere Grundsatzentscheidungen zu Budgets und Risiko gefällt haben, ist schon das meiste erreicht.

7. Kapitalanlage: Einfachheit schlägt Komplexität

Viele Menschen, die damit beginnen, sich mit Kapitalanlagen zu beschäftigten, ersticken früher oder später an Komplexität. Sie meinen, alles bis in das kleinste Detail regeln zu müssen. Mit erstaunlichen Risiken und Nebenwirkungen: Einige planen eine halbe Ewigkeit und kommen nie zur Umsetzung. Sie schieben große Bargeldbestände immer weiter vor sich her, weil die beste Lösung noch nicht sicher feststeht. Andere basteln laufend an ihrer Vermögensstruktur, optimieren jede Position und weichen dabei eine ursprünglich klare und beherrschbare Strategie nach und nach auf. Ein Klassiker ist auch, dass man eine an sich gute Depotstruktur aufsetzt, die aber so kompliziert ist, dass man irgendwann keine Lust mehr hat, sich immer wieder neu hineinzudenken. Das Resultat: Früher oder später verliert man die Übersicht und das Ganze ›verwildert‹. Die Alternative ist schlimmer: Sie beschäftigen sich viel zu viel sowie viel zu detailliert mit Ihrem Geld: Eine Tätigkeit, die nicht gut ist für Ihr Sozialleben und Ihre mentale Gesundheit. Was ist mit Ihren Freunden, Ihrem Partner oder Ihren Kindern? Sollten Sie nicht lieber grillen, ein Buch lesen, zum Skifahren gehen? Einer meiner weisesten Mandanten hat einmal zu mir gesagt: »Ich habe irgendwann festgestellt, dass es mir nicht guttut, wenn ich mich zu viel mit meinem Geld beschäftige.« Allerdings: Ich lerne immer wieder Menschen kennen, die sich wöchentlich, manchmal täglich stundenlang um ihr Geld kümmern. Ständig auf der Suche nach einer Perfektion, die es nicht gibt. Vor über zehn Jahren habe ich einen Menschen kennengelernt, der sich jeden Tag von halb acht Uhr morgens bis halb acht Uhr abends damit beschäftigte, seine Vermögenswerte zu kontrollieren und sich über Alternativen Gedanken zu machen, und den der Gedanke nervös machte, dass irgendwo ein paar Tausend Euro rumlagen, die ›nicht für ihn arbeiteten‹. Mich hat das deshalb so beeindruckt, weil ich bis dato noch nie jemanden persönlich kennengelernt hatte, der deutlich über 100 Millionen Euro liquides Vermögen besaß. Aber auch noch nie jemanden, der so von seinem Vermögen beherrscht wurde und der ganz offensichtlich keine Freude und keinen Genuss aus seinem Wohlstand ziehen konnte. Nachkommastellen-Rechnen macht definitiv einsam und unglücklich. Zumal Sie ständig in der Gewissheit leben, die beste Lösung nie finden zu können.[105] Ich finde das tieftraurig, vor allem, weil man diesen Menschen im Regelfall nicht helfen kann.

Das einfachste Portfolio der Welt

Was Sie benötigen, ist nicht die weltbeste Anlage, sondern eine beherrschbare und dauerhaft umsetzbare Strategie. Sie brauchen eine einfache Lösung, die zu Ihren Zielen passt. Gut ist gut genug. Beherrschbarkeit und Einfachheit sind wichtige und chronisch unterschätzte Erfolgsfaktoren. Sie kennen vermutlich das Pareto-Prinzip, auch 80/20-Regel genannt, nach der mit 20 % des Gesamtaufwands 80 % der Ergebnisse erzielt werden, während für die letzten 20 % des Ergebnisses 80 % des Aufwands nötig sind. Für die Kapitalanlage gilt eher eine 90/10-Regel, nach der mit 10 % des Aufwands 90 % des Ergebnisses erreicht werden, mit den übrigen 90 % des Aufwands das bisher Erreichte aber potenziell wieder zerstört wird. Noch mal: Was Sie brauchen, ist nicht die weltbeste Anlage, sondern eine beherrschbare und dauerhaft umsetzbare Strategie, also sinnvoll aufgelöste Komplexität.

Neben Einfachheit wird noch eine weitere Sache chronisch unterschätzt: Kontinuität. Die Geschichten von Banken, Finanztandlern und erst recht die der Finanzpresse sind laut, sensationell und ändern sich ständig. Jeden Monat wird eine andere Sau durchs Dorf getrieben. Eine gute Strategie dagegen sollte Sie nach einer gewissen Zeit zu Tode langweilen. In den Worten des Gründers des Vermögensverwalters Dimensional, David Booth: »Das Wichtigste an einer Investmentphilosophie ist, dass Sie eine haben, der Sie treu bleiben können.« Stellen Sie sich vor, Sie würden gerne zehn Kilo abnehmen. Was ist Erfolg versprechender? Sie probieren alle drei Monate eine neue Diät aus, oder aber Sie stellen Ihre Ernährung dauerhaft um? Sie essen insgesamt weniger,

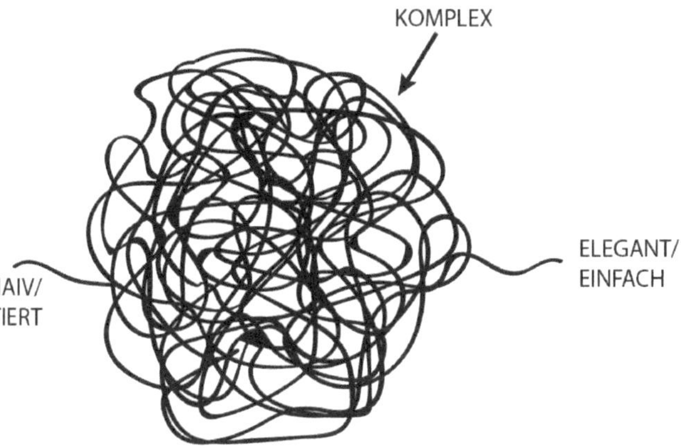

Abbildung 4: Gute Lösungen entstehen durch aufgelöste Komplexität

Quelle: © behaviorgap

mehr Obst und Gemüse, dafür weniger Fett und Zucker. Zusätzlich machen Sie jetzt dreimal die Woche Sport. Hier kommt die »Iss mehr Gemüse und beweg dich endlich«-Version des Investierens. Und wie beim Abnehmen ist das einfach zu verstehen, aber schwierig umzusetzen.

Bevor Sie entscheiden, in was Sie konkret investieren, benötigen Sie eine geeignete Verpackung, sprich eine Produktkategorie. Das Instrument der Wahl ist dabei ein ETF, also einen Fonds, der ohne aktive Entscheidungen eines Managers einfach nur einen Index abbildet. Der DAX, der Eurostoxx 50 oder der US-amerikanische S&P 500 sind solche Indizes. Ein aktiv gemanagter Fonds verschwendet viel Geld für den regelmäßig erfolglosen Versuch, durch Analyse, Prognose und bewusste Auswahl eine bessere Wertentwicklung als solch ein Index zu liefern. Dafür geht er unsystematische, also schlechte Risiken ein. Ein ETF kauft dagegen demütig alle Werte, die im Index enthalten sind – er baut den Index nach. ETFs vermeiden folglich die schlechten, die unsystematischen Risiken. Sie lassen sich auch mit viel weniger Aufwand betreiben und verursachen häufig nur ein Zehntel der Kosten aktiver Fonds. Und anders als ein Zertifikat auf solch einen Index ist ein ETF auch sogenanntes Sondervermögen.[106] Ihr Geld ist also – anders als bei der Lehman-Oma – immer noch da, selbst wenn der Emittent des Produkts, also der Hersteller des ETFs, pleitegeht.

An der Stelle ist eine dringende Warnung nötig: Ein ETF als solcher löst überhaupt kein Problem. Er ist ein Instrument, ein Mittel zum Zweck. Das ist wie mit Steinen: Wenn man die richtigen Steine auswählt, kann man sie nutzen, um ein Haus zu bauen. Die meisten Steine sind allerdings für einen Hausbau völlig ungeeignet. Man kann sie besser nutzen, um sie sich gegenseitig an den Kopf zu werfen. ETFs werden ganz eindeutig überwiegend als Wurfgeschosse verwendet. Das erste Problem bei ETFs ist erst mal ihre schiere Masse: Die Plattform extraETF listet im Oktober 2023 allein für Deutschland 3161 für den Vertrieb zugelassene Produkte auf – fast 30 % mehr als noch drei Jahre zuvor. Ich würde sagen, maximal 3 % davon sind in Ordnung, weitere 3 % noch irgendwie vertretbar. Der überwiegende Rest ist bestenfalls überflüssig, meist jedoch schädlich: ETFs auf Nischenregionen und Nischenbranchen, Modethemen, ETFs, die Wetten auf fallende Märkte ermöglichen, Hedgefonds-ETFs, Devisenspekulationen … Das sind die Steine, mit denen Sie nie ein Haus bauen werden: instabil und völlig willkürlich geformt. Fast noch schlimmer: Sehr viele Privatanleger nutzen ETFs, um mit wechselnden Ideen zum vermeintlich richtigen Zeitpunkt am Kapitalmarkt schnell ein- und wieder auszusteigen. Sie schichten ihr Depot viel häufiger um als diejenigen, die die viel ungünstigeren konventionellen Aktienfonds kaufen. ETF-Anleger werden so Opfer der Grundregel, dass häufiges Umschichten im Depot fast zwangsläufig zu schlechten Ergebnissen führt.[107] Mit dem absurden Ergebnis, dass sie, obwohl sie die weit überlegene Produktkategorie nutzen, schlechtere Renditen erzielen.[108] In dem Sinne sind ETFs wie Steine, die man sich an den Kopf wirft.

Wie bauen Sie jetzt mit ETFs ein sinnvolles Portfolio auf? Wie schon im Kapitel über Risiko und Rendite ausgeführt, besteht Ihr Depot aus zwei Bausteinen: einem risikoarmen Anleihenbaustein und einem risikobehafteten Aktienbaustein. Fangen wir mit dem risikoarmen Portfoliobaustein an: Was Sie benötigen, sind kurzlaufende Anleihen bester Bonität. Sie leihen Ihr Geld also (über den ETF) nur Staaten (und gegebenenfalls Firmen), die mit an Sicherheit grenzender Wahrscheinlichkeit auch zurückzahlen können. Und das auch für höchstens drei Jahre. So halten Sie das Risiko von Kursschwankungen so gering wie möglich, damit Ihr Stabilitätsbaustein Ihnen auch dann zur Verfügung steht, wenn Sie ihn am dringendsten brauchen: im Fall eines Kapitalmarkteinbruchs. Einen geeigneten ETF für Ihren Stabilitätsbaustein finden Sie etwa auf der Seite von extraETF. Wenn Sie Indizes wie den Bloomberg Barclays 1–3 Year Euro Government Bond, den Euro Government Bond 1–3 oder den Eurozone Government Bond 1–3 in die Suchzeile eingeben, kommen Sie zu einer guten Lösung.[109]

Den risikoarmen Baustein muss man insbesondere in guten Börsenzeiten aushalten, denn mit ihm werden Sie kein Geld verdienen. Rendite heißt Risikoprämie, und ohne Risiko gibt es keine Rendite – da gibt es keine Ausnahmen. Das war keine Anomalie während der Nullzinszeit und das hat sich auch nicht dadurch geändert, dass es seit Mitte 2022 wieder Zinsen auf sichere Anleihen gibt – das war schon immer der Regelfall. Die Zeit stetig fallender Zinsen und attraktiver Kursgewinne bei Anleihen seit den 1990er Jahren war da eine historische Ausnahmesituation. Schaut man sich längere Zeitreihen, wie sie für die USA verfügbar sind, an, gelangt man zu dem Ergebnis, dass kurzfristige Staatsanleihen nach Inflation, aber vor Steuern in den vergangenen 120 Jahren im Schnitt nur 0,8 % erwirtschaftet haben. Nach Steuern ist das im Regelfall ein negativer Realzins. Auch für die für Deutschland überschaubare Zeit sieht das nicht besser aus.[110] Insofern war es eher ein Segen, dass es das Nullzinsumfeld unmöglich gemacht hat, an dieser Realität vorbeizusehen. Eine vorübergehende Klarheit, die – davon darf man getrost ausgehen – schon wieder so gut wie vergessen ist.

Theoretisch gäbe es zwei rationale Methoden, auch die Rendite des Rentenbausteins zu erhöhen: Sie investieren in schlechtere Bonitäten oder in längere Laufzeiten. Zur Bonität: Wenn Sie einem Staat oder Unternehmen Geld leihen, das finanziell schlechter aufgestellt oder gar in Schwierigkeiten ist, bekommen Sie einen höheren Zinssatz. Schließlich gibt es ein höheres Risiko, dass Sie Ihr Geld nicht wiedersehen. Wie hoch oder niedrig dieses Risiko eingeschätzt wird, erkennt man am besten an den bekannten Ratings von Standard & Poor's oder Moody's. Häufig kritisiert, ist deren Schulnotensystem von Dreifach-A (Top-Bonität) bis Einfach-D (insolvent) im Grunde sehr zuverlässig und in jedem Fall die beste Einschätzung, die Sie bekommen können.

Auch wenn Sie einem Schuldner Geld über längere Zeiträume leihen, erhalten Sie eine höhere Risikoprämie: Sie verzichten länger auf Ihr Geld, und je mehr Zeit verrinnt, umso mehr kann bei Ihrem Schuldner schiefgehen. So erwirtschafteten langlaufende US-Staatsanleihen in den vergangenen 120 Jahren mit 2,0 % Rendite nach Inflation mehr als doppelt so viel wie Kurzläufer.[111] Das ist erst mal eine schöne Sache, hat aber gleich mehrere Pferdefüße: Erstens: Die zusätzlichen Risikoprämien für schlechtere Bonitäten sind derzeit relativ niedrig, die für längere Laufzeiten – Stand Mitte 2023 – nicht vorhanden. Ihr potenzieller Schmerz wird also schlecht bezahlt. Zweitens: Im Umfeld steigender Zinsen werden Sie bei langen Laufzeiten hohe Verluste hinnehmen müssen: Denn ein Zinsanstieg von nur 1 % bedeutet bei einer zehnjährigen Anleihe grob vereinfacht annähernd 10 % Kursverlust. Eine schmerzliche Erfahrung, die viele Anleger ab Mitte 2022 gemacht haben. Das können Sie zwar bis Ende der Laufzeit aussitzen, aber dafür bekommen Sie jahrelang eine unattraktive Verzinsung. Der dritte Pferdefuß ist der schlimmste: In Kapitalmarktkrisen werden fast zwangsläufig die Risiken von Unternehmen und Staaten neu und kritischer bewertet. Dies hat zufolge, dass Ihr Anleihenbaustein gerade dann unter Druck gerät, wenn Sie ihn als Stabilitätsanker am nötigsten hätten. Anleihen von ohnehin bereits finanzschwachen Unternehmen – sogenannte Junk-Bonds – sowie Anleihen von Schwellenländern reagieren bei einem Crash ähnlich heftig wie Aktien. Da sollten Sie sich keinerlei Illusionen machen.

Wenn es die Aufgabe des risikoarmen Portfolioanteils ist, Stabilität in Krisenphasen sicherzustellen, ergeben solche Manöver keinen Sinn. Wenn es dafür eine negative Realrendite gibt, ist das so. Alles andere ist Wunschdenken. Denken Sie, wenn es um Rendite geht, unbedingt immer an Ihr Portfolio als Ganzes und nie auf Ebene eines einzelnen Produkts. Denn das isolierte Beurteilen von Produkten ist ein durch den jahrzehntelangen Produktverkauf antrainierter Denkfehler.

Der risikobehaftete Teil Ihres Portfolios ist für die Rendite zuständig. Wenn es keinen Sinn ergibt, unsystematische, mithin schlechte Risiken einzugehen, dann ist es irrational, auf einzelne Unternehmen, Branchen oder Länder zu wetten. Sie sollten deshalb Ihre ETFs so wählen, dass sie so weit wie möglich streuen, also diversifizieren: global, über alle Branchen und alle Unternehmensgrößen. Ein sinnvoller Index ist da zum Beispiel der MSCI ACWI IMI. Klingt kompliziert, ist es aber nicht. MSCI, also Morgan Stanley Capital Index, ist der weltweit wichtigste Indexanbieter. Er berechnet zum Beispiel seit 1969 den bekannten MSCI

World Index. ACWI steht für All Country World Index, sprich einen Index, der nicht nur die Aktienmärkte in 23 etablierten Industrienationen abbildet, sondern auch die aus 26 Schwellenländern. Und IMI bedeutet Investable Markets Index, das heißt, der Index beinhaltet nicht nur die ganz großen Unternehmen, sogenannte Large Caps, sondern auch mittlere und kleinere Unternehmen. In der Summe stehen hinter diesem Weltindex knapp 9 000 Unternehmen. Ein ETF auf diesen Index ist also weltweit über alle Länder, Branchen und Unternehmensgrößen investiert. Das reicht für den risikobehafteten Teil. Wirklich? Wirklich.

Wenn sich bei Ihnen angesichts dieser Schlichtheit Widerstand regt, ist das kein Wunder. Was glauben Sie, wie es mir als Vermögensverwalter damit geht? Ich habe fast körperliche Schmerzen, wenn ich mir die folgenden Fragen stelle (und beantworte): Ist das ein optimal aufgestellter Aktienbaustein? Nein. Müsste man nicht viel differenzierter investieren? Ja. Sollte ich nicht eigentlich Smart-Beta-Faktoren in meinem Portfolio abbilden? Natürlich. Dennoch: Die Lösung ist gut genug. Sie ist praktikabel und sie ist dauerhaft durchzuhalten. Sie können Sie regelmäßig besparen und Sie müssen Sie nicht pflegen. Im Gegenteil: Sie profitieren davon, wenn Sie sich möglichst wenig darum kümmern.

Wenn Sie es gar nicht aushalten, dann bauen Sie sich Ihren Risikobaustein meinetwegen aus drei ETFs und sparen sich inklusive mitkalkulierter höherer Transaktionskosten 0,10 % bis 0,15 % Verwaltungskosten pro Jahr. Wählen Sie einen ETF für die großen Unternehmen aus den Industrienationen, einen ETF für Schwellenländer und einen ETF, mit dem Sie kleinere Unternehmen weltweit abbilden. Im Portfolio könnten Sie die dazu passenden Indizes wie folgt gewichten: MSCI World Index 75 %, MSCI Emerging Markets Core Index 10 % und MSCI World Small Cap 15 %.

Ja, es gibt immer noch bessere, vielleicht deutlich bessere Lösungen. Dennoch würde ich von allem, was über diese Bausteine hinausgeht, für den Hausgebrauch die Finger lassen. Es sei denn, Sie können sich wirklich für das Thema begeistern. Sie betrachten den Mehraufwand an Zeit nicht als lästige, aber nötige Investition, sondern Sie bereitet Ihnen dauerhaft Freude. Aber auch dann wäre mein dringender Rat: Tun Sie es nicht. Warum? Ich sehe viel zu oft, was nach ein paar Jahren dabei herauskommt, wenn Menschen ihr Portfolio im Eigenbau optimieren. Die meisten Investoren kommen fast zwangsläufig irgendwann vom Weg ab. Das liegt nur zu einem kleinen Teil daran, dass ein Portfolio mit mehr Produkten operativ schwieriger zu steuern ist und mehr Aufwand verursacht. Das kann man mit Excel und Disziplin in den Griff kriegen - auch wenn in der Praxis dann doch relativ viele Portfolien irgendwann »verlottern«.

Die Risiken liegen anderswo. Dazu müssen wir uns näher ansehen, wie ein theoretisch besseres Portfolio denn aussähe. Wir kommen damit zum sogenannten Faktor- oder Smart-Beta-Investieren. Bereits in den 1990er Jahren haben Eugene Fama und Ken French nachgewiesen, dass gewisse Teilsegmente des Aktienmarkts (bei höherem Risiko) höhere Renditen generieren. Dies gilt nach Fama/French etwa für Unternehmen mit einer geringen Marktkapitalisierung, also kleine Unternehmen, sogenannte Small Caps. Das scheint erst mal logisch und wird landläufig so begründet, dass kleinere Unternehmen meist angreifbarere Geschäftsmodelle, höhere Risiken und damit höhere Kapitalkosten haben. Als relativ plumpe Illustration: Es ist riskanter, in einen Automobilzulieferer zu investieren als in einen Automobilhersteller. Fama/French sprechen hier vom Size-Faktor. Historisch höhere Renditen haben Fama/French auch für Substanzwerte, sogenannte Value-Titel, nachgewiesen. Das sind Unternehmen mit einem niedrigen Verhältnis zwischen dem Kurswert, also dem Preis aller Aktien, und dem Buchwert laut Bilanz. Wobei Substanzwert ein irreführender Begriff ist: Ein Unternehmen, das gemessen am Wert, der in der Bilanz ausgewiesen ist, nur wenig kostet, für das Investoren folglich nicht bereit sind, einen höheren Preis zu zahlen, hat ganz offensichtlich ein Problem. Das sind eben gerade keine Substanztitel, sondern Titel, die kaum einer haben möchte. Zuletzt waren das Energieunternehmen oder Banken, aber das wechselt natürlich ständig. So haben seit Beginn des Kriegs in der Ukraine Energietitel eine erstaunliche Renaissance erlebt. Auch hier gibt es eine ziemlich logische Begründung für eine erhöhte erwartete Rendite: Wenn ich in ein solches angeschlagenes Unternehmen investiere, dann erwarte ich mir, dass es sich auch wirklich lohnt, wenn es gut geht. Zusammen mit der allgemeinen Risikoprämie für Aktien haben Fama/French aus dem Size- und dem Value-Effekt das extrem einflussreiche Dreifaktorenmodell entwickelt. So weit, so gut und scheinbar auch ganz einfach.

Doch nun beginnt das eigentliche Elend des Faktor-Investierens in mehrfacher Hinsicht. Je mehr sich herumsprach, dass das konventionelle aktive Fondsmanagement Geldverschwendung und höhere Risiken bedeutet, umso attraktiver wurde Faktor-Investieren für Anleger. Damit wurde es aber auch zu einem strategisch interessanten Markt für die Finanzindustrie. Das Ziel war und ist, mit Faktor-ETFs doch noch ein paar Euro mehr Gebühren verdienen zu können als mit den schlichten ETFs der ersten Generation. Ebenso wurde für die Finanzwissenschaft Smart-Beta zum »next big thing«. Einen neuen Faktor zu finden, bedeutet nicht nur Ruhm und Anerkennung – bestenfalls lässt sich daraus ein neues Produkt schmieden, optimalerweise verbunden mit einem wohldotierten Posten im Board eines Investmentriesen. Kein Wunder also, dass Dutzende Wissenschaftler damit begannen, die Daten zu foltern und so lange an Fragestellungen, Auswertungsmethoden sowie Kriterien zu feilen, bis ihre Studien endlich einen statistisch relevanten Wert ausspuckten. Inzwischen gibt es einen regelrechten Faktor-Zoo. Nur wenige der neu entdeckten Faktoren besitzen das Potenzial, sich als langfristig relevant herauszustellen. Unternehmen mit einer hohen Profitabilität und stabilen Unternehmenskennzahlen haben wohl eine signifikante Faktor-Rendite. Ebenso Aktien, die in der Vergangenheit eine deutlich niedrigere Volatilität aufwiesen. Nachweisbar scheint auch, dass Aktien, die sich in den vergangenen Monaten sehr gut entwickelt haben, auch in näherer Zukunft vermutlich eine überdurchschnittliche Rendite haben werden. Das ist der sogenannte Momentumeffekt. In Summe gilt für neu entdeckte Faktoren: Plausibel klingt vieles. Was wirklich sinnvoll ist, ist kaum zu beurteilen. Die Verwechslungsgefahr ist wie bei Giftpilzen hoch. Auch ich kann das nicht ohne fremde Hilfe. Spätestens, wenn private Investoren beginnen, hier einzutauchen, birgt dies ein hohes Risiko des Scheiterns. Sie basteln sich ihre eigene Welt nach den Faktoren, die ihnen intuitiv am ehesten zusagen. Die Ergebnisse sind dann bestens zufällig. Mit einer hohen Wahrscheinlichkeit werden auch Sie nach ein paar Monaten nicht mehr genau wissen, was Sie da eigentlich warum und wie aufgesetzt haben.

Aber egal, ob Sie sich mit den klassischen Fama/French-Faktoren begnügen oder nicht, egal, ob Sie die Konstruktionsprinzipien Ihres Portfolios dank Excel und einer entsprechenden Persönlichkeitsstruktur dauerhaft im Griff haben oder im Nebel unterwegs sind: Früher oder später werden Sie unausweichlich über das sogenannte Referenzrahmen-Risiko stolpern. Was heißt das? Faktoren *garantieren* keine Rendite, sie *versprechen* eine Risiko*prämie*. Diese zusätzliche Risikoprämie wird immer wieder auch für längere Zeit ausbleiben. So gab es etwa in den USA in über einem Viertel aller Zehn-Jahres-Zeiträume seit 1927 keine Size-Prämie.[112] Das heißt, die Prämien sind nicht nur ausgeblieben, sie waren negativ – teilweise heftig, und das für ziemlich lange Zeit. Spätestens wenn das Portfolio über zwei oder drei Jahre ein gutes Stück schlechter abschneidet als ein naiver Vergleichsindex wie der MSCI World, wird man als Anleger nervös. Man beginnt, nachzujustieren, anzupassen, neue Faktoren aufzunehmen, andere rauszuwerfen oder regional neue Gewichtungen vorzunehmen. Ehe Sie sich's versehen, sind Sie dabei, prozyklisch das zu kaufen, was die vergangenen Jahre gut gelaufen ist. Das aktive Management hat Sie wieder und das vermutlich, ohne dass Sie es merken. Sich intensiver mit dem Kapitalmarkt, dem eigenen Portfolio oder Investmentfaktoren zu beschäftigen, ist da kein Schutz. Im Gegenteil: Solche Anleger fällen ihre Fehlentscheidungen in der Regel nur früher und öfter.

Ich werde Ihnen deshalb ganz bewusst keinen Rat geben, wie Sie Faktor-Investieren in Ihrem Portfolio umsetzen können. Nur so viel: Wenn Sie es trotzdem versuchen wollen, brauchen Sie einen wirklich sehr, sehr starken Willen. Belassen Sie es bei den klassischen Fama/French-Faktoren oder nutzen Sie *einen* integrierten Multi-Faktor-ETF. Vor allem pfuschen Sie danach nicht laufend dran herum.[113] Auch wenn Sie meinem Rat eines maximal einfachen Portfolios folgen, sollten Sie nicht vergessen: Auch der von mir empfohlene Index MSCI ACWI IMI beinhaltet ein gewisses Referenzrahmen-Risiko. Wenn Sie ihn mit dem MSCI World vergleichen, wird es immer wieder (auch negative) Abweichungen geben, da er Schwellenländer und kleinere Unternehmen enthält.

Wie gewichten Sie nun in Ihrem Portfolio den risikoarmen und den risikobehafteten Baustein richtig? Am wichtigsten für Ihre Entscheidung sind natürlich die obigen Kapitel über Risiko und Rendite sowie über Emotionen, Disziplin und Gelassenheit. Die Entscheidung zum Risiko ist immer individuell. Einen allgemeinen Hinweis möchte ich Ihnen trotzdem mitgeben: Wenn Sie die Aktienquote zu niedrig ansetzen – etwa unter 30 % –, werden Sie dauerhaft kaum in der Lage sein, die Kaufkraft Ihres Geldes zu erhalten. Umgekehrt ist der Zusammenhang zwischen Risiko und Rendite nicht linear. Wenn Sie die Aktienquote Ihres Portfolios erhöhen, steigt Ihre erwartete Rendite nicht im gleichen Maß wie Ihr potenzieller Schmerz. Am vorderen Ende ist die Kurve relativ steil, während sie am hinteren Ende immer flacher wird: So bringt ein Schritt von 20 auf 40 % Aktienquote rund doppelt so viel an erwartetem Schmerzensgeld wie der Schritt von 80 auf 100 %. Die Risiken nehmen aber in beiden Fällen ungefähr gleichermaßen zu. Erfahrungsgemäß ist eine Aktienquote oberhalb von 70 % nervlich in Krisenphasen schwer zu ertragen.[114] Und wenn Sie entgegen besseren Wissens zusätzlich systematische Risiken eingehen, das Risiko also durch Spekulationen erhöhen, dann sinkt Ihre erwartete Rendite wieder – auch unter null.

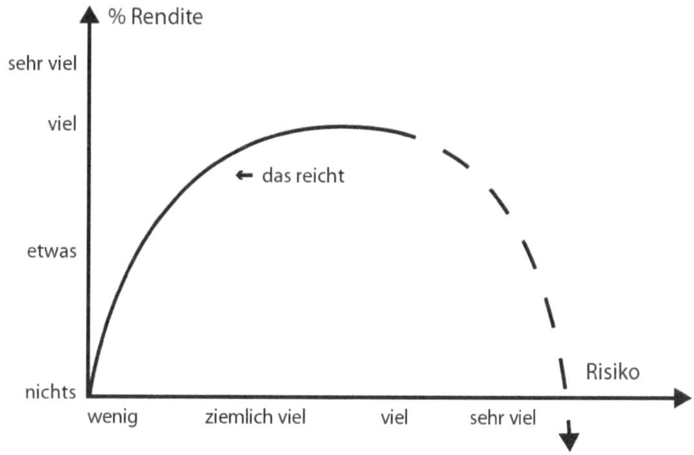

Abbildung 5: Zusammenhang zwischen Rendite und Risiko

Ethische und ökologische Kriterien

Investieren nach ethischen und ökologischen Kriterien hat spätestens seit Fridays for Future Konjunktur. Aber geht das überhaupt? Und wenn ja, zu welchem Preis? Wenn Sie nachhaltig investieren wollen, sollten Sie in einem ersten Schritt erst einmal aussortieren, was überhaupt keinen Sinn ergibt. Denn auch für die nachhaltig orientierte Anlegerin hält die Finanzindustrie eine ganze Reihe unsinniger Produkte bereit. Wenn aktiv gemanagte Fonds teuer sind, so sind aktiv gemanagte Fonds mit Nachhaltigkeitsschwerpunkt im Regelfall teurer. Die Finanzbranche geht offenbar davon aus, dass Menschen, die ihre Anlageentscheidung nicht nur monetären Zielen unterordnen, nicht besonders preissensibel – also ziemlich doof – sind. Sympathisch.

Ein weiteres Problem: Viele Produkte sind – ähnlich wie im Kühlregal Ihres Supermarkts – nur grün verpackt: Entweder haben sie einen Titel, der irgendwie nach Öko klingt, oder in den Fondsprospekten gibt es Öffnungsklauseln, nach denen der Fondsmanager letztlich dann doch irgendwie alles kaufen kann. Einen schwarzen (oder grünen?) Gürtel in der Disziplin hatte lange Zeit die Deutsche Bank. Der heute dank Erfolglosigkeit vom Markt verschwundene Fonds DWS Klimawandel war lange Zeit so ein pseudogrünes Modeprodukt, mit dem die Deutsche Bank sich öffentlichkeitswirksam als Klimaschutzbank gerierte und jede Menge Geld einsammelte.[115] Den Schwerpunkt bildeten laut Marketingunterlagen Unternehmen, die in CO_2-effiziente Technologie und Ähnliches investieren. Schaut man sich die Jahresberichte an, sieht es dann mitunter ganz anders aus. So war eine der größten Positionen lange Zeit der umstrittene Glyphosathersteller Monsanto, mithin der weltgrößte Hersteller genmanipulierten Saatguts.[116] Eine Investition, mit der sich vermutlich die wenigsten Nachhaltigkeitsverfechter anfreunden können. Das Ganze losgelöst davon, dass die Deutsche Bank selbst alles andere als nachhaltig ist und sich dort seit geraumer Zeit die Staatsanwaltschaft die Klinke in die Hand gibt. Das gilt ähnlich auch für Adressen wie das Bankhaus Sarasin, das sich einerseits ganz offensiv als Nachhaltigkeitsbank geriert, andererseits aber federführend beim Cum-Ex-Skandal, dem größten Steuerraubzug der Geschichte, mitgewirkt hat. Wie glaubwürdig ist das?

Die Nachhaltigkeitsfilter von Ökobanken wie der GLS Bank, Triodos oder der Umweltbank halte ich dagegen für nachvollziehbar. Wäre da nicht ein Haken: Auch hier gilt das eiserne Gesetz: Aktive Manager erhöhen das Risiko und die Kosten, liefern aber keine planbare Mehrrendite. Und es gibt noch ein weiteres unschönes Problem: Ökofonds bekommen ganz schnell eine massive Branchenverzerrung, meist Richtung »grüne Energie«. So verabschiedet sich der Investor von jeder sinnvollen Diversifikation und lädt sich jede Menge unsystematische, also schlechte Risiken auf. Am Ende bekommen Sie ein ideologisch sauberes Portfolio in Kombination mit einem Blindflug bei der Anlagestruktur. Die Ergebnisse dazu waren in der Vergangenheit meist ernüchternd.

Auch im Nachhaltigkeitsbereich gibt es die irrsten Investmentgeschichten. Erinnern Sie sich an Prokon? Ein Unternehmen, das Sie vielleicht noch durch die auffällige Werbung im Fernsehen oder der S-Bahn kennen: ein Zeichen für Radioaktivität, das sich über eine Reihe von Zwischenschritten zu einem Windrad entwickelte. Dazu das Versprechen, dass der Anleger nicht nur zur Rettung der Welt beiträgt, sondern über Genussrechte 8 % Rendite erwirtschaften könne. Das war im Zinsumfeld von 2013 geradezu astronomisch. Für eine sechsjährige BMW-Anleihe gab es damals gerade noch 1,5 %.[117]

In den Jahren vor der Prokon-Insolvenz von 2014 habe ich mir den Mund fusselig geredet: »Wissen Sie, warum die Ihnen 8 % zahlen? Nicht aus philanthropischem Engagement, sondern weil sie das Geld für 7 % nicht kriegen ...« – »Was glauben Sie, warum die in der S-Bahn Werbung machen und das Geld Hundert-Euro-weise einsammeln? Weil sie es am Kapitalmarkt nicht kriegen ...« – »Was glauben Sie, womit die die ganze Werbung bezahlen?« Auch der Hinweis auf kritische Berichte von Stiftung Warentest und anderen brachten nicht jeden aus der Ruhe.[118] Das Ende vom Lied: Nach vier Jahren Insolvenzverfahren war der Löwenanteil der Anlegergelder weg. Das strafrechtliche Verfahren gegen den Firmengründer wurde eingestellt.

Doch das ist nur die Spitze des Eisbergs. Gehen Sie mal auf eine Messe wie *Grünes Geld*, und Sie werden aus dem Staunen nicht rauskommen. Windkrafträder, an denen Sie sich schon mit Stückelungen ab 500 Euro beteiligen können – da frisst ja schon das Porto für die Korrespondenz die halbe Rendite. Sandelholzplantagen in Australien, die diesen für kultische Rituale wichtigen Rohstoff für den indischen Markt produzieren. Auch hier sind Sie ab einem Sparplan von monatlich 100 Euro dabei. Kann funktionieren. Muss aber nicht. Ich werde es nicht ausprobieren. Wie nachhaltig das Holz dann per Containerschiff nach Indien gebracht wird, möchte ich gar nicht wissen.

Wenn Sie nachhaltig investieren wollen, fragen Sie sich zunächst, was Sie mit einer nachhaltigen Anlage erreichen möchten: Geht es

Ihnen um Ihre Überzeugungen, also letztlich um sich selbst? Um die stringente Einhaltung ethischer oder religiöser Vorschriften? Dann können und dürfen Sie nicht pragmatisch sein. Spätestens dann, wenn andere Menschen finanziell von Ihnen abhängen, sollten Sie aber noch mal darüber nachdenken, ob Sie mit einem dogmatischen Ökoportfolio Ihrer Verantwortung diesen gegenüber gerecht werden. Umgekehrt: Wenn Sie weniger eine Aussage über die Reinheit Ihrer Seele machen, sondern primär einen Beitrag zu einer saubereren Wirtschaft leisten wollen, ist Pragmatismus sehr wohl möglich, ja nötig. Es gibt mittlerweile eine ganze Menge sogenannter gescreenter Produkte, auch ETFs, die qualitativ jenen für ein konventionelles Portfolio sehr nahekommen. Diese Produkte gehen vereinfacht so vor: Sie schließen erst mal eine Reihe von Geschäftsmodellen und Geschäftspraktiken aus. Häufig sind das Suchtmittel, Waffenproduktion, Atomenergie. Dann wird innerhalb der zu investierenden Branchen in die Unternehmen investiert, die das geringste Übel darstellen. Man spricht hier von sogenannten ESG-Kriterien: Ecological, Social, Governance, also ökologisch, sozial und Unternehmensführung. Klassischerweise sind das: Reduktion des CO_2-Fußabdrucks und der Schadstoffemission, Auswirkung auf Artenvielfalt, Einhaltung von Arbeitnehmerrechten, transparente Unternehmensführung. Dank Big Data sind die ermittelten ESG-Scores mittlerweile ziemlich belastbar und greifen auch Zulieferketten ab. Sie bekommen so kein Schwarz oder Weiß, aber eine relativ helle Schattierung von Grau. Auch der Steuerungseffekt durch diese Art des Investierens ist deutlich größer als jener der bisherigen Ökofonds, die sich nur in einer ganz kleinen Nische bewegen. Da gescreente Produkte tauglich für ein breites Massenpublikum sind, bieten inzwischen zahlreiche ETF-Anbieter solche Fonds an. Wenn etwa der größte Vermögensverwalter der Welt BlackRock nachhaltiges Investieren zu einer Kernstrategie für die nächsten zehn Jahre erklärt, bewegen sich potenziell große Geldströme in Richtung Nachhaltigkeit. Das führt dazu, dass es für Unternehmen auf einmal rational und interessant wird, sich entsprechend umzuorientieren, denn sie senken so ihre Kapitalkosten, sprich kommen billiger an Geld. Auch ich finde es unheimlich, wenn wenige Unternehmen die Macht über immense Kapitalsummen haben. Und mögen BlackRock, Vanguard und andere Finanzriesen aus einem gewissen politischen Blickwinkel das absolute Böse sein: Die Produkte sind erst mal gut, fair bepreist und kaum teurer als herkömmliche ETFs.

Es gibt eine kontroverse Diskussion darüber, ob ein solcher Nachhaltigkeitsfilter beim Investieren einen positiven Effekt auf die Rendite hat.[119] Argumentiert wird unter anderem, dass etwa Transparenz in der Unternehmensführung den Aktienkurs vor Verlusten durch Korruptionsskandale schützen könnte. Gerade in den vergangenen Jahren war ein nachhaltiges Portfolio häufig erfolgreicher als ein konventionelles. Das kann auch andere Ursachen haben und ist bei diesen sehr kurzen Zeiträumen vielleicht einfach Zufall. Ich werde Ihnen sicher keine Mehrrendite als Grund für ein nachhaltiges Investment in Aussicht stellen und empfehle Ihnen einen anderen Blickwinkel. Gehen Sie von Folgendem aus: Je strenger Ihre Nachhaltigkeitskriterien sind, auf umso mehr Investmentmöglichkeiten müssen Sie verzichten. Das wird dazu führen, dass Ihr Portfolio immer stärker von einem konventionellen Portfolio abweichen wird. Der sogenannte Tracking Error wird größer. Konstruieren Sie Ihr Portfolio so, dass diese Abweichung möglichst gering ausfällt, und lassen Sie die Finger von allem, was Ihnen lautstark eine Mehrrendite verspricht. Wenn Ihr Portfolio dann nach oben abweicht, freuen Sie sich. Sie haben vermutlich einfach nur Glück gehabt. Weicht Ihr Portfolio nach unten ab, war das der Preis für Ihre ethischen Prioritäten – und auch das sollte dann für Sie in Ordnung sein. Vermeintlich nachhaltig orientierten Investoren, die im Umfeld von Krieg und Energiepreiskrise bedauern, nicht vom Boom bei Öl und Rüstung profitiert zu haben, kann (und will) ich auch nicht weiterhelfen.

Ein weltweites Portfolio mit Nachhaltigkeitsfilter können Sie nach demselben Prinzip wie ein konventionelles Portfolio konstruieren. Zur Umsetzung nutzen Sie für den risikobehafteten Baustein den MSCI ACWI Socially Responsible Index (SRI) und für den risikoarmen Baustein kurzlaufende deutsche Staatsanleihen, etwa den eb.rexx Government Germany 1,5–2,5. Denn Deutschland als weitgehend korruptionsfreie Demokratie ohne Todesstrafe, Atomwaffen und mit einem Ausstiegsprogramm bei Kohle und Atomenergie erfüllt die wichtigsten Kriterien aller Nachhaltigkeitsfilter.

Implementierung und Pflege

Was Sie jetzt noch brauchen, ist eine Plattform, auf der Sie alles umsetzen können, und eine Pflegeanleitung. Solange Sie Ihr Depot nicht bei einer teuren Filialbank haben, können Sie wenig falsch machen. Ich würde eine der großen etablierten Direktbanken nehmen. Die sind bei den Transaktionskosten alle mehr oder minder gleich günstig und haben auch ihre Prozesse unter Kontrolle, was nicht dringend für jedes kleinere Haus gilt. Achten Sie darauf, dass die Bank an den Einlagensicherungsfonds des Bundesverbands Deutscher Banken oder die Einlagensicherungssysteme der Sparkassen oder Genossenschaftsbanken angeschlossen ist. Das bekommen Sie über eine kurze Recherche im Netz problemlos raus. Einer Bank, die nicht einmal an einem solchen Sicherungssystem teilnimmt, würde ich generell nicht trauen. Wenn Sie diese Grundregeln beherzigen, müssen Sie bei der Auswahl nicht zu viel Aufwand betreiben. Wochenlang Nachkommastellen zu optimieren, verzögert nur den häufig überfälligen Beginn der Umsetzung. Es macht Sie potenziell unzufrieden und die Preise – insbesondere von Lock- und Sonderangeboten – ändern sich sowieso früher oder später.

Auch die Pflege Ihres Depots sollten Sie sich so einfach wie möglich machen. Das Grundprinzip dieser Pflege heißt Rebalancing, was man im Deutschen am besten mit »Zurücksetzen auf Werkseinstellung« übersetzen kann. Früher oder später wird Ihr Portfolio zunächst leicht, dann immer stärker von der Ausgangsallokation abweichen. Wenn die Kapitalmärkte steigen, wird davon Ihr Aktienanteil viel stärker profitieren als Ihr Anleihebaustein. Die Folge: Die Risikoquote in Ihrem Depot entspricht nicht mehr Ihrer Lebensplanung. Jetzt müssen Sie diszipliniert sein, den prozentualen Anteil Ihres Aktien-ETFs reduzieren und den der Anleihenseite erhöhen. Das geht im Regelfall einfach: Sie verkaufen teuer, realisieren Gewinne und bringen Geld auf die sichere Seite. Mental schwieriger, aber noch wichtiger ist der umgekehrte Fall. Der Kapitalmarkt bricht ein, Ihre Aktienquote ist durch die Verluste deutlich unter Ihrem Planwert. Jetzt müssen Sie nachkaufen. Wenn es sinnvoll ist, einen weltweit diversifizierten Vermögensbaustein in Unternehmen, sprich Aktien, zu haben, dann ist es erst recht sinnvoll, zu kaufen, wenn die Preise günstiger sind. Jeder schwäbische Hausmann macht das am

Wochenmarkt so mit Obst und Gemüse. Mental ist das allerdings eine immense Herausforderung: Wenn es schon schwierig ist, in Kapitalmarktkrisen die Nerven zu bewahren und nicht alles hinzuschmeißen: Jetzt die Aktienquote wieder auf das ursprüngliche Maß zu erhöhen, ist noch härter. Sie wissen ja nicht, ob es nicht noch schlimmer kommt. Was, wenn die Kurse noch weiter fallen? Dann kaufen Sie gegebenenfalls noch mal nach. Spätestens dann wissen Sie, warum ich Rendite als Schmerzensgeld bezeichne.

Ein Rebalancing in einer Kapitalmarktkrise ist ein sehr guter Zeitpunkt, seine eigene Risikotoleranz zu überprüfen. Wenn Sie merken, dass Ihnen die Schwankungen nervlich doch zu sehr zusetzen, müssen Sie tapfer bleiben. In der Krise zu adjustieren, also Aktien zu verkaufen, vernichtet Vermögen. Machen Sie das nur, wenn der Stress massiv auf Ihre Gesundheit durchschlägt. Ansonsten heißt es: Sie haben sich selbst in diese Situation gebracht, da müssen Sie jetzt auch durch. Ein paar schlaflose Nächte kann man schon aushalten. Ihr zukünftiges Ich darf nicht darunter leiden, dass ihr vergangenes Ich sich überschätzt hat. Sie sollten sich aber dringend eine Notiz für später machen: Schreiben Sie sich detailliert auf, wie es Ihnen geht, und geben Sie Ihrem zukünftigen Ich klare und unmissverständliche Anweisungen, Sie nicht noch mal in solch eine Situation zu bringen. Nehmen Sie sich das nicht einfach vor. Machen Sie das schriftlich, denn Ihr zukünftiges Ich wird nach der Krise das meiste schon verdrängt oder vergessen haben. Diese Notiz holen Sie nach einem Jahr oder wann immer sich Ihr Depot erholt hat, wieder heraus und adjustieren *dann* Ihre Risikoquote. Umgekehrt: Wenn Sie merken, dass Sie mit den Rückschlägen im Depot mental gut klarkommen und Sie zu Beginn Ihrer Investition ohnehin nicht sicher waren, ob Sie nicht lieber doch 10 % mehr Aktienquote nehmen sollten: Jetzt wäre ein guter Zeitpunkt, die Aktienquote zu erhöhen. Nicht als Versuch, den Markt auszutricksen und zu zocken, sondern als dauerhafte strategische Anpassung.

Wie kriegen Sie das Rebalancing operativ in den Griff? Hier gibt es jede Menge ausgeklügelter Methoden, mit denen Sie sich endlos beschäftigen können, die in Summe allerdings keinen Mehrwert generieren. Denken Sie an meinen Leitsatz: Sie benötigen nicht die weltbeste Anlage, sondern eine beherrschbare und dauerhaft umsetzbare Strategie. Je langweiliger, umso besser. Gut ist gut genug. Daher rate ich Ihnen auch hier dringend zu einem einfachen Verfahren, um zu verhindern, dass Komplexität eine erfolgreiche Umsetzung gefährdet. Legen Sie einen fixen Tag im Jahr fest. Damit Sie den nicht vergessen, markieren Sie ihn dick in Ihrem Kalender und wählen Sie einen Tag, den Sie sich gut merken können: Zwei Tage vor Ihrem Geburtstag, den Todestag von John Lennon oder der 15. Dezember. Hauptsache, Sie vergessen diesen Tag nicht. An diesem Tag holen Sie Ihr Portfolio raus und schauen, ob sich die Gewichtung Ihres Aktienbausteins um mehr als 10 % verändert hat. Wenn Sie sich zum Beispiel für ein Depot aus 60 % Aktien und 40 % Anleihen entschieden haben, dann entsprächen 10 % der Aktienquote 6 % des Gesamtportfolios – eine Aktienquote zwischen 54 % und 66 % wäre also okay. Wenn Sie innerhalb dieses Korridors sind, machen Sie das, was am schwersten ist: nichts. Wenn Sie außerhalb liegen, müssen Sie handeln und das Portfolio umschichten. Sie kaufen und verkaufen dann so viele Wertpapiere, dass jedes ETF wieder seine Anfangsgewichtung hat. Die beste Lösung ist natürlich, neues Geld zu investieren und so das ursprüngliche Gewicht wiederherzustellen: Dann kaufen Sie immer die gerade relativ günstigere Anlageklasse nach, Sie sparen Transaktionskosten und Sie lösen auch keine Abgeltungssteuerzahlung aus. Steuerstundung ist, wie ich oben schon ausgeführt habe, beim sogenannten Buy-and-hold-Ansatz ein chronisch unterschätzter Renditefaktor. Aber keine Sorge: Die Steuerstundung bleibt Ihnen auch dann weitgehend erhalten, wenn Sie innerhalb des Portfolios umschichten. Denn anders als beim aktiven Management werden Sie ja nur kleine Anteile Ihres Depots bewegen.

Beim Rebalancing können Sie gerne pragmatisch sein und hier dürfen Sie auch gerne ein Stück optimieren. Pragmatisch zu sein, heißt in diesem Kontext: Wenn Ihr Aktienbaustein nicht aus einem, sondern aus drei ETFs besteht und sich einer der niedriger gewichteten ETFs kaum von seiner Soll-Allokation entfernt hat, dann lassen Sie ihn in Ruhe. Es hat ja keinen Sinn, Transaktionskosten für kosmetische Manöver zu investieren. Und wenn Sie nach einem Jahr nicht bei 10 %, sondern bei 9,5 % Abweichung sind, müssen Sie nicht unbedingt noch ein Jahr warten, bis Sie agieren. Dann machen Sie es halt jetzt. Optimieren hieße, sich nicht jährlich, sondern quartalsweise anzusehen, ob Sie schon aus dem Zielkorridor gefallen sind. Gerade wenn die Kurse in Krisenzeiten stärker schwanken, ist das sinnvoll. Aber nur, wenn Sie es aushalten, danach im Regelfall *nichts* zu tun. Fangen Sie bloß nicht an, rumzufummeln.

Ich will aber mehr! Spieldepot und Gold

Kann das wirklich alles sein? Muss es da nicht noch mehr geben? Und: Wo bleibt denn da der Spaß bei der Anlage? Diesen Fragen möchte ich zum Schluss noch einmal nachgehen. Um es ganz deutlich zu sagen: Am besten ist es, Sie lassen es mit einem einfachen Depot gut sein: zwei, notfalls vier oder fünf Produkte sind genug. Wenn Sie Unterhaltung und Spaß suchen, unternehmen Sie etwas mit Freunden oder der Familie. Nur wenn Sie sich gar nicht disziplinieren können, setzen Sie sich ein streng begrenztes Budget von maximal 10 % Ihres liquiden Vermögens, um zu spielen, denn *alles* andere als das »Iss mehr Gemüse und beweg dich endlich«-Portfolio ist Spielerei. Und nutzen Sie nur Geld, auf das Sie auch problemlos verzichten können.

Wenn Sie unbedingt spielen wollen, nutzen Sie ausschließlich schlanke und transparente Produkte: ETFs, einzelne Aktien oder von mir aus mal ein Discountzertifikat, wenn Sie dessen Funktionsweise wirklich verstanden haben – ich werde es Ihnen sicher nicht erklären. Dann wetten Sie von mir aus auf einzelne Branchen, Länder oder Szenarien, wenn es Ihnen so viel Spaß macht. Aber vergessen Sie eins nicht: Sie haben null Informationsvorsprung. Was Sie über Digitalisierung, Biotech oder erneuerbare Energien wissen, wissen die anderen auch – und das meist viel besser. Wenn Sie Erfolg haben, ist es reines Glück. Fangen Sie dann bloß nicht an, sich für Kostolany zu halten, und erhöhen Sie auf keinen Fall das Spielbudget. Sich so ein Spieldepot einzurichten, kann, wenn es gut läuft, ein Ventil sein, eine Art Methadonprogramm des Investierens. Wenn es schlecht für Sie läuft (und gut mit den ersten Investitionsideen), wird es schnell eine Einstiegsdroge. Vermutlich ist es für Ihr Vermögen der bessere Fall, wenn Sie erst mal Geld verlieren. Das ist dann kein Pech, sondern das Zuschlagen der Statistik. Nemesis. Betrachten Sie das dann als verdiente Strafe und Lehrgeld – und lassen Sie es in Zukunft. Ich mache das selbst schon lange nicht mehr und ich versuche (ziemlich erfolgreich), es meinen Mandanten zu verbieten.

Unter all den Investitionsmöglichkeiten, die ich bewusst übergangen habe, gibt es eine, über die es sich doch näher nachzudenken lohnt: Gold. Gold als Investment ist auf den ersten Blick ein ziemlicher Unsinn: Zunächst ist Gold eine reine Preisspekulation. Es steigt im Wert – oder es fällt. Unternehmen müssen in der Summe langfristig Gewinn abwerfen und Investoren über Zinsen oder Dividenden für das eingegangene Risiko entschädigen – zumindest solange es eine marktwirtschaftliche Weltordnung gibt. Gold, aber auch Rohstoffe, Kunst und Oldtimer müssen das nicht. Schlimmer als bei Rohstoffen spielt die industrielle Nutzung von Gold für die Preisbildung keine Rolle. Vor dem Hintergrund ist es aberwitzig, wie viele Investoren meinen, sie könnten ihr Vermögen durch eine Monokultur in Gold schützen. Ein Unsinn, der nicht zuletzt von der unsäglichen Zunft der Crash-Propheten befeuert wird. Gold ist ein ausgesprochen riskantes Investment: Wer viel Pech hatte und zum ungünstigsten Zeitpunkt eingestiegen war, hatte mit Gold im Juli 1999 drei Viertel seines Geldes verloren. Im schlimmsten Fall musste er über 30 – in Worten dreißig – Jahre durchhalten, um inflationsbereinigt wieder an sein eingesetztes Kapital zu kommen. Da wirken ein maximaler Verlust von inflationsbereinigt -57 % am weltweiten Aktienmarkt und eine Durststrecke von knapp 14 Jahren fast wie ein Spaziergang. Und der ganze Ärger für eine historisch langfristig erzielte Rendite von 0,8 %.[120] Insofern spricht erst einmal alles *gegen* eine Investition in Gold. Zumal die blumigen Aussagen von Goldhändlern eine intellektuelle Zumutung sind. Aussagen wie »Mit Edelmetallen investieren Sie in reale Werte und nicht in Versprechungen«[121] könnten falscher nicht sein. Wer Gold kauft, kauft eben gerade nicht »reale Werte«. Im Gegenteil: Gold ist, wie wir bereits gesehen haben, nichts anderes als eine weltweit seit Hunderten von Jahren funktionierende Konvention. Eine Verabredung, dass dieses Metall etwas wert ist, und das Versprechen, dass das auch in Zukunft so bleiben wird.

Gerade diese mythische Qualität von Gold ist aber genau der Grund, weshalb ich Ihnen Gold als Teil Ihrer Vermögensstruktur dennoch empfehle. Und das meine ich völlig ironiefrei. Nehmen Sie einen kleinen

Anteil – 1, 2, maximal 3 % – Ihres Vermögens und kaufen sich davon Gold. Physisch, sprich als Münzen, in kleinen Stückelungen, nicht in größeren Barren, und legen Sie das in ein Schließfach oder vergraben es notfalls im Keller. Wenn ich mich mit meiner robust positiven Sicht auf die Zukunft täusche, die Welt doch im Chaos versinkt, die freie Marktwirtschaft absperrt oder Ähnliches: Dann haben Sie eine gewisse Hoffnung, dass die Fiktion Gold weiterträgt, auch andere Menschen noch immer daran glauben, dass dieses Metall etwas wert sei. Dann bekommen Sie dafür auf dem Schwarzmarkt vielleicht noch etwas zu essen, einen großen Laib Käse oder einen halben Schinken. In dieser Hinsicht noch ein Stück konsequenter ist da der Vorschlag, den mir ein befreundeter Anwalt gemacht hat: Wenn Gold ein Amulett gegen schlechte Zeiten ist, sollte man es als Schmuck erwerben und es dem Menschen, den man liebt, um den Hals hängen. So könne man nicht nur seine Liebe unter Beweis stellen, man könne auch darauf vertrauen, dass es auch in furchtbaren politischen und wirtschaftlichen Szenarien noch verliebte oder liebende Menschen gibt, die Lebensnotwendiges gegen diesen Goldschmuck tauschen werden. Unter diesen Voraussetzungen machen Sie mit einer kleinen Investition in Gold nicht viel falsch. Und vermutlich wird Ihr Gold auf lange Sicht unter hohen Schwankungen zumindest seinen Wert erhalten.

Um es am Ende noch einmal ganz klar auf den Punkt zu bringen: Sie brauchen definitiv kein Spieldepot und letztlich auch kein Gold. Diese Ergänzungen sind auf die eine oder andere Weise Zugeständnisse an die Emotionalität des Anlegers, an *Ihre* Emotionalität. Wenn Sie es ohne schaffen – umso besser. Je einfacher Ihr Portfolio ist, desto eher werden Sie als Selbstentscheider langfristig Erfolg haben.

8. Vermögensaufbau: Kontinuität schlägt Komplexität

Vor einiger Zeit habe ich mich mit einem sehr klugen, aber auch etwas skurrilen Anwalt beim Mittagessen unterhalten. Irgendwann begannen wir, über eines unserer Lieblingsthemen zu philosophieren: Gibt es eine Möglichkeit, Menschen bezogen auf ihren Umgang mit Geld in zwei Kategorien zu teilen: null und eins, Schwarz und Weiß? Meine These kennen Sie ja bereits: Für die einen ist Geld Mittel zum Zweck, also Sicherheit, Gestaltungsspielraum, Lebensqualität. Für die anderen ein Selbstzweck: Ausdruck ihrer selbst, Zeichen von Status, Prestige und Einfluss. Ich mag diese Unterscheidung, denn sie hat nicht nur immense Auswirkungen auf unseren Umgang mit Geld, etwa die Art, wie wir Geld anlegen und auch wieder ausgeben. Sie wirkt sich direkt auf unsere Lebensweise und unsere Beziehungen aus. Das Problem: Die Unterscheidung ist nicht wirklich trennscharf, es ist eher eine Skala als eine Logik von null und eins. Es gibt kein Schwarz und Weiß, nur sehr unterschiedliche Grautöne. Mein Gesprächspartner bot mir eine viel pragmatischere Alternative an: »Es gibt Menschen, die mehr ausgeben, als sie verdienen, und welche, wo es umgekehrt ist.« Und er setzte in völligem Ernst hinzu: »Manche Menschen haben 30 Millionen und leben, als hätten sie 50, und manche haben 15 Millionen und leben, als hätten sie nur zehn. Die ersten gehen irgendwann pleite, die zweiten kommen wunderbar klar.« Mal losgelöst von der etwas abgehobenen Klientel meines Gesprächspartners: Nach den Kategorien lässt sich so wirklich jeder einordnen. Und auch diese Unterscheidung hat weitgehende Implikationen für unsere Art zu leben, unsere Werte und Beziehungen.

Ich kenne Menschen, die verdienen jeden Monat weit über 10 000 Euro, das Geld rinnt ihnen durch die Finger und reicht einfach nicht, während andere mit einem halb so großen Verdienst monatlich problemlos vierstellige Beträge sparen. In meiner Jugend kannte ich ein Elternpaar eines Freundes, das stolz darauf war, für die sechsköpfige Familie nicht mehr als 500 D-Mark im Monat für Essen auszugeben – und das trotz eines sehr ansprechenden Einkommens. Ein ähnliches Ansinnen würde mich daheim (völlig zu Recht!) in Lebensgefahr bringen. Wie wir gesehen haben, liegt das zu großen Teilen daran, was wir als Kind bewusst, aber vor allem unbewusst zum Thema Geld mitbekommen haben. Und da über Geld kaum geredet wird, passiert das meist unter der Oberfläche, oft über sprachliche Kodierungen. So kann das, was vom einen »Geiz«, »Tyrannei« oder »Spießertum« genannt wird, beim anderen »Sparsamkeit« oder sogar »anständige Leute sein« heißen. Auch »verbladern« und »sinnlos raushauen« kann mitunter dieselbe Sache beschreiben wie »Lebensart haben«, »sich mal was gönnen« oder »Großzügigkeit«. Und dabei ist es völlig normal, dass man die eigene Nomenklatur, die eigenen Maßstäbe für »normal« hält, während man über das Verhalten, ja den moralischen Zustand von anderen schnell den Kopf schüttelt. Da bin auch ich nicht frei von – und Sie vermutlich auch nicht.

Was eine vernünftige Sparquote und was ein adäquater Lebensstil ist, darüber gehen die Ansichten weit auseinander. Das ist auch erst mal in Ordnung, da gibt es in einem relativ breiten Korridor kein Richtig oder Falsch. Trotzdem: Sie müssen sich der Konsequenzen einer (zu) niedrigen oder (zu) hohen Sparquote bewusst sein. Wenn Sie über Ihre Verhältnisse leben, nehmen Sie billigend in Kauf, spätestens im Alter auf die sozialen Sicherungssysteme zurückzufallen. Und wenn Sie sich für ein frugalistisches Brutalsparen entscheiden, verzichten Sie auf jede Menge Lebensfreude, schlimmer, auf gesellschaftliche Partizipation und soziale Kontakte. Beides ist traurig – aber von mir aus. Spätestens dann, wenn Sie Verantwortung für Dritte, Ihren Partner, Kinder oder Ihre Eltern haben, hört bei beiden Extremvarianten der Spaß auf.

Wie Sie sich das Sparen leichter machen

Wie können Sie sich eine vernünftige Sparquote angewöhnen, ohne dass Ihre Lebensqualität zu sehr leidet? Der erste klingt etwas spießig, ist aber ausgesprochen effizient: Führen Sie ein Haushaltsbuch. Das können Sie elektronisch über eine App machen oder auch mit einem Notizbuch.[122]

Gerade wenn Sie (wie ich) eher zu viel ausgeben, finde ich die altmodische Methode pädagogisch wertvoller, die Ausgaben sind so realer, haptisch (be)greifbar. Bilden Sie Spalten für unterschiedliche Ausgabenkategorien wie Fixkosten, Essen, Kleidung, Freizeit, Essen gehen, Geschenke, Gesundheit und so weiter und schreiben Sie jeden Abend in die entsprechende Spalte, was Sie ausgegeben haben. Am Ende jeder Woche und am Ende jeden Monats bilden Sie eine Summe. Sie sehen dann, wo das ganze Geld geblieben ist, und fangen automatisch an, darüber nachzudenken, ob es das auch immer wert war. Allein der Gedanke, am Abend Ausgaben für einen relativen Blödsinn eintragen zu müssen, hat einen disziplinierenden Effekt. Wenn Ihnen das Freude macht und Sie der Typ dafür sind, können Sie die Kategorien unterschiedlich fein steuern. Für alles, was einen signifikanten Anteil an Ihren Ausgaben macht, sollten Sie eine eigene Spalte haben. Bilden Sie vorher Budgets, eventuell werden Sie staunen, wie stark Ihre tatsächlichen Ausgaben von den vermuteten abweichen. Und noch was: Schummeln Sie nicht.

Es sind fast nie die großen Ausgaben, die man nicht unter Kontrolle hat. Meist sind es kleinteilige (Impuls-)Käufe, die sich zusammenläppern. Sie sehen etwas – in der Stadt oder im Netz –, das sie unbedingt *jetzt* haben müssen? Ein Freund hat Ihnen ein tolles Buch empfohlen, Sie entdecken ein witziges Kleidungsstück. Der Kauf ist nur ein paar Schritte oder (gefährlicher) Mausklicks entfernt. Schreiben Sie das Objekt Ihrer Wünsche auf eine Liste beziehungsweise in die Notizen auf Ihrem Telefon. Nach drei Tagen holen Sie die Liste wieder raus. Wenn es immer noch sein muss, dann gut. Sie werden sehen: In vielen Fällen ist die Liebe zu Dingen, die vor 72 Stunden noch ganz wichtig waren, erkaltet.[123]

Am wichtigsten, um eine vernünftige Sparquote zu realisieren, ohne sich eingeschränkt zu fühlen, ist ein psychologischer Effekt. Wie oben ausgeführt, gewöhnen wir uns unglaublich schnell an Zuwächse bei Einkommen und Lebensstandard. Bezogen auf unser subjektives Glücksgefühl verpufft das sehr schnell. Das gilt übrigens leider nicht für den Weg zurück: Der ist viel, viel steiniger. Doch bei der Aufwärtsbewegung verschiebt sich oft nur die Reizschwelle. Ich erinnere mich noch sehr gut, wie wir zu Beginn unseres Studiums ein Riesentheater darum gemacht haben, einmal zwei ganze Rinderfilets zu grillen. Wir haben tagelang über die richtige Rinderrasse, die Beilagen, das richtige Bier diskutiert und darüber, wer uns eine Zugangskarte für den Großmarkt besorgen kann. Allein die Vorfreude war riesengroß. Heute gehe ich alle paar Wochen zum Metzger und kaufe ein paar anständige Steaks zum Grillen mit Freunden – nett, ja, aber mehr nicht. Diesen Effekt können Sie sich beim Sparen zunutze zu machen, wenn Sie Gehaltserhöhungen verwenden, um das Befüllen Ihrer Spartöpfe auszubauen. Am stärksten ist dieser Effekt übrigens zwischen Ausbildung und erstem Beruf, beim Abschied vom studentischen beziehungsweise jugendlichen Lebensstil. In jedem Fall: Je früher Sie sich daran gewöhnen, umso besser.

Operativ umgesetzt ist das Ganze dann sehr einfach: Sie müssen nur die Höhe des monatlichen Dauerauftrags auf das Verrechnungskonto Ihres Investmentdepots erhöhen. Wenn Sie das gleich machen, fehlt Ihnen danach subjektiv nichts. Wenn Sie schlau sind, erhöhen Sie auch gleich den Dauerauftrag in Ihren Konsumtopf. Schließlich ist das Leben genau jetzt und Sie wollen ja auch etwas von Ihrem beruflichen Erfolg haben. Seien Sie da nicht knickrig mit sich selbst. Wenn Sie zu viel von der Gehaltserhöhung für das langfristige Sparen abzwacken, macht es das für Sie eventuell schwieriger, den eingeschlagenen Weg durchzuhalten, in jedem Fall aber freudloser. Am wenigsten »spüren« werden Sie übrigens von dem Geld, das auf dem Konto für die laufenden Ausgaben irgendwie untergeht.

Welche Ergebnisse sind realistisch möglich?

Dazu, wie viel Vermögensaufbau durch regelmäßiges Sparen möglich ist, kursiert jede Menge Unsinn. Eine ganze Reihe von Büchern oder auch Seminaren suggeriert, dass mit der nötigen Disziplin unglaubliche Resultate für jeden Normalbürger möglich sind. Wenn man einmal näher hinsieht, wird klar: Unglaublich sind die Resultate nicht, sondern unglaubwürdig, genauer: mathematisch unmöglich. Nehmen wir einen Klassiker: Bodo Schäfers *Der Weg zur finanziellen Freiheit. In sieben Jahren die erste Million*[124]. Um eine Million anzusparen, gibt es nun zwei einfache Wege: Möglichst viel sparen oder eine möglichst hohe Rendite erzielen. Versuchen wir es erst mal mit einer für Otto Normalverbraucher anspruchsvollen, aber für manche noch realisierbaren Sparquote von 1000 Euro im Monat: Um die Million zu erreichen, bräuchten Sie eine Rendite von über 70 %, sieben Jahre lang und das ohne Schwankungen. Unser Kellner aus dem Strandcafé in Tel Aviv mit dem todsicheren System für Kryptowährungen macht das mit links. Für alle anderen gilt: Das geht nicht. Bleibt also nur, mehr zu sparen. Bei 2500 Euro Sparrate brauchen Sie noch 45 % Rendite, bei 5000 Euro Sparrate 25 % – wiederum linear Jahr für Jahr. Erst ab 9500 Euro Sparbetrag im Monat haben Sie bei einer Rendite von 7 % zumindest eine theoretische Chance, wenn Ihnen keine schlechten Kapitalmarktjahre dazwischenkommen.

Überzogenen Erwartungshaltungen oder Renditeversprechen zum Trotz: Langfristiges Sparen ist ausgesprochen sinnvoll, der Zinseszins auch bei realistischen Annahmen sehr wirkmächtig. Deshalb ist es auch so wichtig, früh anzufangen: Exponentialfunktionen werden erst am hinteren Ende spannend. Doch da kommt man nur hin, wenn man den mühsamen, flachen und langweiligen Teil der Kurve hinter sich gebracht hat. Gehen wir modellhaft von 500 Euro monatlicher Sparleistung aus, die Sie jährlich – etwa durch eine sogenannte Dynamik – um die Inflationsrate erhöhen, und von einer *inflationsbereinigten* Rendite von 4 %. Dann haben Sie nach Bodo Schäfers sieben Jahren kaufkraftbereinigt nicht mehr als 48000 Euro – auch wenn Sie ganz, ganz stark positiv gedacht und noch stärker an sich geglaubt haben. Etwas mehr als 13 % davon sind Zinsen und Zinseszinsen, der Rest ist Ihre Sparleistung, also Konsumverzicht. Nach 20 Jahren haben Sie kaufkraftbereinigt rund 182500 Euro. Jetzt sind schon etwas mehr als ein Drittel davon Zins- und Zinseszinsen, und seit knapp drei Jahren überschreitet Ihr jährlicher Zinsgewinn Ihre jährliche Sparleistung. Gehen wir davon aus, dass Sie das insgesamt 35 Jahre durchhalten, dann stehen am Ende inflationsbereinigt mehr als 451000 Euro auf der Uhr. Davon besteht über die Hälfte aus Zinsertrag. Im letzten Jahr ist die Summe Ihrer Zinsen dabei fast dreimal so hoch wie Ihre Sparleistung.

Wenn Sie das bis hierher umgesetzt haben, fließt jetzt monatlich ein gewisser Betrag auf Ihr Investmentsparkonto. Jetzt brauchen Sie nur noch einen ETF-Sparplan, mit dem diese Summe regelmäßig in Ihr Depot fließt. Dazu nutzen Sie die oben besprochenen Aktien- und Anleihenbausteine in dem Verhältnis, wie es Ihrer Risikoquote entspricht.

Deshalb sollten Sie sich für Ihr Depot auch immer ETFs aussuchen, die sparplanfähig sind. Wenn Ihr Depot aus mehr als zwei ETFs besteht, besparen Sie nur die beiden größten Bausteine. Die Gewichtung Ihrer Investmentbausteine verändert sich ohnehin laufend mit dem Markt und eine eventuell langsam entstehende Unwucht gleichen Sie einfach mit dem nächsten Rebalance aus. Wenn Sie nur relativ kleine Beträge sparen, dann können Sie das Geld aus dem Dauerauftrag auch nur alle drei Monate ins Depot umschichten. So sparen Sie sich ein paar Euro Transaktionskosten. Aber machen Sie daraus keine Wissenschaft und fangen Sie nicht an, sich den Kopf über optimale Tage im Monat oder optimale Zeitintervalle zu zerbrechen. Genauso sinnbefreit ist es auch, sich zu überlegen, ob man für andere Sparzwecke nicht eine völlig andere Lösung braucht, etwa für das langfristige Ansparen von Geld für die (Ausbildung der) Kinder. Das bringt alles nichts. Die Suche nach der permanenten Optimierung vor der Umsetzung ist in der Regel ein Versteckspiel vor sich selbst: der unbewusste Versuch, einen rationalen Grund zu finden, den Sprung ins kalte Wasser hinauszuzögern. Auch hier gilt: Weniger Komplexität und einfach anfangen – das erhöht Ihre Erfolgswahrscheinlichkeiten erheblich. Mehr als einen Sparplan in zwei ETFs und Daueraufträge für die Tagesgeldkonten für Ihre kurz- und mittelfristigen Töpfe brauchen Sie nicht. Punkt. Ausrufezeichen.

Finger weg von Lebens- und Rentenversicherungen

Alles andere als Ihre Sparpläne ist nicht nur überflüssig, es ist schädlich. Insbesondere der Deutschen liebstes Finanzprodukt ist völlig ungeeignet, um langfristig Vermögen aufzubauen: die Kapitallebensversicherung. Nicht umsonst spricht der renommierte Finanzbuchautor Gerd Kommer in diesem Zusammenhang von »einem deutschen Irrweg«[125]. Schauen wir uns das näher an: Das Produkt ist die Koppelung aus einem Sparvertrag – hier einer Rentenversicherung – mit der Absicherung eines biometrischen Risikos: also einer Einmalzahlung für den Fall, dass der Versicherte vorzeitig verstirbt. Es ist also ein Koppelprodukt, und wie ich unten beim Thema Absicherung noch ausführen werde: Koppelprodukte gehen gar nicht. Zu teuer, zu intransparent und im Notfall nicht getrennt voneinander zu kündigen. Absurderweise wird vielen Menschen eine Kapitallebensversicherung verkauft, die überhaupt keine Verantwortung für Dritte tragen und damit gar niemanden abzusichern haben.

Die schlechte Nachricht: Auch losgelöst von der Risikokomponente ist das Produkt als reine Rentenversicherung eine mittlere Katastrophe. Versicherungen verursachen erstaunliche Kosten für Verwaltung und Vertrieb. Wenn man sich einmal die Mühe macht, das berühmte Kleingedruckte durchzulesen, wird man aus dem Staunen nicht herauskommen. Da die Abschlusskosten – sprich die Vertriebsprovision – in den ersten Jahren von der monatlichen Sparleistung abzogen werden, entsteht die unschöne Situation, dass der erreichte Rückkaufswert der Versicherung auch noch mehr als zehn Jahre nach Beginn des Sparens meist unter der Summe der eingezahlten Beiträge liegt. Das ist deshalb so ekelhaft, da rund die Hälfte der Lebens- und Rentenversicherungen vor der Ablaufzeit aufgelöst werden.[126] Der angeblich disziplinierende Effekt einer Rentenversicherung auf den Sparer ist also eine akustische Täuschung der Versicherungsbranche. Auch wenn Sie glauben, der von der Versicherung ausgewiesene Garantiezins sei die Verzinsung Ihrer monatlichen Beiträge, liegen Sie daneben. Den Garantiezins gibt es nur auf den sogenannten Sparbeitrag, sprich den Teil, der nach Verwaltungskosten – und bei der Kapitallebensversicherung nach den Risikokosten – übrig bleibt. Das führt bei einer Gesamtbetrachtung dazu, dass man als Faustregel vom angegebenen Garantiezins circa 1 % wieder abziehen muss.[127] Mit dem Geld, das angelegt wird, ist Ihre Versicherung dann stark reglementiert. Im Klartext: Ihre Versicherung darf nur in einem sehr übersichtlichen Maß in Aktien investieren. Angesichts niedriger Zinsen und hoher Kosten kann eigentlich fast nichts mehr dabei herauskommen. Wenn Sie meinen, Sie könnten dieses Thema umgehen, indem Sie in eine fondsgebundene Police oder in Policen angloamerikanischer Anbieter investieren, täuschen Sie sich leider wieder – und das erheblich. Ja, in so einer Police können Sie eine höhere Aktienquote erreichen. Die zusätzlichen Kosten für die Fondsmäntel und die mitunter ausgesprochen fantasievollen Gebühren englischer oder kanadischer Anbieter machen diesen Vorteil aber weit mehr als zunichte.[128]

Den größten Pferdefuß bei Versicherungen übersehen fast alle Anleger: Es gibt ein riesiges unsystematisches Risiko. Wenn die Versicherung, bei der Sie investieren, pleitegeht, ist Ihr Geld potenziell weg. Ihr Erspartes ist anders als in einem Wertpapierdepot kein Sondervermögen. Zwar gibt es mit Protector eine Auffanggesellschaft der Versicherungswirtschaft, doch die wird die Pleite einer größeren Versicherung selbst nicht überleben. Bei Versicherungen mit Sitz in Kanada oder UK stellt sich das Problem erst gar nicht: Es gibt nicht mal eine Auffanggesellschaft. Im Fall eines Falles ist Ihre Altersvorsorge Teil der Insolvenzmasse. Nehmen Sie das nicht auf die leichte Schulter: Ihr Geld liegt sehr lange bei der Versicherung, 30 Jahre und mehr. In dieser Zeit kann viel passieren in einer Branche, die jede Menge struktureller Probleme hat. Und auch auf den Staat müssen Sie nicht hoffen. Im Gegenteil: Der Gesetzgeber hat in § 314 Versicherungsaufsichtsgesetz längst die juristischen Spielregeln so aufgestellt, dass im Ernstfall der Schutz der Versicherungsbranche Vorrang vor dem Schutz der Anleger hat.[129]

Vor dem Hintergrund all dieser Nachteile: Schließen Sie keine Rentenversicherung ab – und schon gar keine Kapitallebensversicherung. Nicht zum Sparen und genauso wenig als steueroptimierter »Mantel« für eine Kapitalanlage. Lassen Sie sich keine Geschichten bezüglich angeblicher oder auch realer Steuervorteile erzählen. Es gilt die oben bereits ausgeführte eiserne Grundregel: Die Produktkosten sind stets (viel) höher als der Steuervorteil. Eine Bitte: Falls Sie selbst Versicherungsmakler sind, schicken Sie mir keine E-Mails, in denen Sie mir anhand von Extremszenarien vorrechnen, dass sich das doch lohnt, dass das ganz toll für die Erbschaftssteuer ist und dass es auch super staatliche Zuschüsse gibt. Bitte versuchen Sie mich auch nicht davon zu überzeugen, dass Sie wissen, wie in 30 Jahren das deutsche Steuerrecht aussieht. Ich weiß, dass es im Einzelfall theoretisch möglich sein könnte, wenige Hundert Euro zu sparen. Die Chance ist gering, die Unsicherheit hoch und die Kröten, die man dafür schlucken muss, sind zahlreich. Tun Sie das mir und – viel wichtiger – auch Ihren Kunden nicht an.[130]

Eine Ausnahme von der Regel habe ich dann doch noch gefunden: Wenn Ihre Partnerin selbstständig ist, Sie selbst einen Minijob mit freiwilliger Sozialversicherung haben und dazu jede Menge Kinder, dann machen Sie meinetwegen bei einem Onlineanbieter eine Riester-Rente auf ETF-Basis. Zahlen Sie den Mindestbeitrag von 5 Euro im Monat und freuen sich über die Zulagen. So optimistisch zu sein – wie ich vor ein paar Jahren – und dummerweise darauf zu vertrauen, dass Ihr Anbieter dauerhaft eine rationale Strategie durchhält, sollten Sie allerdings nicht sein.[131]

Und was machen Sie mit bestehenden Verträgen? Weiter besparen? Kündigen? Beitragsfrei stellen, also nicht auflösen, sondern nur stilllegen? Wenn der Vertrag von vor 2005 und eine klassische Rentenversicherung ist, haben Sie eine relativ gute *Chance*, dass es sich lohnt, bis zum Ende durchzuhalten. An dem Risiko, dass Ihre Versicherung pleitegehen kann und Ihr Geld potenziell weg ist, kommen Sie zwar nicht vorbei, aber Sie müssen es nicht mehr sehr lange ertragen. Dazu haben Sie einen relativ hohen Garantiezins und eine günstige steuerliche Regelung. Wenn der Vertrag nach 2005 abgeschlossen wurde, sieht es eher schlecht aus. Erst recht, wenn es eine fondsgebundene Police mit aktiven Fonds oder eine Police eines angloamerikanischen Anbieters ist. Je weiter die Fälligkeit entfernt ist, umso eher lohnt es sich, über eine vorzeitige Auflösung nachzudenken. Wenn es nicht nur ein paar Euro sind, würde ich mir dazu die Einschätzung eines Versicherungsberaters suchen. Hinter dieser gesetzlich geschützten Bezeichnung verbirgt sich eine ausgesprochen rare Spezies: unabhängige Versicherungsexperten, die ausschließlich durch Ihr Honorar bezahlt werden und keine Provisionen annehmen. Auch eine Verbraucherzentrale oder der Bund der Versicherten wären denkbare Anlaufstellen – ein konventioneller Versicherungsmakler ist es kategorisch nicht.

9.
Immobilien zwischen Verstand und Emotion

Immobilien sind sicher die emotionalste Anlageklasse und Emotionen sind ja auch prinzipiell etwas Schönes. Sie erleichtern nur nicht unbedingt rationale Entscheidungen. Gerade wenn es aber um die Immobilie als Kapitalanlage geht, sind Zahlen und Fakten entscheidend – nicht Wünsche, Träume und Vermutungen. Bei der selbstgenutzten Immobilie sind Emotionen dagegen eines der wichtigsten Kriterien für die Entscheidungen – solange man sich ihrer bewusst ist, es sich leisten kann und das Denken nicht völlig aufgibt.

Die fremdgenutzte Immobilie als Kapitalanlage

Wie bei Anleihen und Aktien gibt es bei Immobilien eine notwendige inhärente Rendite. Eine Risikoprämie dafür, dass Sie anderen Wohnraum oder Gewerbeflächen zur Verfügung stellen: die Miete beziehungsweise die Pacht. Sollten Sie da nicht versuchen, zumindest mit einem Teil Ihres Vermögens an dieser Rendite zu partizipieren? Immerhin gab es für Wohnimmobilien in den vergangenen 120 Jahren in globaler Perspektive inflationsbereinigt 2,5 % zu verdienen.[132]

Vermutlich ist es für Sie keine Überraschung: Bis auf minimale Ausnahmen ergibt es keinen Sinn, in Finanzprodukte mit Immobilienhintergrund zu investieren. Geschlossene Immobilienbeteiligungen oder verbriefte Immobilienkonstrukte in Zertifikationsform sind viel zu intransparent und teuer. Diese Produkte sollen den Finanzvertrieb ernähren, nicht den Privatanleger. Spätestens dann, wenn imaginäre oder tatsächliche Steuervorteile ins Feld geführt werden, sollten Sie hellhörig werden. Einige erinnern sich eventuell noch an den Irrsinn der sogenannten Ostimmobilien in den 1990er Jahren. Objekte, die bereits im

Verkaufszeitpunkt mindestens um den Steuervorteil zu teuer waren. Banken, Makler, Vertriebe – alle haben sich ein goldenes Näschen verdient. Für die Anleger, die im Regelfall die Objekte, die sie gekauft haben, nicht einmal gesehen hatten, lagen die Ergebnisse meist irgendwo zwischen jahrzehntelangem Siechtum und Totalverlust. Steuermodelle sind inzwischen selten geworden, aber nicht ausgestorben: Auch heute kaufen Anleger, um gewerbliche Gewinne aus Immobilienkäufen nicht gleich versteuern zu müssen, regelrechten Giftmüll im Mantel sogenannter 6b-Fonds.

Eine andere Variante gern verkaufter Immobilienprodukte sind Betreiber- oder Spezialimmobilien, etwa Supermärkte oder Altenheime. Vor ein paar Monaten hatte ich dazu ein Gespräch mit einem Zahnarzt, der vor einigen Jahren in einer hessischen Kleinstadt bei einem Projekt für betreutes Wohnen zugeschlagen hatte. Solche pfannenfertigen Objekte mit einer schönen Verkaufsgeschichte zur alternden Gesellschaft haben einen immensen Vorteil – für den Verkäufer: Eine erhöhte Intransparenz ermöglicht es, höhere Preise und höhere Provisionen durchzusetzen. Trotz aller Skepsis wollte ich mir ein Bild machen – vielleicht würde das Projekt ja doch am Ende mit etwas Glück aufgehen: »Wo liegt denn das Heim? Hört man in den Zimmern die Hauptstraße? Wo ist das nächste Café, wo das nächste Restaurant? Gibt es ein Kino im Ort, ein Theater und wie oft fährt der Bus in die nächstgrößere Stadt? Ist die regionale Kreisstadt nicht attraktiver und was kostet ein solches Pflegeappartement dort? Wie ist die Bevölkerungsentwicklung in der Kleinstadt? Ziehen die Jungen weg, gibt es attraktive regionale Arbeitgeber?« Das wusste mein Gesprächspartner alles nicht. Sie ahnen es: Er war bisher nicht dort gewesen. Er konnte mir aber sagen, dass auch sein Berater dort persönlich in ein Appartement investiert hatte. Natürlich hat er das. Das ist nun der wirklich älteste Verkäuferspruch.

Offene Immobilienfonds, also Immobilieninvestments, in die Sie laufend ein- und unter gewissen Voraussetzungen auch laufend wieder aussteigen können, sind ebenfalls problematisch. Es gibt zwar einige vertretbare Produkte, nur die sind für Sie als Privatanleger schwer zu erkennen und meist auch nicht zugänglich. Prinzipiell sind die Kosten hoch, und was die Objekte wirklich wert sind, weiß man letztlich erst, wenn eines verkauft wird. Die Verkehrswerte werden in längeren

Abständen von Gutachern festgestellt. Dabei gibt es eine deutliche Tendenz, Bewertungsveränderungen nach oben oder unten zu glätten. Interessenkonflikte sind bei dieser Anlageform immer ein Stück mit an Bord, manchmal gravierende. Gerade bei größeren Anbietern kommt es immer wieder vor, dass problematische Objekte von einem Fonds in den nächsten Fonds verschoben werden. Oder es wird ein kränkelnder Fonds des Hauses mit einem noch relativ gesunden zusammengelegt, um einen Kollaps zu vermeiden. Ekelhaft wird es dann, wenn zu viele Kunden gleichzeitig aus solch einem Fonds rauswollen. Dann muss der Vertrieb mit aller Macht neue Anleger finden. Das habe ich selbst einmal hautnah mitbekommen, als ich noch bei der Großbank war: unschön für Berater, aber erst recht für die Anleger. Nach 2008 führte dieses Problem bei den meisten offenen Immobilienfonds zur Zwangsabwicklung. Die Einführung von Kündigungsfristen beim Verkauf offener Immobilienfonds hat dieses Problem zwar entschärft, aber nicht gelöst.

Bleibt die Möglichkeit, einen ETF auf Immobilienunternehmen zu kaufen, also in sogenannte REITs[133] zu investieren. Ob das dann nicht eher eine Branchenspekulation in Immobilien*aktien* ist als eine Investition in Immobilien, darüber kann man viel diskutieren. Wenn Sie es nicht lassen können, dann tun Sie das in Ihrem Spieldepot, aber bitte mit Maß und Ziel.

Immobilien als Kapitalmarktprodukt ergeben folglich in der Regel keinen Sinn: Sie füttern einfach zu viele Köpfe mit. Die Alternative bestünde darin, selbst eine Immobilie zu kaufen. Auch wenn die Nahrungskette kürzer ist, haben Sie auch hier erhebliche Nebenkosten: Makler, Grundbuch, Notar und Grunderwerbsteuer summieren sich je nach Bundesland auf 8,5 % bis 11,5 %.[134] Damit könnten Sie sich bei einer Kapitalanlage den Luxus eines unabhängigen Honorarberaters für rund zehn Jahre leisten. Auch Ihre eigene Arbeitszeit und den Verschleiß an Nerven sollten Sie einkalkulieren: Reparaturen, kritische Mieter, Auflagen von Behörden, Buchhaltung und inzwischen einen erheblichen Druck bei der energetischen Sanierung. Je nachdem, was Sie von diesen lästigen Tätigkeiten delegieren, müssen Sie zusätzlich noch Kosten für Hausmeister, Hausverwaltung und Steuerberatung berücksichtigen.

Die größte Schwachstelle von Immobilieninvestitionen liegt aber weder bei den Kosten noch bei der Tendenz zur Beschäftigungstherapie.

Der klassische Anleger bindet sehr viel – häufig auch geliehenes Geld – in *einem* Objekt. Dieses Objekt funktioniert dann – oder eben auch nicht. Das ist meiner Überzeugung nach ein kaum zu verantwortendes K.o.-Kriterium. Es ist kurios, dass viele Anleger dieses immense unsystematische Risiko oftmals gar nicht wahrnehmen. Unvergessen ist mir hier der Anleger Friedrich, der den Löwenanteil seines Vermögens in eine recht arbeitsintensive Gewerbeimmobilie in einer B-Lage am Rande Stuttgarts investiert hatte. Zweimal wäre er damit während der vergangenen 15 Jahre fast pleitegegangen. 2019 hatte er die Chance, das Objekt mit hohem Gewinn für einen zweistelligen Millionenbetrag zu verkaufen, seine Schulden zu zahlen und zudem – mittlerweile über 70 – viel mehr Zeit für die schönen Dinge des Lebens zu haben. Doch der Gedanke, am Kapitalmarkt auch nur die kleinsten Rückschläge erleiden zu müssen und dabei »nichts tun zu können«, sprengte ihm den Kopf. Dazu erläuterte er mir: Als er einmal in seiner Immobilie existenzgefährdende Leerstände gehabt habe, habe er – mit massivem finanziellen Aufwand – Flyer gedruckt und in allen Gewerbeparks im Umkreis von 50 Kilometern verteilt. Das habe am Ende zwar nicht einen einzigen Mieter gebracht, aber er habe immerhin noch »etwas tun können« – sei mithin also noch Herr der Lage gewesen. – – – ??? Das nennt man wohl Action Bias in Reinkultur.[135] Ich mag Friedrich sehr und hoffe, dass er (beziehungsweise sein Ankermieter) gut durch die Coronakrise gekommen ist. Ich zumindest würde nachts mit so einer Investition kein Auge zubekommen. Friedrich schläft dagegen vermutlich nach wie vor blendend.

Das ist sicher ein Extrembeispiel für selektive Wahrnehmung. Doch häufigere Mieterwechsel, Renovierungskosten, Auflagen der Gemeinde, eine neue Kneipe an der Ecke gegenüber, die Pleite des größten lokalen Arbeitgebers – das alles sind ganz reale Szenarien. Mit welchem Kinderglauben einige Anleger die Sicherheit ihrer Immobilieninvestition voraussetzen, habe ich nicht nur bei Friedrich erlebt. Es ist keine Ausnahme. Solange noch nichts schiefgegangen ist, ist es der Regelfall. Der Osterhase würde vor Neid erblassen. Ein Grund ist sicher, dass Immobilien auch mit der Logik einer vorindustriellen Agrargesellschaft leicht zu verstehen sind. Man kann sie anfassen, im wörtlichen Sinn »begreifen« – das Konstrukt Aktiengesellschaft erfordert dagegen erhebliches Abstraktionsvermögen. Entsprechend wird bei Immobilien selten analytisch, sondern meist anhand anekdotischer Einzelfälle argumentiert: »Dein Vater hat doch auch ein Haus auf Sylt gekauft, und das ist jetzt viermal so viel wert.« – »Du kennst doch die Greta, die hat ihr ganzes Vermögen mit Immobilien gemacht und ist einer der reichsten Menschen, die ich kenne.« Da Argumentation auf Basis von Einzelfällen mithin eine Logik aus der Zeit vor der Aufklärung ist und wir fast 300 Jahre weiter sind, versuchen wir es etwas analytischer.

Das Risiko einer Immobilieninvestition ist schwierig zu messen: Anders als am Kapitalmarkt gibt es im Regelfall nur alle paar Jahrzehnte eine Preisfeststellung. Und: Jede Immobilie ist einzigartig. Es existieren also anders als bei Aktien und Anleihen keine standardisierten Produkte. Im Gegensatz zum Kapitalmarkt ist der Immobilienmarkt also weder effizient noch transparent. Dass Immobilien generell wohl ein relativ hohes Investitionsrisiko aufweisen, das dem einer Einzelwertinvestition in Small Caps entspricht[136], ist da nur ein langfristiger globaler Durchschnittswert, der dem einzelnen Anleger mit seinem konkreten Objekt nicht weiterhilft. Man kann es höchstens als Warnung verstehen, das Risiko nicht zu unterschätzen. Am Ende gilt aber auch bei Immobilien, dass ein unvermeidbarer Zusammenhang zwischen Risiko und Rendite vorhanden ist.

Die eine Möglichkeit besteht darin, sich eine Immobilie an einem B- oder C-Standort zu kaufen, in der Hoffnung, mit der Miete Zins und Tilgung bedienen zu können. Das in einigen Ratgebern oder auch YouTube-Kanälen propagierte Ziel, viel Kredit aufzunehmen und wenig Eigenkapital einzusetzen, und die meist kleinteilige Immobilie zahlt sich nicht zuletzt dank der Steuervorteile von selbst ab. Sobald etwas Geld für Makler, Grunderwerbsteuer und Notar übrig ist, solle man dasselbe noch mal machen – und dann noch mal und noch mal … Früher oder später haben Sie dann angeblich ein kleines Immobilienimperium und ein sorgenfreies passives Einkommen: Willkommen in der finanziellen Freiheit. Was hier zum Teil an unreflektiertem und risikoblindem Unsinn verbreitet wird, ist rhetorisch gut gemacht, klingt erst mal plausibel, beleidigt aber bei genauerem Hinsehen jegliche menschliche Intelligenz. In Summe gefährdet es Ihre finanzielle Lebensplanung. Finanzpornografie vom Allerübelsten.[137] Unfreiwillig komisch war da der Dialog zwischen einem rund 30-jährigen Anleger und dem Betreiber einer dieser Immobilienkanäle, den ich am Buffet einer Investmentmesse mitgehört habe.

»Ey, Robert, toll, dass ich dich persönlich treffe.«

Wie alle angesprochenen Stars reagierte Robert erst mal distanziert: »Kennen wir uns?«

»Ich sehe alle eure Beiträge, macht ihr echt super.«

»Ja, aber deshalb kenn ich dich doch nicht«, meinte Robert wesentlich ungelenkiger, als er sonst in seinen Videos rüberkommt.

»Ja, klar, kommt einem halt so vor. Ich hab mir auch schon eine Immobilie gekauft, läuft aber leider gar nicht. Nur Ärger.«

»Na ja, aber schon mal gut, dass du überhaupt angefangen hast«, erklärte Robert, schnappte sich einen Kaffee und sah zu, so schnell wie möglich in der Menge zu verschwinden.

Deutschland hat eine rücklaufende demografische Entwicklung. Es gibt zahlreiche Gemeinden, in denen erst der örtliche Kindergarten, dann die Grundschule, später der Arzt und am Ende auch der Einkaufsladen zumachen: Wolfserwartungsland. Da reden wir nicht von irgendwelchen Dörfern in Brandenburg, das gibt es in jedem Bundesland – und in viel höherer Anzahl, als Sie vielleicht meinen. Entweder nimmt die Bevölkerung an einem Ort zu, oder sie nimmt ab. Und im Regelfall nimmt sie ab. An unattraktiven Standorten findet sich jede Menge Leerstand und wenn Ihre Schnäppchenimmobilie dann im relativen Vergleich eher unterdurchschnittlich aussieht, haben auch Sie bald keinen Mieter mehr. Dazu kommt, dass unattraktive Immobilien nicht unbedingt immer attraktive Mieter anziehen. Solch eine Investition kann gutgehen und im Durchschnitt wird sie das sogar mit einer relativ hohen Wahrscheinlichkeit. Da Sie aber nicht an Dutzenden Standorten in vielen Ländern investieren können, hilft Ihnen der Durchschnitt wenig, wenn Ihre Investition baden geht.

Dieses Risiko können Sie senken, wenn Sie an einem attraktiven Standort investieren. Dann dürfen Sie sich aber nicht wundern, dass Ihre Miete nicht einmal reicht, um die langfristige Instandhaltung zu finanzieren. Zins oder gar Tilgung davon zu bezahlen: aussichtslos. Da ändern auch steuerliche Vorteile wie die jährliche Abschreibung wenig. Auch nach der Preiskorrektur durch deutlich erhöhte Zinsen seit Mitte 2022 waren in guten Lagen in München Mietrenditen von unter 2,0 % ganz normal. Übersetzt heißt das: Sie brauchen weit mehr als 50, in Einzelfällen sogar fast 100 Jahre – ohne eine einzige Reparatur, ohne einen einzigen Monat Leerstand –, um den Kaufpreis wieder mit der Miete hereinzuholen. Bei Aktien würde so ein Kurs-Gewinn-Verhältnis (KGV), also das Verhältnis vom Preis der Aktien zum jährlichen Gewinn des Unternehmens, für Schnappatmung sorgen – zu Recht. Faktisch ist so eine Immobilie nur noch eine Preisspekulation, denn die Miete trägt kaum mehr zum Ergebnis bei. Seit dem Ende der Nullzinszeit führt der Umstand, dass Bauzinsen bei zehnjähriger Zinsbindung Mitte 2023 wieder bei um die 4 % lagen, dazu, dass Sie die Immobilie Monat für Monat Geld, also finanziellen Gestaltungsspielraum kostet. Nach der Greater-Fool-Theorie muss man hoffen, dass später einmal ein noch größerer Narr kommt und einem das Objekt noch teurer wieder abnimmt. Bis die Blase platzt.

2007 hat das Platzen so einer Immobilienpreisblase in den USA die weltweite Finanzkrise ausgelöst. Das heißt nicht, dass es in Deutschland an Topstandorten bereits sicher eine Preisblase gäbe oder dass die sich derzeit abzeichnende Korrektur bereits das Platzen dieser Blase ankündigt. Ich weiß es schlicht nicht. Mit dieser Unkenntnis befinde ich mich wohl in guter Gesellschaft mit all den Maklern und Bauträgern, die interessengeleitet den Markt nach oben reden. Ich möchte nur erreichen, dass Sie die Risiken nicht unterschätzen, zumal Sie ja meist auch auf Kredit investieren. Denn was vor zwei Jahren – beim Erscheinen der ersten Auflage von *Über Geld nachdenken* – noch wie eine abstrakte Warnung eines Immobilienskeptikers klang, ist jetzt bittere Realität. Je nachdem wie viel Eigenkapital Sie als Investor eingebracht haben, je nachdem wie hoch Ihr Einkommen ist: Wenn jetzt die Zinsbindung einer günstigen Finanzierung ausläuft, können Ihnen die um 3 % gestiegenen Kreditzinsen finanziell das Genick brechen. Da auch die Immobilienpreise im Schnitt deutschlandweit um mehr als 10 % eingebrochen sind, werden dem einen oder anderen auch nach einem Notverkauf vom Abenteuer Immobilie nur noch Schulden übrig bleiben.

Wenn Aktien auf Kredit zu kaufen zu Recht als unklug gilt, sollten Sie auch hohe Fremdkapitalquoten bei Immobilien kritisch betrachten. Es mag ein Vorteil sein, dass Sie bei einer Immobilieninvestition leicht an günstige Kredite kommen, muss es aber nicht. Sorgen Sie, wenn Sie von Immobilieninvestitionen nicht lassen können, für eine großzügige Eigenkapitalquote und kalkulieren Sie so, dass Sie auch mit einem Kreditzins von 5 % oder 6 % ohne Notverkauf klarkommen.

Hohe Renditen mit Immobilien erzielen am Ende zwei Gruppen von Personen: die, die mit ihrem Objekt Glück hatten, und Personen, deren Beruf es ist, unternehmerisches Risiko im Bereich Immobilien zu übernehmen: Immobilienhändler, Bauträger und Projektentwickler. Auch die brauchen Glück und gehen aufgrund der hohen Risiken relativ häufig pleite. Wenn es dann aber gelingt, sind die Renditen oftmals erheblich. Lassen Sie sich davon nicht blenden. Deren hohe Renditen sind mitunter der Grund, weshalb für Sie als Endabnehmer nur noch relativ Mageres übrig bleibt. Wenn Sie so jemandem ein Objekt abnehmen, dann passen Sie auf, dass er nicht auch noch Teile seines unternehmerischen Risikos auf Sie abwälzt, respektive Sie diese Risiken faktisch mit (er)tragen müssen – denn auch das sehe ich in meiner Beratungspraxis immer wieder.[138] Gerade das Bezahlen einer noch nicht fertiggestellten Immobilie nach Baufortschritt birgt chronisch unterschätzte Risiken, die im Einzelfall existenzbedrohend sein können, wenn Ihnen der Bauträger pleite geht.

Trotz all der unstreitigen Nachteile einer Immobilieninvestition: In der Praxis sind Privatanleger mit Immobilien häufig erfolgreicher als mit der an sich deutlich überlegenen Kapitalmarktinvestition. Ich nenne dies das Immobilienparadox.

Das sind erst einmal eine Reihe steuerlicher Privilegien und juristischer Gestaltungsmöglichkeiten, die Sie mit einem Wertpapierdepot oder anderem Vermögen nicht haben.

Fangen wir mit den steuerlichen Aspekten an: Obwohl Sie nicht nur bei denkmalgeschützten Objekten jährlich einen steuerlichen Wertverlust ansetzen können, dürfen Sie die Gewinne aus einem Immobilienverkauf steuerfrei vereinnahmen – zumindest wenn Sie sich an die Spielregeln halten. Vereinfacht gesagt: Wenn Sie fremdgenutzte Immobilien mindestens zehn Jahre behalten und nicht mehr als drei Objekte innerhalb von fünf Jahren verkaufen. Dazu lässt sich das eigengenutzte Heim zu Lebzeiten ohne Fristen zwischen Ehegatten steuerfrei verschieben, im Erbfall unter gewissen Umständen sogar auch steuerfrei an die Kinder übertragen. Vieles davon ist unlogisch und widersinnig, aber das ändert ja nichts daran, dass man es zu seinem Vorteil nutzen kann.

Bei Immobilien lassen sich verschiedene Aspekte des Eigentums leicht und sicher aufsplitten. Bei der lebzeitigen Übertragung etwa kann man sich einen sogenannten Nießbrauch oder ein Wohnungsrechts vorbehalten. Sprich: Die Immobilie gehört schon den Kindern, die Einkünfte aus der Miete oder die Nutzung verbleiben aber bei den Eltern. Auch das kann erhebliche steuerliche Vorteile haben, weil das vorbehaltene Recht den Wert der Schenkung mindert, Fristen zu laufen beginnen und Wertsteigerungen schon beim Beschenkten entstehen.

Die Kombination aus steuerlicher Privilegierung, die Möglichkeiten der Vertragsgestaltung und die Sicherheiten, welche das Grundbuchsystem bietet, machen eine Immobilie damit zu einem geeigneten Gegenstand für diejenigen, die etwas weitergeben und ihre Vermögensnachfolge frühzeitig selbst gestalten möchten, ohne dabei gänzlich die Kontrolle zu verlieren. Und noch etwas: »Immobilie« begreift auch jede Bank. Das heißt, sie lassen sich einfach, günstig und rechtssicher fremdfinanzieren oder aber auch als Sicherheit für andere – etwa unternehmerische – Zwecke einsetzen. Das funktioniert mit einem Wertpapierdepot deutlich schlechter.

Soweit die harten Fakten. Mindestens ebenso entscheidend sind die positiven Auswirkungen der Immobilie auf das Verhalten des Investors: Einmal zwingt der monatlich fällige Schuldendienst zur Disziplin. Wenn Sie diesen Monat mal ein bisschen mehr ausgegeben haben: Ein Sparplan lässt sich leicht aussetzen. Die Kreditrate dagegen ist fällig, ob Sie wollen oder nicht. Sie *müssen* rückwärts sparen. Wenn Sie tatsächlich einmal mit den Raten in Verzug geraten, werden Sie vermutlich zum ersten Mal in Ihrem Leben eine klare und unmissverständliche Aussage von Ihrer Bank bekommen.

Nicht nur beim Sparen wird mangelnde Flexibilität paradoxerweise zum Vorteil: Wenn Sie nächstes Jahr eine Weltreise unternehmen wollen, können Sie leicht 10 000 Euro aus Ihrem Depot entnehmen – das Badezimmer verkaufen können Sie nicht. An sich ist auch das ein immenser Nachteil: Denn wenn Sie im Alter Substanz verbrauchen müssen, können Sie Ihr Vermögen nicht schrittweise in Lebensqualität tauschen. Im Kontext des Vermögensaufbaus wirkt es dagegen sehr disziplinierend. Auch die Möglichkeit, im Regelfall (erst) nach zehn Jahren steuerfrei verkaufen zu können, motiviert bei nervenden Mietern und Behörden, weiterzumachen. Der Anleger erreicht so nolens volens einen vernünftigen Anlagehorizont: 25 Jahre erscheinen hier richtig kurzfristig. Dass die wenigsten Privatinvestoren alle Kosten mitschreiben, geschweige denn ihre Arbeitszeit mitrechnen, schont die Nerven weiter. Nach dieser Logik ist auch ein weiterer großer Nachteil von Immobilien – die fehlende Transparenz über Kosten, Wertentwicklung und Renditen – eigentlich ein großer Vorteil. Sie verhindert mit hoher Zuverlässigkeit Kurzschlussreaktionen. Kennen Sie jemanden, der im ersten Coronaschock seine Immobilien in Panik mit 20 % Preisabschlag verramscht hat? Ich nicht. Kennen Sie jemanden, der im ersten Coronaschock seine Aktien in Panik mit 20 % Preisabschlag verramscht hat? Ich schon. Selbst die hohen Kosten bei Transaktion oder Renovierung sind in dieser Hinsicht hilfreich. Die Logik dahinter: »Jetzt habe ich schon so viel Geld da reingesteckt, jetzt kann ich unmöglich aufhören.« Das ist an sich ein klassischer Denkfehler, der sogenannte Sunk-Cost-Effekt.[139] Bei der Immobilieninvestition schützt er – wie die anderen Denkfehler und Nachteile auch – den Anleger vor Fehlentscheidungen.

Bei negativen Wertentwicklungen halten Immobilieninvestoren auch längere Durststrecken erstaunlich klaglos durch. Fragen Sie sich selbst: Würden Sie Ihre Immobilie nach einem, fünf oder auch zehn Jahren entnervt verkaufen, wenn Sie nach rund 10 % Kosten für Grunderwerbsteuer, Makler und Notar noch nicht im Plus sind? Dazu ein konkretes Beispiel: In den vergangenen zwölf Jahren waren Wohnimmobilien in München für Anleger eine ausgesprochen lukrative Investition. Ich höre in dem Zusammenhang immer wieder, dass das eine Art Naturgesetz sei: München sei attraktiv, der Wohnraum knapp, die Preise steigen – schon immer und für immer. Dass das völlig falsch ist, tut diesem Glaubenssatz keinen Abbruch. Auch bei Menschen, die schon länger Immobilien in München haben und es eigentlich viel besser wissen müssten. Hätten Sie gewusst, dass Münchner Immobilien zwischen 1991 und 2007 nach Inflation einen Preisrückgang von 40 % erlitten haben? Und das bei deutlich höheren Kreditzinsen als heute ... Das sind keine Zahlen von irgendwelchen ETF-Fanatikern. Das ergibt sich – richtig gelesen und unter Zuhilfenahme eines Inflationsrechners – auch aus den schön gefärbten Fabrikaten der Münchner Immobilienwirtschaft.[140] 17 Jahre unter Wasser – mit einer Topimmobilie an einem Topstandort! Eine Durststrecke, die drei Jahre länger dauerte als die eines Hundert-Prozent-Aktienbausteins gemessen am All Country World Index.[141] So viel zum Thema subjektives und objektives Risiko. Und trotzdem hat der Investor, der durchgehalten hat, rückblickend keinen großen Fehler gemacht. Nur dass sein positives Ergebnis auf Unkenntnis und Glück und nicht auf einer rationalen Entscheidung beruhte. Unwissenheit kann so mitunter ein entscheidender Vorteil sein. Denn betrachtet man die inflationsbereinigte Entwicklung von Häuserpreisen von 2000 bis 2022 deutschlandweit, kommt man auf einen inflationsbereinigten Preisanstieg von im Durchschnitt rund 40 % in 20 Jahren – vor Transaktionskosten.[142] Gar nicht schlecht. Nur leider gilt das nicht für jeden Anleger. Denn aufgrund des hohen unsystematischen Risikos, ist Durchhalten anders als bei dem empfohlenen ETF-Portfolio – kein automatisches Erfolgsrezept. Ich kenne genügend Anleger, die noch heute darauf warten, dass sich ihre Anfang der 1990er Jahre gekaufte »Ostimmobilie« wieder erholt. Vermutlich bis zum Sankt-Nimmerleins-Tag.

Trotz oder gerade wegen all dieser Argumente fühlen sich Menschen mit einer Immobilie subjektiv wohl und tun sich sehr schwer, sie in eine rationale Kapitalanlage zu tauschen. Zu den genannten Gründen kommt bei Immobilien regelmäßig ein hoher, aber selten hilfreicher affektiver Wert: der sogenannte Endowment- oder Besitztumseffekt. Der Effekt, dass man an einer Sache nur deshalb festhält, weil man sie schon einmal hat, schlägt bei Immobilien in Hochpotenz zu.[143] Das Haus, genauer DAS HAUS, erhält eine eigene Persönlichkeit, insbesondere, wenn es schon länger im Familienbesitz ist. Erblasser entwickeln mitunter eine beträchtliche Fantasie, um weit über den Tod hinaus ihre geliebte Immobilie vor den (weniger geliebten?) Kindern und Enkeln zu schützen, im – vermutlich meist eher unbewussten – Versuch, sich eine Art Denkmal zu setzen. Aufseiten des potenziellen Erben löst dagegen allein der Gedanke, DAS HAUS verkaufen zu wollen, ein schlechtes Gewissen aus. Es wird als Verrat an Eltern oder Großeltern empfunden. Da bin auch ich – bei aller postulierten Rationalität im Umgang mit Geld – nicht frei von. Meine näheren Angehörigen schon gar nicht. Warum sollte es Ihnen da besser gehen?

Gerade im Fall einer Erbschaft kann das dann dafür sorgen, dass das ererbte Vermögen nicht zu mehr Lebensqualität führt, sondern zur Belastung wird. Paradoxerweise gerade an den Standorten, an denen Immobilien einen hohen Wertzuwachs hatten. An solchen Standorten sind nämlich die Mieten nicht annähernd in gleichem Maße gestiegen wie die Verkehrswerte. Die Wertsteigerung führt nun im Erbfall zu einer deutlich erhöhten Erbschaftssteuer und potenziell zu höheren Progressionsstufen bei den Steuersätzen. Dazu ein Fall, der mir in der einen oder anderen Form immer wieder begegnet: Maria, Gymnasiallehrerin, geschieden, drei Kinder, ist 64 und hat vor Kurzem ein Mietshaus in der Seitzstraße im Münchner Lehel geerbt: 15 Wohnungen, insgesamt 2 300 Quadratmeter. 2007 war das Haus noch 12 Millionen Euro wert gewesen, Anfang 2020 waren es rund 30 Millionen. 13 000 Euro pro Quadratmeter – nach wie vor eine eher vorsichtige Bewertung. Jackpot. Mit viel kreativem Gerechne des Steuerberaters kommt Maria am Ende ziemlich gut davon, als das Finanzamt nach Freibeträgen einen zu versteuernden Betrag von etwas unter 23 Millionen feststellt. Die fällige Erbschaftssteuer beläuft sich auf 6 210 000 Euro – über 6 Millionen Euro. Könnte Maria heute alle Wohnungen neu vermieten, würde sie bei Nettokaltmieten über 20 Euro und 2,0 % Mietrendite erzielen. Nur: Die meisten Mieter wohnen nun mal schon etwas länger in der Seitzstraße, und so sind mehr als 1,5 % Mietrendite nicht drin. Dazu kommt die gesetzliche Mietpeisbremse, die auch bei Neuvermietungen deutliche Mieterhöhungen nur dann zulässt, wenn man sich – wie viele Münchner Vermieter – darüber hinwegsetzt. Für die Instandhaltung gehen wir von Rücklagen in Höhe von 2 Euro pro Quadratmeter und Monat aus, was bei einem Altbau ein sehr gnädiger Wert ist. Die jährlichen Mieteinnahmen betragen damit 450 000 Euro, die Instandhaltungskosten 55 200 Euro, bleiben ihr also 394 800 Euro. Davon könnte man als geschiedene Frau, wenn die Kinder aus dem Haus sind, an sich fürstlich leben. Wäre da nicht der Kredit für die Erbschaftssteuer. Mehr als 17 Jahre wird Maria brauchen, um diesen Kredit abzuzahlen. Und das auch nur, wenn sie die gesamten Mieteinnahmen zur Tilgung verwendet, keine größeren Renovierungen anfallen und weil sie das Glück hatte, sich noch vor der Zinswende 2022 mit einem langlaufenden Kredit mit nicht mehr als 1 % Zinsen eingedeckt zu haben. Dann ist sie 81.

Obwohl sie hoch-, ja geradezu höchstvermögend ist, wird sie kein wesentlich angenehmeres Leben führen als ihre Lehrerkolleginnen, die nichts geerbt haben und von ihrer Beamtenpension leben. Im Gegenteil: Wechselnde Mieter, Reparaturen, behördliche Auflagen, Mietpreisregulierung, eine geplante Straßenbahn vor dem Haus etc. werden sie mit zunehmendem Alter immer mehr belasten. Der Gedanke, das Objekt zu verkaufen, es zumindest aufzuteilen und wenigstens *eine* einzige der Eigentumswohnungen zu verkaufen, bleibt dennoch undenkbar. Marias Traum, den Kindern DAS HAUS einmal schuldenfrei zu vererben, genau so, wie es ihre Eltern gemacht haben, führt zu einem deutlichen Verlust an Lebensqualität. Und das nur, damit ihre Kinder ein paar Jahre nachdem Maria das Haus entschuldet hat, vor dem gleichen Problem stehen werden wie ihre Mutter. Ich habe schon die Worte ihrer ältesten Tochter nach der Beerdigung im Ohr: »Also die Seitzstraße dürfen wir auf keinen Fall verkaufen. So ein Haus in München ist einfach das Beste, was man als Anlage haben kann, und ihr wisst ja, wie Mama sich damit abgeplagt hat. Die würde sich im Grab umdrehen, wenn wir ...« – der Rest des Satzes ist für sie nicht mal aussprechbar.

Bleibt zu hoffen, möchte man fast sarkastisch anmerken, dass zu diesem Zeitpunkt die Kreditzinsen so hoch sind, dass Marias Kinder gezwungen sind, das einzig Richtige zu tun: Das Objekt aufzuteilen, je nach Bedarf der Geschwister einzelne Wohnungen zu verkaufen und zu akzeptieren, dass nicht nur das Leben, sondern auch Familienvermögen endlich sind. Das ist sicher irgendwo traurig, aber der einzige Weg, der dazu führt, dass DAS HAUS nicht nur eine Verpflichtung ist, sondern auch zur Lebensqualität seiner Besitzer beitragen kann.

Marias Fall ist sicher ein Luxusproblem, aber er ist bei geerbten Immobilien ausgesprochen typisch – wenn auch mit niedrigerem Einsatz. Versuchen Sie, sich immer wieder Folgendes klarzumachen: Geld soll Lebensqualität, Sicherheit und Gestaltungsspielraum ermöglichen. Ihr Haus gehört Ihnen, nicht Sie dem Haus. Wenn Ihnen Ihre eigene Lebensqualität und die Ihrer Nachkommen am Herzen liegen, dann versuchen Sie, sich frei davon zu machen, dass eine Immobilie irgendetwas anderes ist als jede andere beliebig austauschbare Kapitalanlage. Ihr Haus ist eine Sache, kein Lebewesen. Wenn Sie rational und diszipliniert sind, können Sie auch die Scheinvorteile einer Immobilie – also die mangelnde Flexibilität – mit Ihrer Kapitalanlage simulieren. Das von mir vorgeschlagene Bild unterschiedlicher Töpfe für Notfälle und Konsum wäre da eine operative Maßnahme. Das ist zwar deutlich schwieriger durchzuhalten, als man vielleicht meint. Aber es ist möglich, wenn man sich der Risiken und Nebenwirkungen der ständigen Verfügbarkeit bewusst ist. In der Summe ist eine Immobilieninvestition für den Privatanleger unattraktiv: unflexibel, zu viel Aufwand, zu viel Ärger, zu viele Kosten und am Ende viel zu viel unsystematisches Risiko: schlechte Mieter, behördliche Auflagen – etwa bei der energetischen Sanierung –, potenzielle staatliche Eingriffe, Abwertung des (Mikro-) Standorts. Ich würde mir das nicht antun.

Die eigene Immobilie als Lifestyle-Entscheidung

Bei der selbstbewohnten Immobilie sieht das ein Stück anders aus: Sind es nicht gerade Emotionen, die uns als Menschen auszeichnen? Gibt es einen emotionaleren Vermögenswert als ein eigenes Zuhause? Ist diese Irrationalität wirklich schlimm oder verbindet uns das nicht viel mehr tief mit unserer Kultur, ja, unserer DNA: am Ende der Jagd in die Sicherheit einer Höhle mit einem Feuer zu kommen? Mit dem Gedanken der eigenen vier Wände ist eine ganze Reihe romantischer Vorstellungen von Sicherheit und Zugehörigkeit verbunden: Planungssicherheit durch niedrigere Wohnkosten im Alter, die Gewissheit, nicht mehr vertrieben werden zu können. Ein Mensch ist kein Excel-Spreadsheet mit zwei Beinen, und Geld ist nicht dafür da, sich möglichst optimal zu vermehren. Es soll ja genau solche Dinge wie Sicherheit und Zugehörigkeit ermöglichen.

Ich schlage Ihnen deshalb vor, über eine selbstgenutzte Immobilie in einem anderen Kontext nachzudenken: nicht nur als Kapitalanlage, sondern als Lifestyle-Entscheidung. Das heißt natürlich nicht, dass Sie vor einem Immobilienkauf nicht gründlich rechnen und recherchieren sollten: Was kann ich mir – auch bei deutlich höheren Zinsen – leisten? Ist der Kaufpreis angemessen? Gibt es eine vernünftige lokale Infrastruktur und wie ist die Prognose bezüglich der künftigen Bevölkerungsentwicklung? Aber betrachten Sie das Ganze nicht in erster Linie als finanzielle Investition, sondern eher als Konsumausgabe auf höchstem Niveau. Präziser: als Investition in Lebensqualität. Die Rationalität des Immobilienerwerbs bemisst sich dann nicht mehr nur nach der erzielbaren monetären Rendite, sondern danach, wie viel der Erwerb zum Gelingen Ihres Lebensentwurfs beiträgt. Ob er Sie glücklicher und zufriedener macht. Nennen wir es eine nichtmonetäre Rendite.

Als Warnung vorab: Eine schönere Immobilie macht Sie nicht automatisch zufriedener mit Ihrem Leben: Was einer Befragung von Tausenden deutschen Immobilienbesitzern zur Folge auch langfristig steigt, ist die Zufriedenheit *mit der Immobilie*. Erstaunlicherweise wirkt sich das aber nicht auf eine allgemein erhöhte Lebenszufriedenheit aus.[144] Forschen Sie also genau nach: »Wie wichtig ist mir so ein eigenes Zuhause? Fehlt mir wirklich etwas, wenn ich zur Miete wohne? Ist ein Eigenheim wirklich *mein* Traum oder jage ich unreflektierten Vorstellungen nach, die mir in der Kindheit mitgegeben wurden: ›Spare, spare, Häusle baue …‹. Passt das Reiheneckhaus in Suburbia mit Garten und vielen anderen Kindern in der Nachbarschaft wirklich zu mir?« Und da die Vorstellung des Familienheims eben oft mit Beziehungen und Kindern zu tun hat: Passt das auch zu Ihrer Partnerin, Ihrem Partner? »Möchte ich hier alt werden, zumindest die nächsten 20, 30 Jahre hier wohnen?«

Vor dem Hintergrund müssen Sie sich nicht mehr rumschlagen mit so unreflektierten wie falschen Glaubenssätzen wie: »Jeder zahlt im Laufe seines Lebens eine Immobilie ab, entweder die eigene oder die seines Vermieters.« Denn das geht meist hinten und vorne nicht auf. Dazu gibt es genug eindeutige Literatur. Wenn Sie die Kostenersparnis durch Mieten in ein ETF-Portfolio investieren, werden Sie mit sehr hoher Wahrscheinlichkeit ein besseres Ergebnis erzielen.[145] Wenn Ihnen das bewusst ist, dann ist es absolut okay, wenn Sie sich trotzdem für ein eigenes Zuhause entscheiden. Solange Sie sicherstellen, dass Sie der Immobilienkauf nicht in finanzielle Schwierigkeiten bringt. Auch Fragen nach Profitabilität oder Wertentwicklung verlieren so ein Stück ihrer Bedeutung. Etwa: »Was wird das Häuschen in 30 Jahren (noch) wert sein?« Sie können das eh nur grob abschätzen, rausbekommen werden Sie es nicht. Darüber können sich dann Ihre Erben irgendwann freuen oder ärgern. Wenn die es denn verkaufen wollen beziehungsweise es überhaupt mental schaffen, das Haus zu verkaufen.

Gleichwohl hat der Erwerb einer eigengenutzten Immobilie auch auf sachlicher Ebene eine Reihe Vorteile gegenüber dem Erwerb als Kapitalanlage: Einmal wirkt der disziplinierende Effekt des Zwangssparens, wenn es um das eigene Zuhause geht, doppelt. Wichtiger: Sie haben einen sehr angenehmen Mieter, der so pfleglich mit Ihrem Eigentum umgeht, wie Sie es für richtig halten. Auch Leerstände, rückständige Mietzahlungen oder gar Mietnomaden müssen Sie nicht befürchten, und wenn Bund oder Land eine Mietpreisbremse oder gar einen Mietendeckel beschließen, berührt Sie das auch nicht. Zwar haben Sie keine steuerliche Abschreibung auf das eigengenutzte Objekt und Sie können auch nicht die Kreditzinsen von der Steuer absetzen, aber das könnten Sie mit Ihrer Miete ja auch nicht. Und wie schon mehrfach gesagt: Ein (vermeintlicher) Steuervorteil macht aus einer schlechten Investition keine gute.

Wenn der Erwerb einer Immobilie primär eine Lifestyle-Entscheidung ist, sollten Sie unbedingt auch die Dinge auf dem Radar haben, die dazu führen können, dass die Immobilie für Sie zum Klotz am Bein wird und Lebensqualität gefährdet statt befördert. Grundsätzlich ist eine selbstgenutzte Immobilie nur dann sinnvoll, wenn man diese auch dauerhaft bewohnen möchte. Jetzt eine Drei- oder Vierzimmerwohnung zu kaufen, um in fünf Jahren ein Häuschen mit Garten am Stadtrand zu erwerben, ist bei Transaktionskosten von 10 % der Kaufsumme reine Kapitalvernichtung. Zu hoffen, dass das kurzfristig durch eine Wertsteigerung hereingeholt wird, ist reines Zocken. Vor allem, wenn man 15 Jahre später wieder in die Innenstadt ziehen möchte. Als Alternative einfach die nicht mehr selbstgenutzte Immobilie zu behalten, führt im Regelfall zu einer sehr ungünstigen Immobilienmonokultur beim eigenen Vermögen, verbunden mit einer hohen Fremdkapitalquote und hohen monatlichen Verpflichtungen, durch die man jegliche andere Gestaltungsmöglichkeiten beim Vermögensaufbau (oder Konsum) verliert.

Die Crux des eigenen Zuhauses für die eigene Lebensplanung liegt in der Langfristigkeit, insbesondere wenn Sie sich zu früh entscheiden: Eine Immobilie ist nicht nur immobil – sie macht immobil. Und damit kann eine eigene Immobilie Sie entscheidend in der persönlichen Entwicklung blockieren: Sie könnten für Ihr Unternehmen drei Jahre nach China oder in die USA? In Hamburg, München oder Stuttgart hätten Sie viel bessere Karriereaussichten, oder Sie hätten die Chance, in einer Kleinstadt in Baden die Leitung eines Mittelständlers zu übernehmen? Wenn die Gelegenheit kommt, können Sie natürlich Ihre Immobilie vermieten oder verkaufen. Aber alleine das Vorhandensein der Immobilie behindert Ihren Antrieb, ja, Ihre Denkmöglichkeiten: Chancen tun sich gar nicht erst auf, weil Sie diese erst gar nicht suchen oder sie nicht als solche erkennen. Nicht nur beruflich wird eine Immobilie so schnell zum Bremsklotz: Was ist, wenn Sie sich in eine Kölnerin verlieben, die nie im Leben nach Bayern ziehen würde oder die einen so attraktiven Job (oder so eine attraktive Immobilie) hat, dass sie aus ihrer Stadt nicht wegkann? Sie berauben sich potenziell jeder Menge Entwicklungsmöglichkeiten und Erfahrungen. Was Sie auch bedenken sollten: Eine Immobilie wird, wenn Kinder kommen, relativ schnell zu klein, und wenn sie wieder ausziehen, auch relativ schnell wieder zu groß. Kaum ist der Speicher ausgebaut, sind Sie wieder zu zweit. Unterschätzen Sie auch nicht, wie sehr hohe Schulden und der Druck, eine monatliche Rate unter allen Umständen zahlen zu müssen, eine Beziehung belasten oder gar zerstören können.

Im Erbfall können Immobilien zu erheblichen Konflikten führen. Je größer die Erbengemeinschaft, umso schlimmer. Wenn irgendwo Minderjährige beteiligt sind, die einen staatlich bestellten Vormund haben, wird es ganz haarig. Die Grundzutaten sind nicht nur unterschiedliche Lebenssituationen und Wertvorstellungen, sondern häufig auch die Möglichkeit, sich endlich für Benachteiligungen aus der Kindheit zu revanchieren. Dann ist es Zeit, sich daran zu erinnern, dass der Bruder zum 16. Geburtstag eine Vespa bekommen hat, während man selbst sich ein Mofa (!) vom Ersparten gekauft hat. Eine Immobilie bietet da jede Menge Spielwiesen für Konflikte: Wer kriegt sie, wer wird ausgezahlt, was ist sie wert? Cash oder ein Wertpapierdepot dagegen lassen sich unproblematisch aufteilen.

Wenn Immobilien im Erbfall häufig zum Austragungsort für Konflikte werden, so ist dies im Fall einer Scheidung der Regelfall. Scheidungen finden qua definitionem in einem Umfeld enttäuschter Gefühle statt. Neben Kindern und gegebenenfalls Haustieren ist die eigengenutzte Immobilie das natürliche Schlachtfeld, um diese Gefühle zu kultivieren: Es ist meist nicht nur der größte Vermögenswert, es ist das Zuhause der Kinder, das Stein gewordene Denkmal eines gescheiterten Lebensglücks. Durch das Erstellen konkurrierender Gutachten zum Verkehrswert des Objekts und einen deutlich erhöhten Aufwand bei den Anwälten wird jede Menge Geld vernichtet. Schlimmer: Der Konflikt verschärft sich, die Verletzungen für alle Beteiligten nehmen zu, was wiederum mehr Energie, Zeit und Kosten in der juristischen Auseinandersetzung erfordert. Der Kampf um die Immobilie kann so zum Brandbeschleuniger werden, der eine Einigung bei den wirklich relevanten Themen, etwa der gemeinsamen Verantwortung für die Kinder, verhindert. Wie im Erbfall ist ein Wertpapierdepot viel unproblematischer. Der Wert ist definiert, der Anspruch an Zugewinn wird ausgerechnet und ausgezahlt. Zwei potenziellen Kriegsparteien wird zumindest eine gefährliche Waffe aus der Hand genommen.

Geld wird auch dann vernichtet, wenn sich ein Paar bei der Trennung anständig benimmt und nicht vergessen hat, dass man sich einmal geliebt hat, oder wenn es im Ehevertrag bereits eine tragbare Lösung vereinbart hat. Nehmen wir Torsten und Christian. Um ein Klischee zu bedienen, haben die beiden als gute Schwaben die Glaubenssätze ihrer Kindheit verinnerlicht und beschlossen, ihr Geld nicht für Miete herauszuwerfen – bei *den* günstigen Zinsen. Daher haben sie sich vor vier Jahren eine Altbauwohnung in Stuttgart für 450 000 Euro gekauft. Jeder von ihnen hat 50 000 Euro Eigenkapital eingebracht, wesentlich mehr hatten die beiden nicht. Da für Makler, Grunderwerbsteuer, Notar und Grundbuch noch mal 45 000 Euro fällig waren und sie noch ein bisschen renoviert haben, mussten sie einen Kredit über 420 000 Euro aufnehmen. Laufzeit: 30 Jahre. Der Zinssatz wurde mit der Bank für die nächsten zehn Jahre auf 1,2 % vereinbart und die monatliche Rate betrug 1 389,50 Euro – gerade mal 400 Euro mehr als die Miete. Was soll da schiefgehen? Als nach vier Jahren die Ehe zerbricht, ist von den 420 000 Euro Kredit noch nicht wirklich viel getilgt: Es stehen immer noch 372 353 Euro auf der Uhr. Bisher haben die beiden knapp 48 000 Euro zurückgezahlt, mithin weniger, als sie für Renovierung und Nebenkosten ausgegeben haben. Da keiner von beiden den Schuldendienst allein bedienen kann, bleibt nichts anderes übrig, als die Wohnung zu verkaufen. Sind wir optimistisch: Christian und Torsten kommen um eine Vorfälligkeitsentschädigung herum, weil die Bank mitmacht und ihr Käufer den Immobilienkredit übernimmt. Der Stuttgarter Immobilienmarkt hat sich an das angebliche Naturgesetz gehalten, dass Immobilien *immer* im Wert steigen, und die Wohnung ist 2020 insgesamt 20 % mehr wert. Dann sieht die Rechnung so aus: Die Wohnung wird für 540 000 Euro verkauft und 372 353 Euro Schulden werden getilgt, sodass 167 647 Euro übrig bleiben – gegenüber den investierten 100 000 Euro also ein Plus von 67 647 Euro. In der Summe ist noch enthalten, dass die beiden ja vier Jahre lang monatlich 400 Euro mehr gezahlt haben, als die Höhe der Miete gewesen wäre. Den Betrag müssen wir also noch abziehen und kommen so auf einen Gewinn von 48 447 Euro – also für jeden gut 24 000 Euro. Puh, noch mal gutgegangen. Eigentlich wollten beide sich nur ein gemeinsames Zuhause schaffen – faktisch haben sie mit ihrem gesamten Kapital und mit viel Kredit bei sehr hohen Kosten spekuliert und gewonnen.

Genauso gut kann es aber auch anders laufen. Wenn die Immobilienpreise auch nur gleich bleiben und dann noch eine Vorfälligkeitsentschädigung fällig wird[146], weil die Bank die Kosten und den entgangenen Gewinn aus dem Kreditgeschäft einfordert, sieht die Rechnung so aus:

450 000 €	(Verkaufspreis)
– 372 353 €	(Restschuld)
– 19 384 €	(Vorfälligkeitsentschädigung)
– 100 000 €	(Eigenkapital)
– 19 200 €	(400 € × 48 Monate; Differenz zwischen Kreditrate und Miete)
– 60 937 €	

Fast 61 000 Euro minus! Beide gehen aus der gescheiterten Beziehung und dem gescheiterten Traum von der eigenen Wohnung mit dem Verlust von fast zwei Dritteln ihres Eigenkapitals heraus. Bereits ein kleiner Rückgang der Preise am Immobilienmarkt bedeutet da ganz schnell, dass ihnen als bleibende Erinnerung an den gemeinsamen Wunschtraum auch noch Schulden bleiben. Dann hat das hohe unsystematische Risiko der Immobilienanlage zugeschlagen. Was aus der Perspektive eines überzeugten Häuselbauers wie ein unrealistisches Horrorszenario aussieht, ist spätestens seit gestiegenen Kreditzinsen und gefallenen Immobilienpreisen seit Beginn des Kriegs in der Ukraine Realität. Wären die beiden mit dem Verkauf ihrer Wohnung auch nur zwei Jahre später dran gewesen, wäre ihnen der Traum vom Eigenheim finanziell um die Ohren geflogen.

Schauen wir uns die Alternative an: Beide investieren je 50 000 Euro in ein ETF-Portfolio und legen dann in den folgenden vier Jahren die ersparte Miete, also je 200 Euro, an. Bei einer Rendite von null auf das

ETF-Portfolio hätten beide nach vier Jahren 59 600 Euro. Je nach Risiko und Verlauf des Kapitalmarkts sind Dutzende von Szenarien denkbar. Dazu in der Kürze der Zeit eine belastbare Aussage zu machen, ist völlig unseriös. Aber alle Szenarien haben eines gemeinsam: Die hochgradig gefährliche Kombination, dass ein unsystematisches Risiko, noch dazu an einem spezifischen Stichtag, fällig wird, wird vermieden. Im Falle einer Trennung lässt sich das Vermögen fast ohne Kosten trennen, die Strategie langfristig weiterführen. Verluste lassen sich aussitzen und Gewinne kann man weiterlaufen lassen.

Das heißt nicht, dass Sie nicht romantisch sein sollen. Sie sollten sich nur darüber klar sein, was Sie tun, und sich vorher überlegen, in welchen Szenarien eine Immobilieninvestition Ihre finanzielle Lebensplanung gefährden kann. Christian und Torsten haben das nicht. Nicht, weil sie dachten, ihre Beziehung würde für immer halten, sondern weil sie eine Entscheidung gefällt haben, die nicht zu ihren finanziellen Verhältnissen gepasst hat. Angetrieben von Glaubenssätzen wie »Besser die eigene Immobilie abzahlen als eine fremde«, haben sie sich einer Immobilienmonokultur ausgeliefert, die sie noch dazu nur zu zweit durchhalten konnten.

Durch die hohen Kosten wird die selbstbewohnte Immobilie schnell zur Lebensaufgabe. Niedrige Zinsen hin oder her: Irgendwann müssen Sie den Kredit zurückzahlen. Das dauert und nimmt Ihnen langfristig Gestaltungsspielraum. Wenn Sie sich also *für* eine Immobilie entscheiden, fällen Sie automatisch auch die Entscheidung *gegen* sehr viele andere Möglichkeiten, Ihr Geld auszugeben oder zu investieren. Es sei denn, Sie befinden sich finanziell in einer ausgesprochen komfortablen Situation. Entsprechend hoch sollte der subjektive und emotionale Wert, den Sie einer Immobilie zuschreiben, sein, und entsprechend robust Ihre gesamte – nicht nur Ihre finanzielle – Lebensplanung. Sonst ist man sehr schnell dabei, sich zu überfordern.

Ein Klassiker dabei lautet: »Ich baue in meinem Leben ja nur *ein* Haus.« Beziehungsweise: »Wenn wir schon mal dabei sind, dann machen wir es auch richtig.« Wenn Sie da nicht aufpassen, dann läppern sich kleinere und mittlere Wünsche ganz schnell erheblich. Bad und vor allem die Küche sind da klassische Einfallstore. Auch das kann Sie mittel- und langfristig in Schwierigkeiten bringen. Den fatalistischen

Spruch »Baumaßnahmen werden immer um ein Drittel teurer und dauern doppelt so lang« muss man sich erst mal leisten können.

Ebenso tückisch kann der Plan sein, vieles an einer Immobilie selbst machen zu wollen, etwa eine (stark) renovierungsbedürftige Wohnung zu kaufen und diese selbst herzurichten. Wenn Sie nicht handwerklich ausgesprochen geschickt sind und Ihnen das auch über längere Zeit viel Freude bereitet, laufen Sie Gefahr, dass Ihnen die Kosten aus dem Ruder laufen, oder ebenso schlimm: dass Sie wesentlich länger als geplant in einem Provisorium leben. Urlaub, Ausflüge, Freunde treffen – das alles kommt da schnell finanziell *und* zeitlich zu kurz. Wenn Sie sich auf so etwas einlassen, dann sollten Sie sich in jedem Fall mit Ihrem Partner völlig einig sein. Sonst wird aus dem gemeinsamen Projekt schnell ein Beziehungskiller. Bei Bekannten habe ich das selbst einmal erlebt. Die Auswirkungen des ewigen Renovierens waren hier nicht nur für die finanzielle Lebensplanung fatal. Nach zweieinhalb Jahren sind sie aus einem (fast) perfekt renovierten Häuschen in unterschiedliche Wohnungen gezogen.

10.
Absicherung: Wie Sie blinde Flecken aufspüren und eine Notfallplanung machen

Die deutsche Risikoaversion ist nicht ganz zu Unrecht Zielscheibe nationalen und internationalen Spotts: German Angst, die fehlende Aktienkultur, Vollkasko-Mentalität, mangelnder unternehmerischer Mut. Zumindest was die Notfallplanung angeht, müsste dann ja doch im Großen und Ganzen alles in bester Ordnung sein – oder? Nein. Das Bild aus meiner täglichen Praxis sieht anders aus.

Erst mal wenig überraschend finden sich jede Menge überflüssige und kontraproduktive Versicherungen – teilweise auch doppelt. Der geschmeidige MLP-Berater lauert Ihnen schon an der Uni auf, oder ein Bekannter eines Freundes arbeitet bei HDI, Ergo oder Allianz und *hilft* Ihnen gern weiter. Spätestens dann, wenn Sie Ihr Auto versichern müssen, erscheinen Sie im Visier eines solchen Verkäufers. Die Folge: Sie erhalten zu viele und häufig auch die falschen Versicherungen. Der durchschnittliche Deutsche – Babys und Kinder mitgerechnet – hat über fünf Versicherungen, darunter mindestens eine Lebensversicherung.[147] Vom Ceranfeld über Glasbruch bis hin zu Reisegepäck und Reiserücktritt – alles lässt sich versichern und wird im Zweifelsfall auch versichert. Der satirische Ratgeber für britisch-stämmige Zuwanderer *How to be German* lästert, man würde 80 Millionen Deutsche in einen Glücksrausch versetzen, wenn man eine Versicherung erfände, die einen vor dem Fehlen einer nötigen Versicherung schützen könnte.[148]

Die Alternative ist nicht besser: Sie halten sich aus begründetem Misstrauen die Ohren zu und haben im Bereich Absicherung offene Flanken. Im schlimmsten Fall fehlen Ihnen dann elementar wichtige Grundabsicherungen. Vor ein paar Jahren habe ich eine hochvermögende ältere Dame kennengelernt, die keine Haftpflichtversicherung hatte. Einen zweistelligen Eurobetrag pro Jahr, der im Notfall einen finanziellen Totalschaden verhindern kann – einfach übersehen.

Während es im Versicherungsbereich häufig einen Overkill gibt, weist das juristische Netz meist erhebliche Lücken auf. Warum? Versicherungen werden wie Bankprodukte verkauft – nicht beraten. Um juristische Beratung muss man sich dagegen aktiv kümmern. Sie ist relativ teuer und die Themen machen überhaupt keinen Spaß. Auch die Relevanz wird oft nicht erkannt und es passiert entsprechend häufig … nichts. Und das, obwohl der juristische Part einer Notfallplanung mindestens genauso wichtig ist wie der versicherungstechnische. Zeit, Prioritäten zu setzen.

Krankheit, Demenz, Unfall

Warum eine Vorsorgevollmacht ein Muss ist

Als ich Michael vor sechs Jahren kennenlernte, war er von einem schweren Schicksalsschlag gezeichnet. Zwei Jahre zuvor war der Vater von zwei Grundschulkindern gemeinsam mit seiner Frau mit dem Motorrad schwer verunglückt. Während er mit ein paar Brüchen davonkam, war seine Frau seitdem ein Pflegefall: an den Rollstuhl gebunden und kognitiv schwer eingeschränkt. Ich mochte diesen Menschen sofort und die Art, wie er über die kleinen Fortschritte seiner Frau berichtete; wie er sein berufliches Leben umorganisiert hatte, um mehr Zeit für die Kinder zu haben; dass er seine Frau mit immensem Aufwand daheim pflegte, und vor allem, dass er nicht fortlaufend mit seinem Schicksal haderte, sondern versuchte, das Beste für seine Frau und die Familie zu erreichen.

Da die Familie aufgrund des gefährlichen Hobbys finanziell gut vorgesorgt hatte, war Geld zum Glück die geringste Sorge. Aus einer Unfallversicherung waren Michaels Frau ein fast siebenstelliger Betrag sowie eine zusätzliche monatliche Rente zugeflossen. Nur eine Sache hatten die beiden übersehen: Sie hatten sich nicht gegenseitig bevollmächtigt, im Fall eines Falles für den jeweils anderen handeln zu können. Nicht aus Misstrauen, nicht aus Vorbehalten. Sie hatten es schlicht und ergreifend nicht gewusst. Die Folge: Über jede Ausgabe musste Buch geführt und

Rechenschaft abgelegt werden. Jede relevante finanzielle Entscheidung musste Michael im Vorfeld mit einem Betreuer, den das Amtsgericht ernannt hatte, absprechen. Ob ein teurer Hightech-Rollstuhl gekauft oder ein neues Auto finanziert werden musste – zuvor musste mit dem Betreuer geklärt werden, ob jede einzelne Maßnahme auch sinnvoll war.

Völlig handlungsunfähig war Michael dann beim Thema Kapitalanlage: Als er eine Immobilie kaufen wollte, musste zusätzlich ein Verfahrenspfleger ernannt werden. Egal, ob Michael eine barrierefreie Wohnung für die Eigennutzung oder ein anderes Objekt als Investition erwerben wollte: Bis alle Bedenken überhaupt formuliert waren, war das jeweilige Objekt schon längst nicht mehr am Markt. Die Formulare, Eingaben, Bedenken, das permanente In-die-Länge-Ziehen nahm Michael, der genug andere Sorgen hatte, wie Schikanen wahr. Dass wir trotz mehrerer Anläufe und bester Argumente keinerlei Chance hatten, eine noch so rationale und konservative Anlagestrategie durchzusetzen, versteht sich rückblickend fast von selbst. Mehr als Cash und Festgeld – also ein sicherer Kaufkraftverlust – war für den Betreuer nicht vorstellbar. Der Betreuer, also die Person, die eigentlich dafür bezahlt wurde, die Interessen von Michaels Frau durchzusetzen, sorgte so dafür, dass die Versorgungsqualität seiner Mandantin dauerhaft deutlich absinken würde.

Warum? Ein Berufsbetreuer hat oft viele Dutzend zu Betreuende. Da gibt es meist keine Individualität, sondern alles ist 08/15. Naturgemäß hat der Betreuer dabei zwei Ziele: so wenig Arbeit wie möglich und den Rücken an die Wand bekommen. Das heißt konkret, vor allem nichts genehmigen, das irgendwie mit Risiken zu tun haben und später Ärger machen könnte. Also lieber Nein als Ja sagen, zumindest aber sich endlos absichern. Was für Michael und potenziell auch für Sie ein geliebter Mensch ist, ist für ihn einfach einer von vielen Fällen.

In unserer heutigen Praxis ist das Fehlen einer Vorsorgevollmacht der klassische blinde Fleck in der Vermögensplanung. Viele kennen die Problematik gar nicht, glauben, dass ihr Status als Ehemann oder Ehefrau ausreicht, um den anderen zu vertreten. Oder sie kennen die Thematik, tun aber nichts. Es macht keinen Spaß, sich mit Horrorszenarien und mit der eigenen Endlichkeit zu beschäftigen. Es ist damit ähnlich wie ein Krebsvorsorgetermin – ein Thema, das man gerne verschiebt. Im Regelfall kümmern sich Menschen um so etwas erst dann, wenn es einen ähnlichen Schicksalsschlag im näheren Umfeld gab. Dabei ist gerade im höheren Alter die Wahrscheinlichkeit, irgendwann dement und damit geschäftsunfähig zu werden, immens hoch: Ab 80 Jahren liegt die Quote von Demenzerkrankungen bei über 15 %, ab 85 bei über 25 %.[149]

Um die Lücke zwischen Wissen und Tun zu schließen, braucht es manchmal nur einen kleinen Anstoß oder ein gutes Gespräch. Aber bei Gesprächen über Unfälle, Tod und schwere Krankheit sind wir genauso inkompetent wie bei Gesprächen über Geld. Wer soll uns also anstupsen? Wer soll ungefragt auf Sie zukommen, um Sie auf etwas anzusprechen, an was Sie nicht denken (wollen) und was ziemlich unangenehm ist? Und wer soll dann regelmäßig nachbohren, ob Sie das jetzt endlich erledigt haben? Anwälte und Notare, deren Gebiet das ist, gehen nicht aktiv auf ihre Mandanten zu. Eigentlich wäre Ihr Versicherungsmakler zuständig – er sollte Sie ja rundum absichern. Oder der Berater in Ihrer Bank: Seine Aufgabe wäre es doch, dafür zu sorgen, dass Ihre Finanzen keine offene Flanke haben. Aber dass Menschen, die für den Produktverkauf trainiert sind, sich um dieses Thema kümmern, dass sie dazu überhaupt gesprächsfähig sind – das glauben Sie ja wohl nicht im Ernst, oder?

Am Ende ist das Ganze gar kein Hexenwerk. Eine Vorsorgevollmacht teilt sich in einen medizinischen und einen juristisch-finanziellen Teil, für die Sie auch unterschiedliche Personen einsetzen können. Im juristisch-finanziellen Teil ermächtigen Sie den Bevollmächtigten, Ihre Post und E-Mails zu lesen sowie rechtswirksam zu beantworten und Sie gegenüber Behörden und vor Gericht zu vertreten. Er darf für Sie Mietverträge abschließen und, wenn Sie das so regeln, auch über Ihren Aufenthaltsort bestimmen. Darüber hinaus kann er sämtliche Vermögensangelegenheiten für Sie klären – von der Geldanlage über die Kreditaufnahme bis zu Überweisungen und dem Zugang zu Ihrem Safe.

Im medizinischen Teil entbinden Sie erst einmal Ärzte und nicht medizinisches Pflegepersonal von der Schweigepflicht gegenüber dem Bevollmächtigten. Dieser kann dann entscheiden, welche Behandlung Sie bekommen, egal, ob stationär oder ambulant. Wenn Sie eine Patientenverfügung haben, können Sie den Bevollmächtigten explizit autorisieren, diese durchzusetzen. Aber auch wenn so eine Patientenverfügung nicht vorliegt, kann der Bevollmächtigte Ihren mutmaßlichen Willen durchsetzen. Er kann, wenn Sie ihn dazu ermächtigt haben, zum Beispiel eine Behandlung verweigern, selbst wenn das zu Ihrem Tod führt, etwa wenn Sie künstlich ernährt werden und auch langfristig davon auszugehen ist, dass Sie nicht mehr das Bewusstsein zurückerlangen. Bei entsprechender Konstruktion der Vollmacht geht das so weit, dass die Person Ihres Vertrauens Sie potenziell auch in die Psychiatrie zwangseinweisen und darüber entscheiden kann, ob Sie notfalls Psychopharmaka bekommen oder fixiert werden.

Gruselig, oder? Kein Wunder, dass viele Menschen dem Thema aus dem Weg gehen. Ich muss zugeben, dass ich geschluckt und meiner Frau noch einmal tief in die Augen geschaut habe, insbesondere als mir damals der Notar den letzten Punkt vorgelesen hat. Dennoch: Im Falle eines Falles wird definitiv jemand anderes für Sie all diese beängstigenden Entscheidungen fällen. Es liegt an Ihnen, zu entscheiden, wer das sein soll – ein geliebter Mensch oder Vertrauter oder ein gerichtlich bestellter Betreuer oder Amtsrichter, für den Sie nur ein Fall sind.

Drei Dinge können es Ihnen hier (mental) leichter machen. Erstens: Sie können Ihrem Bevollmächtigten gewisse Entscheidungskompetenzen untersagen, etwa die Zwangsanweisung in die Psychiatrie, die Aufnahme von Krediten oder die Erlaubnis, Untervollmachten zu erteilen. Zweitens: Wie bereits erwähnt, können Sie unterschiedliche Menschen für unterschiedliche Themen bevollmächtigen, zum Beispiel Ihren Mann für den medizinischen Bereich, Ihre Schwester für den finanziellen. Drittens: Sie müssen sich nicht jetzt für die Ewigkeit entscheiden. Wenn sich das Vertrauensverhältnis zu Ihrem Bevollmächtigten eintrübt oder der Bevollmächtigte schlicht zu alt und nicht mehr voll belastbar ist, können Sie eine Vollmacht jederzeit widerrufen.

Wenn Ihnen die Vorsorgevollmacht trotzdem immer noch nicht geheuer ist, können Sie als Minimallösung über eine sogenannte Betreuungsverfügung zumindest die Person bestimmen, die ein Amtsgericht als staatlich kontrollierten Betreuer einsetzt. Ich persönlich würde dem Menschen, dem ich zumute, sich um mich zu kümmern, wenn ich es am dringendsten brauche, keine Steine in den Weg legen – aber unterm Strich ist eine Betreuungsverfügung sicher besser als gar nichts.

Wie setzen Sie die Vorsorgevollmacht um? Der schwerste Punkt ist sicher die Wahl eines geeigneten Bevollmächtigten. Während der Dreh-

und Angelpunkt natürlich Vertrauen ist, sollten Sie ein paar weitere Aspekte mit auf dem Radar haben: Ist die Person überhaupt in der Lage, die Aufgabe dauerhaft zu übernehmen? Wenn Ihre Kinder gerade erst volljährig geworden sind, können sie insbesondere von den juristischen und administrativen Themen überfordert sein. Wenn Sie selbst 73 sind und Ihr Partner ist fünf Jahre älter, ist das auch keine dauerhaft belastbare Lösung. Ihrem besten Freund würden Sie Ihr Leben anvertrauen, er ist aber Partner einer Unternehmensberatung und hat nie Zeit, oder aber er ist ein ziemlicher Chaot? Beides keine guten Konstellationen. Und denken Sie daran, für den Fall eines Falles einen Ersatzbevollmächtigten zu definieren.

Wenn es darum geht, Ihren medizinischen Willen durchzusetzen, sollten Sie sich außerdem die Frage stellen, ob der oder die Bevollmächtigte die nötige Härte und Entschlossenheit hat, Ihren Willen durchzusetzen. Im Ernstfall lebensverlängernde Maßnahmen zu unterbinden, ist eine immense moralische und psychische Belastung. Wenn Sie – was durchaus sinnvoll ist – mehrere Kinder gleichzeitig einsetzen, sollten Sie im Innenverhältnis eine klare Rangfolge definieren und Ihren Kindern auch erklären, warum Sie das so gemacht haben. Sonst führen unterschiedliche Auffassungen zu Entscheidungsunfähigkeit, potenziell auch zu jahrelangem Rechtsstreit und entzweiten Familien. Und auch Sie sollten sich natürlich selbst gut überlegen, ob und für wen Sie die Rolle eines Bevollmächtigten übernehmen wollen: Es ist eine riesige Verantwortung und potenziell viel Arbeit.

Wenn Sie das geklärt haben, müssen Sie das Ganze schriftlich fixieren. Die unkomplizierteste und preiswerteste Lösung ist, Sie nehmen einfach das Standardformular des Bundesjustizministeriums.[150] Auf alle Fälle sollten Sie auch mit dieser »selbst gemachten« Vorsorgevollmacht noch zum Notar, um Ihre Unterschrift beglaubigen zu lassen – das kostet einen zweistelligen Betrag. Das Risiko eines Totalschadens, weil jemand Ihre Unterschrift im Nachhinein nicht anerkennt, sollten Sie in keinem Fall eingehen. Bankvollmachten sollten Sie trotzdem möglichst separat noch auf den Formularen der jeweiligen Bank erteilen. Das ist zwar, wenn die Unterschrift notariell beglaubigt ist, juristisch nicht nötig, erspart aber sinnlose Diskussionen mit regelmäßig überforderten Bankmitarbeitern.

Auch wenn Sie Immobilienbesitz haben, brauchen Sie einen Notar. Denn Immobiliengeschäfte, aber auch jede Form von Kreditaufnahme sowie die Eintragung der Belastung ins Grundbuch können sonst mit Ihrer Vorsorgevollmacht nicht abgedeckt werden. Gleiches gilt für Gesellschaftsanteile und deren Belastung oder Übertragung mit Blick auf das Handelsregister. Ich persönlich würde so oder so zum Notar gehen und habe das auch so gehandhabt. Mit der Vollmacht sind einfach zu viele tiefgreifende Konsequenzen verbunden. Sie erinnern sich an die Leitfrage: Gewinne ich durch den Schritt an Lebensqualität? Die Vorsorgevollmacht regelt nicht nur einen Ernstfall, sie trägt auch maßgeblich zum inneren Frieden bei. Eine notarielle Urkunde, die Möglichkeit, eine Fachfrau mit Fragen zu löchern, sowie das Wissen, alles abgedeckt und nichts übersehen zu haben, leisten das einfach besser als ein Zettel aus dem Internet.

Eine Vorsorgevollmacht ist nicht frei von Nebenwirkungen und es existiert ein gewisses Missbrauchsrisiko. Sie können das nie ganz verhindern. Keine zu haben ist aber sicher das größere Risiko. Eine Vorsorgevollmacht sollte meiner Überzeugung nach jeder haben – denken Sie hier für den Fall eines Falles auch an Ihre volljährigen Kinder.

Wobei eine Patientenverfügung hilft

Mit einer Vorsorgevollmacht brauchen Sie streng genommen keine Patientenverfügung mehr. Ihr Bevollmächtigter kann auch so für Sie entscheiden. Sie ist trotzdem sinnvoll. Erstens: Sie verleiht Ihrem Bevollmächtigten gegenüber Ärzten und anderem medizinischen Personal mehr Durchschlagskraft. Die mit der Patientenverfügung verbundene Rechtssicherheit macht es auch für Mediziner deutlich einfacher, kritische Entscheidungen zu fällen, die im Sinne des Patienten sind. Zweitens: Sie macht es auch dem Menschen, der für Sie Verantwortung übernimmt, leichter. Es ist eine riesige Zumutung, einen mutmaßlichen Patientenwillen durchsetzen zu müssen, etwa zu entscheiden, dass eine lebensverlängernde Maßnahme für einen geliebten Menschen beendet wird. Das ist ja kein Verwaltungsakt. Ein schriftlich fixierter Wille ist hier auch ein Akt der Höflichkeit, ja der Zuneigung gegenüber dem Bevollmächtigten.

Für die Umsetzung der Patientenverfügung gilt Ähnliches wie für die Vorsorgevollmacht. Sie können sich mit einem Standardformular, etwa dem Vordruck des Bayerischen Justizministeriums, behelfen und Ihre Unterschrift dann beglaubigen oder aber die Patientenverfügung notariell beurkunden lassen. Beides greift meiner Überzeugung nach aber zu kurz: Die Patientenverfügung ist nicht einfach ein Rechtsakt wie ein Kaufvertrag oder auch die Vorsorgevollmacht. Sie hat immens viel mit religiösen, ethischen und philosophischen Wertvorstellungen zu tun. Eine juristisch perfekte Patientenverfügung ist weitgehend wertlos, wenn Sie mit Ihrem Bevollmächtigten nicht über Ihre Wertvorstellungen gesprochen haben. In der Summe wäre es dann immer noch besser, Sie hätten keine Patientenverfügung, aber der Bevollmächtigte aus Ihrer Vorsorgevollmacht hätte eine relativ klare Vorstellung über Ihre Werte und Wünsche.

Eine einfach mal so ausgefüllte Patientenverfügung kann sogar schädlich sein. Meine Freundin Bettina meinte einmal zu mir: »Meine Mama hat so eine Patientenverfügung gemacht, dieselbe haben wir dann einfach für meinen Vater und mich genommen.« Da stellen sich bei mir die Nackenhaare auf. Ich kenne die drei: ein eher sensibler, langsam dementer werdender Mann, der damals in seinem letzten Lebensjahr war. Eine resolute, körperlich und geistig sehr fitte und lebenslustige 80-Jährige und eine alleinerziehende Mutter Mitte 50: alle mit denselben Normen, Wertvorstellungen und medizinischen Konsequenzen? Das wäre schon ein erstaunlicher Zufallstreffer.

Nehmen Sie Schicksalsschläge in Ihrem Umfeld oder notfalls auch von Prominenten – ein Abo der *Bunten* kann hier helfen – und reden Sie mit Ihrem Bevollmächtigten darüber, was Sie bewegt. Sprechen Sie darüber, was Ihre Wünsche und Wertvorstellungen sind, wenn Sie einmal zwischen Leben und Tod hängen bleiben sollten. Sie neigen sonst dazu, Ihre eigenen Vorstellungen auf den anderen zu projizieren. Meine Frau und ich kennen uns seit unserer frühen Jugend und wir sind über 30 Jahre zusammen. Wir hätten nie gedacht, dass wir sehr unterschiedliche Vorstellungen davon haben, was noch lebenswert ist und was nicht mehr.

Weil wir bei Gesprächen über Sterben, Tod, Demenz oder Wachkoma meist ebenso inkompetent sind wie beim Sprechen über Geld, ist das alles andere als einfach. Aber je höher unsere Lebenserwartung wird, umso mehr steigt die Wahrscheinlichkeit, dass uns ein solches Schicksal ereilt. Die Augen davor zu verschließen, ist folglich keine Lösung. Ich bin überzeugt, dass es sich lohnt, sich einen professionellen Gesprächspartner dafür zu suchen. Jemand, der sich mit Sterben auskennt, nicht mit Paragrafen. Wenn Sie noch so etwas Antiquiertes wie den Hausarzt Ihres Vertrauens haben, versuchen Sie es mit ihm. Das muss nicht funktionieren, aber es kann. Perfekt wären Intensiv- oder Palliativmedizinerinnen oder auch Krankenpfleger. Seit ein paar Jahren gibt es auch in Deutschland das sogenannte Advanced Care Planning – eine intelligente Weiterentwicklung der Patientenverfügung. Ich habe das selbst ausprobiert. Ein speziell ausgebildeter Gesprächsbegleiter setzt sich dabei intensiv mit Ihren Werten und Vorstellungen auseinander. Im Ergebnis ist die daraus entstehende Patientenverfügung deutlich differenzierter, was Ihre Behandlungswünsche angeht, insbesondere, wenn der Zustand, in dem Sie nicht selbst entscheiden können, immer länger anhält. Es ist sicher nicht jedermanns Sache, sich so intensiv mit den eigenen Ängsten und mit Horrorszenarien zu beschäftigen. Ich persönlich fand den Prozess sehr wertvoll. Nicht in erster Linie wegen des Ergebnisses, mit dem ich mich relativ wohlfühle. Hauptsächlich, weil ich mir durch die Hilfe eines kompetenten Gesprächspartners selbst klarer geworden bin, was ich möchte und was nicht. Sehr sinnvoll ist es, dass bei diesen Gesprächen immer auch der jeweilige Bevollmächtigte dabei ist und so einen guten und differenzierten Einblick in Ihre Wertvorstellungen erhält.

Sinnvolle und sinnlose Versicherungen

Insbesondere wenn Sie jung sind, stellt das, was Ökonomen feinfühlig Ihr Humankapital nennen, mit Abstand Ihren größten Vermögenswert dar. Was Sie – streng genommen abgezinst auf den heutigen Tag – den Rest Ihres Lebens verdienen werden, ist meist weit mehr, als was Sie bereits an Vermögen aufgebaut haben.

Den Ausfall dieses Zahlungsstroms müssen Sie absichern, wenn Sie nicht über ein Vermögen oder Einkommen verfügen, das auch ohne Ihre Arbeitskraft ausreicht. Kurzfristig können Arbeitslosenversicherung und Ihre Notfallliquidität diese Lücke abdecken. Sie erinnern sich: das erste Becken aus der Fontana di Trevi. Wenn Sie langfristig ausfallen, brauchen Sie eine sogenannte BU, eine Berufsunfähigkeitsversicherung. Eine BU muss Ihnen kein Leben im Wohlstand garantieren, aber sie sollte so bemessen sein, dass Ihr Lebensstandard nicht völlig kollabiert. Eine BU ist relativ teuer, was dazu führt, dass viele Menschen hier Verträge abschließen, die hinten und vorne nicht ausreichen. Aber alles, was weniger ist als eine solide Mindestabsicherung, ist sinnlos.

Die hohen Kosten einer BU haben noch eine andere Nebenwirkung: Eine BU ist ein gutes Geschäft für Ihren Versicherungsverkäufer: hohe Beiträge – lange Laufzeit – hohe Provision. Wenn ein 30-Jähriger sich bis zu seinem 63. Lebensjahr mit einem Versicherungsbeitrag von 100 Euro absichert, sind schnell deutlich mehr als 2000 Euro verdient. Das Ganze wird erleichtert durch ein hohes Maß an Intransparenz, denn eine BU ist ausgesprochen komplex: Was steht im Kleingedruckten? Was ist ausgeschlossen? In wie vielen Fällen lehnt die Versicherung die Zahlung einer Leistung ab, und was unternehme ich dann? Sind für die Absicherung von 2500 Euro monatlicher Rente bei einem 40-jährigen Anwalt 75 Euro fair, falls »der Schadensfall« nicht später als im 60. Lebensjahr eintritt? Warum verdoppelt sich der Beitrag fast, wenn die Versicherung bis zum Beginn der Rente fortbesteht? Und warum ist der Beitrag bei gleicher Konstellation für seine gleich alte Assistenz um 25 % teurer?

Da brauchen Sie wirklich gute Beratung – und das ist die eigentlich schlechte Nachricht. Denn Ihr Versicherungsverkäufer unterliegt einem eklatanten Interessenkonflikt: Sie möchten einen passgenauen, möglichst umfassenden Schutz zu einem fairen Preis. Er möchte mit wenig Aufwand einen Abschluss machen und dabei eine möglichst hohe Provision verdienen. Beratung ist für ihn defizitär, Verkauf profitabel. Das führt dazu, dass Versicherungsverkäufer bei den Gesundheitsfragen öfter mal »pragmatisch« vorgehen, um die Sache zu beschleunigen. Die Folge für Sie: Im Falle eines Falles besteht kein Versicherungsschutz, weil man »eine Kleinigkeit« nicht angegeben hat. Oder: Es werden einfach gewisse Gesundheitsrisiken vom abgedeckten Schutz ausgeschlossen, weil das die Gesundheitsprüfung zu aufwendig macht oder das Produkt dann teurer wird als bei der Konkurrenz. So kommt es dann –

wie ich selbst staunend gesehen habe –, dass ein Internist, der auf der Palliativstation arbeitet, keinen Schutz vor Infektionskrankheiten hat.

Ein Klassiker, den wir immer wieder sehen, ist das Koppelprodukt. Etwa eine – oft zu geringe – BU, verschränkt mit einer fondsgebundenen Rentenversicherung. Solche Kombinationen sind *immer* Unsinn. Auch wenn sie steuerlich gefördert werden. Auch wenn es staatliche Zuschüsse gibt. Auch wenn Ihr Sparbeitrag durch diese Koppelung von der Versicherung ein Stück subventioniert wird. Selbst dann, wenn eine Rentenversicherung ein sinnvolles Produkt wäre – was sie ja nicht ist.

Vermischen Sie nie das notwendige Absichern eines biometrischen Lebensrisikos mit einer hochgradig ineffizienten Sparform. Was wir in der Praxis immer wieder erleben: Menschen merken, dass der Abschluss der Rentenversicherungskomponente ein Fehler war. Sie kommen aber aus dem Produkt nicht mehr hinaus, ohne ihren BU-Schutz zu verlieren. Die Folge: Der Betroffene muss sich erst eine neue BU suchen, die jetzt, da er älter ist und eventuell Vorerkrankungen hat, deutlich teurer geworden oder gar nicht mehr erhältlich ist.

Was sollten Sie also konkret tun? Gehen Sie nicht zu einem Versicherungsvertreter. Auch der angeblich »unabhängige« Makler, der theoretisch auf die besten Angebote aller Versicherungen zugreifen kann, ist eine schlechte Wahl: Wird er das beste Angebot für Sie wählen oder doch eher das beste Angebot für seinen Provisionsertrag? Am Ende gibt es nur zwei sinnvolle Möglichkeiten. Die erste lautet: selbst machen. Wenn Sie selbst entscheiden wollen, kalkulieren Sie möglichst realistisch, wie viel Absicherung Sie mindestens benötigen, und runden dann 10 bis 20 % obendrauf. Kaufen Sie sich ein Stiftung-Warentest-Heft oder Ähnliches und wählen Sie eine Direktversicherung, die insbesondere bei ihrer Bereitschaft, im Schadensfall auch zu zahlen, gut bewertet wird. Dort entscheiden Sie sich für ein Produkt mit möglichst umfassendem Schutz, geben bei den Gesundheitsfragen lieber zu viel als zu wenig an und hoffen, dass Sie nichts übersehen haben. Das Ergebnis ist vermutlich besser als beim Verkäufer – ob es wirklich gut ist, wage ich zu bezweifeln.

Ich empfehle ausdrücklich die zweite Möglichkeit: sich einen wirklich objektiven Berater zu suchen. Für einen Amateur kenne ich mich mit dem Thema BU ganz gut aus, unser Unternehmen dürfte sogar provisionsfreie BUs vermitteln, dennoch würde ich für mich selbst bei einem so komplexen Thema *immer* Geld für unabhängige Beratung investieren. Die Wahrscheinlichkeit, dass ich im Alleingang etwas übersehe, unnötige Komponenten mit absichere oder eine Versicherung wähle, die vor einer Auszahlung tendenziell größere Diskussionen beginnt, wäre mir zu hoch. Selbst wenn im Extremfall mit Beratung das gleiche Ergebnis herauskäme wie ohne: Wie bei der Vorsorgevollmacht oder bei der Patientenverfügung gilt ja auch hier: Das Wissen, zumindest die berechtigte Vermutung, mithilfe eines Profis bei einem potenziellen Horrorszenario gut aufgestellt zu sein, trägt deutlich mehr zum inneren Frieden bei als die Hoffnung, im Alleingang nichts falsch gemacht zu haben. Unterm Strich ist ein unabhängiger Versicherungs*berater*, der Ihnen provisionsfreie sogenannte Netto-Policen vermittelt, deutlich günstiger als die Summen, die Ihnen als Provision intransparent aus der Tasche gezogen werden. Ich finde das Geld dafür gut investiert.

Über die BU hinaus gibt es eine Reihe Absicherungen, die je nach Ihrer Risikoaversion oder Ihren Werten sinnvoll, letztlich aber verzichtbar sind. Berufsunfähig zu werden, kann für Sie und Ihre Familie den finanziellen Totalschaden bedeuten: sozialer Abstieg und sehr niedriger Lebensstandard inklusive. Demgegenüber sind alle anderen Risiken relativ harmlos. Was Sie selbst zahlen oder tapfer ertragen können, brauchen Sie nicht zu versichern. Pflege, Krankentagegeld und vieles anderes mehr: Wenn Sie ausreichend Vermögen haben, kommen Sie auch ohne aus.

Deutschland hat – trotz Zwei-Klassen-Medizin – ein ziemlich gutes Gesundheitssystem. Bevor Sie sich privat krankenversichern, bedenken Sie, dass Ihre Beiträge im Alter massiv steigen werden: Denn die Versicherten, die denselben Tarif abgeschlossen haben wie Sie, altern mit Ihnen und werden in der Summe aus Sicht Ihrer Versicherung zu einem immer schlechteren Risiko. Auch wenn Sie Kinder bekommen, wird das Ganze schnell teuer. Das übersehen viele gut verdienende junge Menschen, die sich von kurzfristigen Vorteilen leiten lassen. Sinnvoller ist es da oft, für wirklich relevante Leistungen eine private Zusatzversicherung abzuschließen, etwa für die sogenannte Wahlarztbehandlung im Krankenhaus. Während es letztlich völlig egal ist, ob Sie in einem Ein- oder Zweibettzimmer liegen, kann bei schwerwiegenden Erkrankungen oder Operationen der Unterschied zwischen einem fähigen Spezialisten und einem übermüdeten Assistenzarzt schlimmstenfalls der Unterschied zwischen Leben und Tod sein.

Auch wenn sich Versicherungen dagegen wehren: Wenn Sie in einem überteuerten, respektive überalterten Tarif versichert sind, ist es fast immer möglich, bei derselben Versicherungsgesellschaft in einen vergleichbaren Tarif zu wechseln, der günstiger ist, weil in ihm überwiegend jüngere Menschen versichert sind. Bei beiden Themen kann Ihnen ebenfalls ein unabhängiger Versicherungsberater weiterhelfen. Unter Umständen gelingt es ihm sogar, dass Sie zurück in die gesetzliche Versicherung wechseln können, wo dies sinnvoll und möglich ist.

Eine Reihe von Versicherungen ist weitgehend unsinnig, etwa die sogenannte Dread-Disease-Versicherung. Sie zahlt Ihnen nach der Diagnose einer schweren Krankheit – meist nachdem diese einen gewissen Schweregrad erreicht hat – eine Einmalsumme. Das lässt sich relativ gut verkaufen, denn wer fürchtet sich nicht vor Herzinfarkt, Schlaganfall, Krebs oder Multipler Sklerose. Und Angst ist, wie Sie inzwischen wissen, für den Verkauf von Finanzprodukten noch förderlicher als Gier. Allerdings: Für die finanzielle Situation Ihrer Familie ist es völlig unerheblich, ob Sie aufgrund eines Schlaganfalls nicht mehr arbeiten können oder wegen eines kaputten Rückens. Doch gerade die häufigsten Ursachen für eine Berufsunfähigkeit, nämlich psychische Erkrankungen und Erkrankungen des Skeletts, deckt die Dread-Disease-Versicherung nicht ab. Nur wenn Sie aufgrund von Vorerkrankungen keine BU bekommen, lohnt es sich, darüber nachzudenken.

Das gilt umso mehr für die Unfallversicherung: Wenn Sie keine extrem gefährlichen Hobbys wie Freiklettern, Drachenfliegen oder Motorradfahren haben, ist eine Unfallversicherung Unsinn. Erstens: Sie zahlt nur bei bleibenden Schäden. Zweitens: Unfälle sind spektakulär und verursachen Schlagzeilen. Ihre Angst davor nutzt Ihr Versicherungsverkäufer. Aber: Unfälle sind relativ selten. Es ist neunmal wahrscheinlicher, dass Sie Ihre Arbeit wegen einer Krankheit verlieren als wegen eines Unfalls.[151] Dass wir Unfälle so stark wahrnehmen, ist eine typische menschliche Fehlwahrnehmung. Sie heißt Verfügbarkeitsheuristik und ist eine der besten Freundinnen des Versicherungsvertriebs.

Das klassische Beispiel für die Verfügbarkeitsheuristik bei der Einschätzung von Risiken ist der Haiangriff.[152] Wir alle haben Angst vor Haien. Sie nicht? Also ich schon. Wenn ich in Sardinien mal etwas weiter rausschwimme, unter mir dunkles Wasser, vielleicht ein Schatten, läuft bei mir ein Film ab. Sicher nicht nur, weil ich zu viele Trashfilme mit Haien gesehen habe – okay, das auch. Wissen Sie, wie viele Haiattacken es im Jahr weltweit gibt? In den vergangenen 20 Jahren (2003–2022) waren das jährlich nie mehr als 100, meist viel weniger, davon im Schnitt weniger als sechs tödliche.[153] Weltweit. In einem ganzen Jahr. Auch in Sardinien gab es schon tödliche Haiangriffe, der letzte war im Juni 1721. Es ist also viel, viel wahrscheinlicher, mit dem Auto auf dem Weg zum Strand zu verunglücken oder morgens tödlich im Bad auszurutschen.

Es gibt noch eine Steigerung für den Unsinn der Unfallversicherung: die Unfallversicherung mit Beitragsrückgewähr, die sogenannte UBR. Das Versprechen der Versicherung: Wenn dir während der Laufzeit nichts passiert, zahlen wir dir alle Beiträge zurück – »und eine Überschussbeteiligung gibt es noch dazu«[154]. Wenn man das Produkt genau betrachtet, handelt es sich wieder um eines der unsäglichen Koppelprodukte. Die meist unsinnige Unfallversicherung wird mit einer noch unsinnigeren Rentenversicherung kombiniert. Ein kleiner Teil Ihres Beitrags geht in den Risikobeitrag für den Unfallschutz, den Rest legt die Versicherung in eine Rentenversicherung an. Deren Sparleistung und Verzinsungen sind so kalkuliert, dass die Versicherung damit am Ende so viel erwirtschaftet, dass nach allen Kosten für Sie die Summe Ihrer eingezahlten Beiträge herauskommt.

Toll? Nein. Sie binden viel zu viel investierbares Kapital. Kapital, bei dem viel mehr herausgekommen wäre, wenn Sie es vernünftig selbst angelegt hätten. Die Verzinsung der Verträge, die wir zu sehen bekommen, ist niederschmetternd, die Überschussbeteiligungen halten sich in eng definierten Grenzen. Am Ende verliert der Versicherte Geld, denn über seine Beiträge läuft Jahr um Jahr die Inflation. Nur ein Produkt habe ich noch nicht gefunden: eine Versicherung gegen Haiattacken – mit Beitragsrückgewähr. Wäre das nicht ein Traum?

Vorsorge für den Todesfall: Risikolebensversicherung und Testament

Wenn Sie Verantwortung für Dritte tragen, in der Regel Ihre Kinder, Ihren Partner, aber gegebenenfalls auch für Ihre Eltern, brauchen Sie eine Absicherung für den Fall, dass Sie vorzeitig versterben. Das gilt sowohl dann, wenn diese Menschen von Ihrem Einkommen als auch direkt von Ihrer Arbeitskraft abhängen, Sie sich also um Kindererziehung oder die Pflege der Eltern kümmern. Bei der Höhe der Absicherung sollten Sie nicht rumgeizen. Die abgesicherte Summe sollte reichen, um Ihre Kinder durch die Ausbildung zu bringen, Ihre Partnerin dauerhaft abzusichern und auch, um eventuelle Kredite auf die selbstgenutzte Immobilie abzulösen. Die gute Nachricht: Eine Risikolebensversicherung ist – gerade dann, wenn Sie jung und gesund sind – relativ günstig.

Für die Umsetzung gilt das Gleiche wie bei der BU. Schummeln Sie in keinem Fall bei den Gesundheitsfragen und gehen Sie zu einem Versicherungsberater, der von Ihrem Honorar und nicht von einer Provision lebt. Theoretisch können Sie das Produkt auch selbst über das Netz bei einer Direktversicherung abschließen. Das ist eventuell günstiger. Ich würde es nicht machen, schließlich geht es darum, Ihre Familie nach einem traumatischen Ereignis abzusichern. Auch hier führt eine professionelle Unterstützung zu mehr innerer Ruhe. Ich bin mit meinen Themen daher auch selbst zu einem Honorarberater gegangen und würde das immer wieder so tun, obwohl ich mich ein bisschen mit der Materie auskenne. In Beratung zu investieren, lohnt sich vor allem dann, wenn Ihnen ein solcher Berater Lösungen vorschlägt, auf die Sie selbst nie gekommen wären. Im Folgenden möchte ich Ihnen ein relevantes Beispiel dafür nennen.

Häufig nimmt die Summe, die Sie benötigen, um Ihre Familie abzusichern, über die Zeit ab. Die Zeit, in der Ihre Kinder noch in der Ausbildung sind, wird immer kürzer, ein Immobilienkredit nach und nach entschuldet. Ab einem gewissen Alter macht bei vielen Menschen dann eventuell eine Erbschaft die Absicherung aus der Risikolebensversicherung zumindest teilweise überflüssig. Während Ihr Bedarf nach Absicherung also schrittweise abnimmt, nehmen die Risiken aus Sicht der Versicherung schrittweise zu. Je älter Sie werden, umso höher ist die statistische Wahrscheinlichkeit, dass Sie innerhalb eines Jahres versterben. Das bedeutet natürlich auch, dass die durchschnittlich kalkulierten Risikokosten steigen. Ihre Versicherung wird also genau dann immer teurer, wenn Sie diese nur noch teilweise benötigen. Bei einer Standardlösung sehen Sie diese Kostenzunahme nicht. Ihr Beitrag wird über die gesamte Laufzeit geglättet. Eine intelligente Lösung ist es daher, den Versicherungstarif so zu wählen, dass Sie nicht einen Einheitspreis über 30 Jahre bezahlen, sondern jedes Jahr den Beitrag, der genau dem jeweiligen Risiko der Versicherung entspricht. Ihre Beiträge steigen also langsam über die Zeit. Gleichzeitig muss Ihnen Ihr Vertrag ermöglichen, Ihre Versicherung auch teilweise zu kündigen. Konkret: wenn Ihre Kinder die Ausbildung beendet haben, Ihre Immobilie zur Hälfte entschuldet ist oder Sie eine Erbschaft gemacht haben. Dann senken Sie die abgesicherte Summe Schritt um Schritt ab. Sie zahlen so die teuren Beiträge für die späteren Versicherungsjahre nur noch für so viel Absicherungssumme, wie Sie wirklich brauchen.

Aus juristischer Perspektive ist der wichtigste Baustein für die Notfallplanung im Todesfall das Testament. Daher ist es umso erstaunlicher, dass 61 % der Menschen in Deutschland kein Testament besitzen.[155] Das hat mehrere Gründe: Für die wenigsten Menschen ist es eine schöne Beschäftigung, sich mit dem eigenen Tod zu befassen. Kein Wunder, dass man das Thema immer wieder verschiebt. Die Komplexität der Materie und die Angst, etwas falsch zu machen, ziehen die Angelegenheit in der Regel weiter in die Länge. Das ging mir selbst nicht anders: »Müsste man mal machen«, »Nächstes Wochenende schau ich mir das noch mal genauer an«, »Das passt so irgendwie noch nicht« … So vergehen beim Thema Testament vom ersten Entschluss bis zum fertigen Dokument oft Jahre. Dazu kommt: Viele Menschen meinen, die gesetzliche Erbfolge, die ohne ein Testament eingreift, sei völlig in Ordnung. Das kann so sein, muss aber nicht. In der Praxis ist die gesetzliche Erbfolge häufig suboptimal, nicht selten sogar kontraproduktiv. Allzu oft entspricht die Situation nach dem Eintritt der gesetzlichen Erbfolge nicht den Interessen des Erblassers und seiner engsten Verwandten.

Stellen Sie sich zum Beispiel vor, Sie wären ein paar Jahre verheiratet, hätten noch keine Kinder und sich zusammen mit Ihrem Mann eine

Wohnung gekauft. Wenn Sie kein Testament gemacht haben und Ihnen etwas zustoßen würde, bekämen Ihre Eltern im Regelfall ein Viertel Ihres Erbes. Das Ergebnis: Ihr Mann hätte nur noch eine Sieben-Achtel-Wohnung und wäre, wenn er die Wohnung behalten möchte, auf das Wohlwollen Ihrer Eltern angewiesen. Würden Sie das wollen? Denn jeder noch so kleine Anteil berechtigt dazu, eine Teilungsversteigerung herbeizuführen. Richtig gemacht hätten die Eltern nur Anspruch auf den Pflichtteil gehabt. Der ist einerseits nur halb so hoch wie der Anteil bei der gesetzliche Erbfolge und muss vor allem immer in Cash beglichen werden. Über die Frage, was mit der Wohnung geschieht, hätten Ihre Eltern in diesem Fall also nicht mitzuentscheiden.

Noch unangenehmer ist die folgende Konstellation: Anne und Christian, beide Mitte 40, haben zwei Kinder im Grundschulalter, als Christian überraschend ohne Testament verstirbt. Nach der gesetzlichen Erbfolge geht jetzt Christians Vermögen, also auch sein Anteil an der von Anne selbst bewohnten Immobilie, zur Hälfte an die Kinder über. Anne kann jetzt auf diese Vermögenshälfte nicht mehr zugreifen, also zum Beispiel das Haus verkaufen, wenn dies notwendig wäre. Wenn jetzt grundlegende Entscheidungen über das Vermögen getroffen werden müssen, wird das Amtsgericht für die Kinder einen Pfleger bestellen. Mit Kulanz und Augenmaß muss Anne da nicht rechnen, dafür mit dem exakten Einhalten aller Vorschriften, inklusive der Gebührenordnung. Wenn die Kinder dann volljährig sind, sollte Anne gut mit ihnen auskommen. Notfalls könnten die Kinder sie sogar zwingen, das von ihr bewohnte Haus zu versteigern. Solange Anne die Entwicklung der Persönlichkeiten ihrer Kinder nicht absehen kann, muss sie mit dieser Ungewissheit leben. Und: 18 kann, auch bei Kindern, die mit zwölf noch zuckersüß waren und mit 23 wieder vernünftig werden, ein sehr blödes Alter sein, um relativ einfach an ziemlich viel Geld zu kommen – zumal das Kind ja juristisch ein Recht dazu hat.

Das sind nur zwei illustrative von Dutzenden Beispielen: Testamente können geliebte Menschen absichern, den Fortbestand von Unternehmen garantieren oder Kinder davor schützen, zu früh mit zu viel Geld konfrontiert zu werden. Ab und zu lerne ich Menschen kennen, die in sehr jungen Jahren sehr hohe Vermögenswerte erben. Das klingt toll, ist es aber nicht: Das kann einen die Unbeschwertheit der Jugend kosten, die Energie, selbst etwas zu gestalten, nehmen, und verändert – wenn es rauskommt – die (Qualität der) sozialen Beziehungen.

Die gesetzliche Erbfolge kann in vielen Situationen also durchaus eine Bürde für die Familie sein. In einem Testament gibt es dagegen viele Möglichkeiten, eine gut durchdachte Regelung für die Familie zu treffen: Neben gezielten Erbeinsetzungen kann etwa eine Testamentsvollstreckung für (minderjährige) Kinder angeordnet werden. Hätte in unserem Beispiel Christian seine Frau Anne zur Testamentsvollstreckerin ernannt, hätte diese nach Christians Tod deutlich weniger Sorgen gehabt. Sie wäre nicht auf das Wohlwollen ihrer Kinder oder die Kooperation eines staatlich bestellten Pflegers angewiesen gewesen. Auch können in einem Testament gezielt Vermögensgegenstände über sogenannte Vermächtnisse an einzelne Personen zugewandt werden – auch das erspart häufig Familienstreitigkeiten bei der Erbteilung.

Wer klug vorsorgt, tut seiner Familie also prinzipiell einen großen Gefallen. Dazu kommt: Eine durchdachte Vorsorgeplanung ermöglicht mitunter erhebliche Steuerersparnisse: Denn für enge Verwandte bestehen hohe Steuerfreibeträge. Stand 2023 sind es 500 000 Euro für den Ehepartner, 400 000 Euro für die Kinder, 200 000 Euro für Enkel – nicht nur im Erbfall, sondern auch bei Schenkungen alle zehn Jahre. Auch die relativ niedrigen Progressionsstufen für darüber hinausgehende Beträge kann man intelligent nutzen.[156] Es ist erstaunlich, wie Menschen, die bei der Vermögensanlage jeder Nachkommastelle nachjagen, Vermögen bei der Vermögensnachfolge achtlos vernichten: für vermeidbare Steuern und die Anwaltskosten ihrer Nachkommen.

Ein vernünftiges Testament ist mithin nicht nur ein Akt der Vermögenssicherung, sondern auch eine Frage der Höflichkeit, der Achtung gegenüber den eigenen Nachkommen – ähnlich wie bei der Patientenverfügung und der Vorsorgevollmacht auch. Ein gutes Testament kann helfen, jede Menge vermeidbare Konflikte zu entschärfen. Natürlich können Sie auch einfach nichts machen. Aber Sie sollten sich bewusst sein, was Sie damit potenziell Ihren Nachfahren antun. Nicht zum Spaß heißt es: Man lernt Menschen erst dann kennen, wenn man gemeinsam mit ihnen geerbt hat. Sich gegenseitig zerfleischende und blockierende Erbengemeinschaften sind ein echtes Elend: Das zerstört nicht nur Vermögen, es zerstört auch Familien. Insbesondere dann, wenn im Hintergrund noch angeheiratete Partner nachwürzen: »Franz, du hast immer den Kürzeren gezogen, jetzt sei wenigstens *einmal* in deinem Leben ein Mann.« Das habe ich immer wieder gesehen. Für eine gute Beratung beim Testament ein Honorar an eine Fachanwältin oder einen Notar zu zahlen, ist daher eine hervorragende Investition in die Lebensqualität der eigenen Erben. Eine viel bessere Idee, als selbst anhand von Ratgebern oder »frei Schnauze« etwas zusammenzuschreiben.[157] Selbstverfasste handschriftliche Testamente, die mit gefährlichem Halbwissen und Dr. Google erstellt wurden, führen in der Erbengeneration regelmäßig zu Rechtsunsicherheit und Konflikten. Spätestens wenn ein Testament länger als drei Sätze ist oder gar von Ehegatten gemeinsam erstellt wurde, führt das fast sicher ins Unglück. So die übereinstimmende Erfahrung meines Lieblingsnotars und meiner Lieblingsanwältin.

Die vielfältigen steuerlichen und juristischen Gestaltungsmöglichkeiten von Testamenten haben allerdings einen gewaltigen Haken: Theoretisch und *auch praktisch* gibt es kein Limit für Komplexität. Familienstiftungen mit Sitz in Liechtenstein, verschachtelte Kaskaden an Vor- und Nacherben, Bedingungen an langfristiges Wohlverhalten der Kinder, Schaffen der unterschiedlichsten Rechtsformen – eine ganze Industrie an Steuerberatern und Anwälten lebt teilweise exzellent davon. Sie bedienen so die Allmachtsfantasien alternder Patriarchen (seltener Matriarchinnen), die letztlich aus Angst vor dem Tod einen Weg finden wollen, noch über Generationen aus der Gruft weiter zu regieren. Alles angetrieben von einem oft immensen Misstrauen gegenüber den eigenen Nachkommen. Am Ende können die Erben nur eingeschränkt über das Vermögen verfügen, da man ihnen nichts zutraut oder nicht akzeptiert, dass sie andere Lebensentwürfe haben. Der Geiz gegenüber dem Finanzamt und die Liebe zum eigenen Vermögen überwiegt da häufig die Liebe zu Kindern und Enkeln. Mitunter findet sich ein hoher sportlicher Ehrgeiz, ungeliebte Schwiegertöchter oder Schwiegersöhne für alle denkbaren Szenarien der Erbfolge »auf null zu setzen« oder in Ungnade gefallenen Kindern auch den gesetzlichen Pflichtteil zu missgönnen. Und ebenso häufig setzt es Sanktionen, sollte es der überlebende Ehepartner wagen, sich wieder zu verheiraten.

Sie sind sicher nicht so. Ihr Testament soll nicht primär Ihr Vermögen schützen, sondern die Menschen, die Sie lieben. Überlegen Sie sich daher vorher gut, was Sie wie geregelt haben wollen und wie man sich an Sie erinnern soll. Lassen Sie sich nicht von hochqualifizierten, aber dennoch schlechten Beratern in irgendwas hineintreiben. Denn diese verfolgen mitunter Interessen, die nicht Ihre sind. Mehr Komplexität bedeutet fast automatisch höhere Honorare. Langfristig können diese Kosten es oft problemlos mit der kurzfristigen Steuerersparnis aufnehmen. Überregulierte Testamente sind oftmals keine Konfliktlöser, sondern Brandbeschleuniger. Sie hinterlassen dauerhaft gekränkte und gedemütigte Menschen sowie kaputte Familien.

Auch Menschen, die nicht zu solchem Verhalten neigen, tappen mitunter in die Komplexitätsfalle. Der Denkfehler: heute ein Testament machen zu müssen, das alle Eventualitäten bis zum Lebensende regelt. Vergessen Sie das. Jedes Lebensalter, jede Lebenssituation geht mit eigenen Bedürfnissen einher. Alle zehn, 15 Jahre zu überprüfen, ob eine einmal getroffene Verfügung noch passt, ist Pflicht. Was für eine junge Familie gestimmt hat, wird vielleicht schon dann obsolet, wenn die Kinder aus dem Haus sind oder einer der Partner selbst geerbt hat. Mit Mitte 70 wird eine 25 Jahre zuvor getroffene Regelung nur in wenigen Ausnahmefällen noch zutreffend sein. Vor dem Hintergrund lohnt es sich bei höheren Vermögenswerten, das Testament mit einer Fachanwältin zu machen, die nach Stunden und nicht wie ein Notar nach Vermögenswerten abrechnet. Wenn Ihr Testament ein Update braucht, wird das im Regelfall relativ wenig Zeit beanspruchen – der Vermögenswert und damit die ersparten Notargebühren dürften aber gestiegen sein. Liegt Ihr Gesamtvermögen nicht im siebenstelligen Bereich, ist der Weg zum Notar im Regelfall die günstigere Variante.[158]

Ist ein Ehevertrag etwas für Angsthasen?

Wir haben gesehen: Testamente können ein Akt der Höflichkeit und Liebe gegenüber den eigenen Nachkommen sein oder auch ein Mittel, diese noch über den Tod hinaus zu beherrschen, zu entzweien und zu kontrollieren. Das gilt in ähnlicher Form auch für Eheverträge. Ein kluger Ehevertrag schützt Sie und den Menschen, den Sie lieben, davor, sich gegenseitig zu zerfleischen, wenn es schiefgeht. Wenn Menschen in Kapitalmarktkrisen oft nicht mehr rational über Geld nachdenken, wenn 18 ein ganz blödes Alter ist, um potenziell an viel Geld zu kommen, wenn Menschen sich in Erbengemeinschaften häufig zerstreiten – zu all dem gibt es eine Steigerung: Im Moment einer Scheidung über die Aufteilung des Vermögens zu sprechen, ist tödlich. Verletzte Gefühle, zerplatzte Träume, verunsicherte bis traumatisierte Kinder. Bei sehr vielen Menschen schaltet das Programm da auf Krieg und Rache. Am Ende gibt es – bis auf die Anwälte beider Parteien – nur Verlierer, als Erstes die Kinder. Es gibt Menschen, die eine solche Trennung in Würde und gegenseitigem Respekt hinbekommen – viele sind das nicht. Es ist daher durchaus sinnvoll, für diesen Fall eine Sollbruchstelle zu definieren, die fair mit beiden Seiten umgeht. Ich bin letztlich ein Romantiker und tue mich schwer mit Eheverträgen. Aber am Ende ist es so: *Nicht* offen über einen Ehevertrag nachzudenken und zu reden, ist etwas für Angsthasen. Keinen Ehevertrag zu machen, ist völlig okay, wenn auch nicht klug. Aber man sollte wissen, wie dann die Spielregeln sind. In jedem Fall sollte es eine bewusste Entscheidung sein, kein Wegducken. Insbesondere wenn eine Scheidung potenziell den Fortbestand eines Unternehmens oder einer freiberuflichen Praxis gefährdet, ist ein Ehevertrag Pflicht. Ebenso wenn größere Vermögenswerte im Falle einer Trennung unkontrolliert verwertet werden müssten.

In der Praxis sind Eheverträge häufig gerade kein Dokument, das auf Zuneigung und Selbstschutz beruht. Im Gegenteil: Ähnlich wie beim Testament geht es häufig um Macht, darum, Sieger und Besiegte zu definieren, schlimmstenfalls Wohlverhalten einzufordern. Häufig geht das nicht von einem der beiden Ehepartner aus, sondern von den künftigen Schwiegereltern: Was für Sohn oder Tochter die Liebe ihres Lebens ist, der Traum einer eigenen Familie, wird gerade von Hochvermögenden als Bedrohung misstrauisch beäugt. Stichwort: Asset Protection. Wieder lebt eine mittlere Industrie von Anwälten davon, hier Regeln zu definieren, die stark von den gesetzlichen Bestimmungen abweichen, die ohne einen Ehevertrag gelten würden. Das hinterlässt bereits zu Beginn der Ehe häufig deutliche Verletzungen. Verletzungen, die nicht einfach vergessen werden, sondern die Ehe ungut begleiten. Solch ein Ehevertrag steigert damit erheblich die Wahrscheinlichkeit, ihn später auch wirklich zu brauchen. Sie erinnern sich an meine Grundthese: Geld ist kein Selbstzweck, es ist dafür da, Lebensqualität und Zufriedenheit zu steigern und Beziehungen zu stabilisieren. Denken Sie daran, wenn Sie oder wenn Ihre Kinder heiraten und das Thema Ehevertrag auf der Tagesordnung steht. Und wenn Sie dominante Eltern haben: Suchen Sie sich Ihren eigenen Anwalt, nicht den der Familie, und setzen Sie mit diesem Ihre eigenen Vorstellungen von Fairness durch. Ihre Eltern kriegen sich vermutlich schon wieder ein – Sie tragen in jedem Fall zu deren Persönlichkeitsentwicklung bei. Und wenn Sie selbst so ein schlechtes Bauchgefühl vor der Hochzeit haben: Lassen Sie es lieber ganz.

Wie organisiere ich das alles?

Zum Schluss bleibt noch ein relativ einfaches, aber überhaupt nicht triviales Thema. Wie organisiere ich das alles? Es ist eine mittlere Katastrophe, wenn Sie am Freitagabend dringend an die Vorsorgevollmacht oder Patientenverfügung Ihres Partners müssen, die aber im Bankschließfach liegt. Auch ist es relativ unschön, wenn Ihre Nachkommen nach Ihrem Tod anfangen zu rätseln, wo denn das Testament und die Unterlagen zur Risikolebensversicherung liegen und ob es denn da nicht noch dieses Depot bei der Sparkasse in Bad Fallingbostel gab.

Wie immer rate ich Ihnen zu einfachen Lösung mit so wenig Komplexität wie möglich. Nehmen Sie einen Leitz-Ordner, heften Sie dort alle wichtigen Unterlagen zu Ihrer Notfallplanung ab: Risikolebensversicherung, BU, Ihre Kopie von Testament und Ehevertrag. Von der Patientenverfügung und der Vorsorgevollmacht muss unbedingt ein Original in den Ordner, denn mit einer Kopie werden Sie nicht weit kommen. Ebenso brauchen Sie eine tabellarische Übersicht über Ihre relevanten Vermögenswerte inklusive Kontonummern und Hinweisen, wo man weitere Unterlagen findet, dazu eine Übersicht über wichtige Ansprechpartner: der Notar, der den Ehevertrag gemacht hat, Bankberater, Anwalt, Steuerberater, gegebenenfalls Mediziner. Nehmen Sie einen Ordner in einer Signalfarbe, damit man ihn schnell findet, und beschriften Sie ihn unmissverständlich mit einem dicken Edding. Dann stellen Sie ihn an einen Ort, den jeder, der es wissen muss, auch kennt. Ich würde ihn etwas außer Sichtweite stellen, damit Sie nicht permanent an Tod, Scheidung und Krankheit denken müssen. Kopien und, wo es geht, beglaubigte Zweitschriften sollten Sie zusätzlich an einem weiteren Ort ablegen, etwa in einem Bankschließfach. Die Vorsorgevollmacht lassen Sie in das Zentrale Vorsorgeregister eintragen, damit im Ernstfall kein Bevollmächtigter übersehen wird. Für Ihr Testament gilt, dass Sie es dringend beim Nachlassgericht hinterlegen sollten, damit es in ein zentrales Nachlassregister eingetragen wird. Gültig ist nur dieses Original, nicht irgendwelche Kopien – ob unterschrieben oder nicht. Sie schützen sich so auch vor Missbrauch, denn es gibt eine gewisse Tendenz, dass daheim aufbewahrte Testamente mitunter nicht mehr gefunden werden, insbesondere, wenn einige Nachkommen darin nicht so gut wegkommen.

11.
Brauche ich Hilfe?

Die Frage, ob Sie einen Berater für Ihre Finanzen brauchen, lässt sich nicht einfach mit Ja oder Nein beantworten. Und weil ich selbst als Berater arbeite, bin ich in der Frage nicht objektiv. Im Folgenden möchte ich Ihnen dennoch eine Entscheidungshilfe geben, ob für Sie die Zusammenarbeit mit einem Berater sinnvoll sein kann oder nicht. Zusätzlich möchte ich Ihnen dann eine Reihe von Kriterien und Testfragen an die Hand geben, mit denen Sie einen geeigneten Berater finden. Auch da bin ich parteiisch, aber wie Sie hoffentlich sehen werden, auf der Basis fester Überzeugungen.

Selbst machen oder Unterstützung suchen?

Nicht jeder braucht einen Berater, um mit seinen Finanzen klarzukommen, so wie nicht jeder einen Handwerker braucht, um seine Wohnung zu streichen. Die Zusammenarbeit mit einem Berater birgt stets einen Nachteil: Sie kostet Geld. Die Gebühren für Ihren Berater kosten Sie Rendite. Rendite, die der Berater erst einmal wieder durch seine Fähigkeiten hereinholen muss: durch eine bessere Wertentwicklung, in Form reduzierter Risiken sowie durch zeitliche und emotionale Entlastung. Ob das vollständig gelingt, ist fraglich und liegt entscheidend an mehrere Faktoren: wie gut Sie selbst Ihre Finanzen unter Kontrolle bekommen, wie viel Zeit Sie haben, wie komplex Ihre Vermögensituation ist und wie fähig Ihr Berater ist.

Es gibt ein paar typische Situationen, in denen es sich lohnt, sich bei den eigenen Finanzen professionelle und neutrale Hilfe zu holen: Etwa wenn Sie bereits in der Vergangenheit größere Fehler bei Entscheidungen getroffen haben, jetzt verunsichert sind, sich überfordert fühlen oder aus Sorge, wieder etwas falsch zu machen, wie gelähmt sind. Wenn Sie also an analysis paralysis leiden. Ebenso ist es sinnvoll, sich Verstärkung zu holen, wenn die Einsätze deutlich steigen, Sie etwa eine Immobilie oder ein Unternehmen verkauft haben und vom Gelingen der Investition nicht nur einfach Geld, sondern Ihre zukünftige Lebensqualität abhängt.

In den USA existiert schon seit wesentlich längerer Zeit eine Kultur wirklich unabhängiger Finanzberatungsunternehmen. Der Marktanteil der Honorarberatung liegt seit Längerem bei rund 20 %[159], und viele dieser Unternehmen arbeiten mit einem evidenzbasierten, finanzwissenschaftlichen Investmentansatz, wie ich ihn oben vereinfacht skizziert habe. Dazu kommt, dass viele Berater zusätzlich einen langfristigen und ganzheitlichen Beratungsansatz verfolgen, der über die reine Verwaltung von Geld hinausgeht. Entsprechend gibt es hier eine ganze Reihe von Studien zum sogenannten Advisor's Alpha – eine Messgröße, die die Differenz zwischen der Rendite von Selbstentscheidern und Beratungskunden misst. Das Interessante: Das Alpha, also die Mehrrendite, liegt *nicht* an vermeintlich großartigen Investmentideen. In den Studien wird unterstellt, dass beide Gruppen dieselben kostengünstigen Produkte, maßgeblich ETFs, nutzen. Der Renditeunterschied liegt an einer disziplinierten, kosteneffizienten Umsetzung der Strategie und daran, dass gute Berater den Kunden vor potenziellen Fehlern bewahren und auf ihn auf seine eigentlichen übergeordneten Ziele fokussieren. Einer sehr detaillierten Studie der Investmentfirma Vanguard zufolge kann das bis zu 3 % im Jahr ausmachen.[160] Morningstar und Dalbar gelangen in ihren Untersuchungen zu ähnlichen Ergebnissen.[161]

Wenn Sie das Ganze rein auf den monetären Aspekt verkürzen, haben Sie trotzdem eine gute Chance, dass Ihre Rendite besser aussieht als die Rendite Ihres Beraters nach Kosten. Zumindest in der Theorie. Wie Sie gesehen haben, ist ein vertretbar anständiges Portfolio kein Hexenwerk. Bösartigerweise aber sind Theorie und Praxis nur theoretisch das Gleiche, praktisch aber nicht. Und hier kommt der eigentliche Vorteil, mit einem Berater zu arbeiten, ins Spiel. Ein Berater kann Ihnen helfen, blinde Flecken zu identifizieren, die Ihre finanzielle Lebensplanung gefährden. Er entdeckt potenziell unnötige Risiken, die

Ihnen gar nicht bewusst waren, er kann verhindern, dass Sie auf irgendeinen Unsinn hereinfallen, der zwar unglaublich plausibel klingt, Sie aber nicht weiterbringt. Er kann Sie dabei unterstützen, Ihre eigenen Überlegungen zu reflektieren und zu hinterfragen. Und am wichtigsten: Er kann Ihnen helfen, in Krisenzeiten auf Kurs zu bleiben und nicht aus der Kurve zu fliegen. So geht die Studie von Vanguard davon aus, dass die Hälfte der potenziell 3 % ausmachenden Mehrrendite auf so einem Verhaltens-Coaching beruht – dem Schließen der Lücke zwischen dem, von dem man weiß, dass es richtig ist, und dem, was man tut.[162]

In Summe sollte die Zusammenarbeit mit einem geeigneten Berater dazu führen, dass Sie mit einer deutlich höheren Wahrscheinlichkeit Ihre Wertvorstellungen und Ziele aus Ihrem Finanzplan-auf-einer-Seite erreichen. Dafür zu sorgen, dass Geld langfristig für das da ist, was Ihnen wichtig ist, es also Ihre Lebensqualität aufrechterhält. Risiko bedeutet für Sie nämlich nicht, jährlich ein halbes Prozent weniger zu verdienen. Risiko bedeutet, wenn Sie irgendwann Ihren Lebensentwurf nach unten korrigieren müssen, weil Grundsätzliches schiefgegangen ist: in eine andere Wohnung in einem anderen Viertel ziehen zu müssen und Ihr soziales Umfeld zu verlieren, die Ausbildung der Kinder nicht ausreichend unterstützen zu können, die Pflege daheim nicht finanzieren zu können. Diese sogenannten Fat-Tail-Risiken kann ein Berater ein Stück weit entschärfen. Das ist mindestens genauso wichtig, wie Ihr Portfolio – etwa durch Faktor-Investieren – in Richtung einer theoretisch optimal erzielbaren Rendite zu optimieren.

»Dem wachsenden Geld folgt die Sorge und der Hunger nach mehr.«[163] In diesen poetischen Worten beschreibt Horaz ein Phänomen, das wohl die meisten Menschen kennen, die ein gewisses Vermögen erreicht haben. Es ist dieser Kontext, in dem eine gute Beraterin potenziell ihren größten Nutzen entfalten kann: Entlastung. Nicht nur zeitliche Entlastung, sondern auch mentale: die Neutralisierung unnötiger Sorgen und einer ständigen Stressquelle, das Herstellen einer gewissen inneren Ruhe. Das Unterstützen einer Haltung, in der Geld Mittel zum Zweck bleibt und nicht zu einem Selbstzweck wird, der den Vermögenden zunehmend tyrannisiert.

Kriterien bei der Beraterauswahl

Einen guten Berater zu finden, ist alles andere als einfach. Am leichtesten nähert man sich dem Verfahren über Ausschlusskriterien: Es hat überhaupt keinen Sinn, mit einem Verkäufer zu reden. Darüber muss man nicht mehr diskutieren. Der kann so nett sein, wie er will, er ist ein Verkäufer. Immer. Aus. Das A und O ist, dass *Sie* Ihren Berater bezahlen, nicht der Finanzvertrieb. Wir leben im Kapitalismus: Wer zahlt, schafft an. Sprich: Sie brauchen einen Honorarberater. Das ist in Summe viel billiger als teure Provisionen, vor allem aber ist es erst mal die Voraussetzung, dass eine neutrale Beratung theoretisch überhaupt möglich ist. Das allein löst allerdings bei Weitem noch nicht Ihr Problem. Was nützt es, wenn Ihr Berater zwar unabhängig, aber inkompetent ist?

Als Nächstes sollten Sie daher den Investmentansatz klären. Gute Fragen hierzu sind: Was tun Sie, wenn die Märkte einbrechen? Wie managen Sie Risiko? Wann erhöhen Sie die Aktienquote? Glauben Sie, dass nächstes Jahr ein Crash kommt, und wie stellen Sie sich deshalb auf? Was sind die drei größten Positionen in Ihrem Portfolio und warum?

Eine gute Antwort auf die ersten drei Fragen wäre: »Wenn die Märkte einbrechen, kaufen wir nach.« Auf die vierte Frage: »Wir haben keine Ahnung, was nächstes Jahr passiert. Einbrüche am Kapitalmarkt sind langfristig unvermeidlich und normal. Wir machen so weiter wie immer und reagieren nicht auf Prognosen.« Wenn Ihre Beraterin auf die letzte Frage hin anfängt, über Märkte zu schwadronieren, Ihnen mit strahlenden Augen Investmentopportunitäten offeriert oder Ihnen erklärt, dass sie durch Risikomanagement in der Lage sei, rechtzeitig aus dem Markt ein- und auszusteigen, sollten Sie schleunigst Ihren Kaffee austrinken und gehen. Wollen Sie jemanden dafür bezahlen, dass er Ihnen erzählt, was er diesen Morgen im *Handelsblatt* gelesen hat? Auch aktiv gemanagte Produkte im Depot sind ein sicheres K.o.-Kriterium. Sie sollten sicherstellen, dass Ihre Beraterin eine evidenzbasierte und prognosefreie Anlagestrategie verfolgt, die sich auf finanzwissenschaftliche Erkenntnisse stützt und mit kostengünstigen Produkten – etwa ETFs – arbeitet.

Einen gewissen Mindeststandard – häufig leider nicht mehr – können Sie erwarten, wenn Sie zu einer Bank oder einem Vermögensverwalter gehen, der die sogenannte Honoraranlageberatung anbietet.[164]

Gerade bei größeren Häusern sind dabei Interessenkonflikte jedoch nicht ausgeschlossen: Da kann schon mal – zumindest hypothetisch – ein Produkt eines einflussreichen Aktionärs oder eines wichtigen Kunden der Investmentbankingsparte in der Vermögensverwaltung landen. Außerdem bieten gerade größere Häuser meist unterschiedliche, sich widersprechende Strategien an: Man weiß also nicht genau, für was die eigentlich stehen. Kleinere Einheiten, insbesondere Einzelkämpfer, haben dagegen oft das Problem fehlender Strukturen und Prozesse sowie einer eingeschränkten Vertretungssicherheit.

Entscheidend ist am Ende, an welche handelnde Person Sie geraten. Das macht bei großen oder kleinen Unternehmen keinen Unterschied. Deshalb gebe ich Ihnen im Folgenden auch ein paar Kriterien und Fragen an die Hand, mit denen Sie Ihrem potenziellen Berater auf den Zahn fühlen können.

Im ersten Gespräch erkennen Sie einen guten Berater eher an den Fragen, die er Ihnen stellt, als an den Antworten, die er gibt. Extrem misstrauisch wäre ich, wenn Ihr Berater Ihnen bereits im ersten Gespräch eine Lösung offeriert. Wenn er sich als Erstes auf Ihren Depotauszug stürzt und Ihnen erklärt, was er alles anders machen würde, wäre ich kritisch. Hat er sich wirklich genug Gedanken gemacht, oder gab es die Lösung für Ihr Problem schon fertig im Schrank, bevor Sie das Büro betreten haben? Natürlich muss sich Ihr Gegenüber ein Bild über Ihre Vermögens- und Einkommenssituation machen und klären, wann Sie in der Zukunft vermutlich an Ihr Geld müssen. Auch Ihre Verbindlichkeiten muss er kennen. Zu einer vernünftigen Diagnose gehört aber mehr: Ihr Berater sollte Ihre Erwartungen und Befürchtungen klären, auch um diese später gegebenenfalls korrigieren zu können. Er sollte verstehen, welche positiven und schmerzhaften Erfahrungen Sie bisher gemacht haben und wie gut Sie sich mit Kapitalmärkten und Finanzprodukten auskennen. Außerdem muss er erfragen, für wen Sie finanzielle Verantwortung tragen – juristisch, aber auch moralisch. Wer sind die Menschen, auf die Sie hören, Ihre wichtigsten Berater? Gibt es steuerliche Besonderheiten? Ohne diese Informationen wird er kaum in der Lage sein, eine vernünftige Risikoeinschätzung für Ihr Portfolio abzugeben. Wenn er wirklich gut ist, bekommt er vielleicht heraus, besser, hilft *Ihnen*, dass Sie selbst herausbekommen, wie Sie in Bezug auf Geld sozialisiert worden sind und welche Rolle Geld in Ihrem Leben spielt. Was sind die Kernvorstellungen, die auf Ihren Finanzplan-auf-einer-Seite gehören, was sind Ihre Träume, zumindest die, für die man Geld braucht? Wollen Sie etwa arbeiten, bis Sie umfallen, früher in Ruhestand gehen oder ein Sabbatical machen?

Umgekehrt sollten auch Sie nicht nur Fragen zum Investmentansatz stellen. Als Erstes die Kosten: Wie hoch ist das Honorar? Welche weiteren Kosten kommen dazu für Trading, Produkte und Depotführung? Wenn Ihr Berater etwa Angaben ohne Mehrwertsteuer macht, gehen Sie davon aus, dass er auch sonst mit Ehrlichkeit und Transparenz eher flexibel umgeht. Dann gehen Sie einfach. Wer sind die Eigentümer, gegebenenfalls die wichtigsten Aktionäre? Wie viel Entscheidungsspielraum hat Ihr Berater? Dabei muss viel Spielraum nicht unbedingt nur gut sein: Wenn Sie Kunde eines größeren Hauses sind, wollen Sie vermutlich dessen Kernstrategie umsetzen und nicht das, was sich Ihr Berater gerade so ausdenkt. Ebenso sollten Sie klären, was mit Ihrem Geld passiert, wenn die Bank, bei der das Geld liegt, Ihr Berater oder wichtige Kooperationspartner pleitegehen. Das ist nicht unhöflich – das ist eine ganz normale und wichtige Frage.

Zusätzlich würde ich einige Fragen dazu stellen, was ich im Laufe der Zusammenarbeit erwarten kann. Ihnen sollte klar sein, für was Sie eigentlich zahlen und ob es das ist, was Sie wirklich benötigen: Dafür, dass Sie jemand ausschließlich bei der Vermögensanlage unterstützt, oder dafür, ob Ihr Berater bereit ist, Sie auch in anderen Fragen zu begleiten, die Ihre finanzielle Lebensplanung betreffen: Kann er Sie bei einer vernünftigen Notfallplanung unterstützen? Wird er Sie, wenn Sie das schleifen lassen, erinnern und anstupsen? Hat er einen Überblick über den Anteil Ihrer Finanzen, der über Ihr Wertpapierdepot hinausgeht, und bezieht diese in Ihre Finanzplanung mit ein? Denkt er generationenübergreifend in Familien oder doch nur in Wertpapierportfolios? Hat er ein belastbares und unabhängiges Netzwerk zu wichtigen Themen wie Vermögensnachfolge, Versicherungen, Finanzierungen, philanthropisches Engagement, Steuern? Können Sie bei ihm Ihren Partner oder Ihre Kinder mal vorbeischicken, damit die ihre Berührungsängste mit dem Thema Finanzen verlieren? Dabei sollten Sie sich auch auf keinen Fall scheuen, nachzufragen, wie diese zusätzlichen

Leistungen vergütet werden. Nur dann können Sie entscheiden, ob es Ihnen das wert ist.

Wenn Sie das alles geklärt haben, sollten Sie unbedingt auch auf Ihren Bauch hören: Haben Sie nicht nur die normale Unsicherheit vor einer wichtigen Entscheidung, sondern ein deutliches Störgefühl? Vertrauen Sie der Beraterin? Finden Sie sie sympathisch? Können Sie sich vorstellen, sich in kritischen Situationen auf sie zu verlassen? Deckt sich das, was Sie erlebt haben, mit den eventuell vollmundigen Werbeaussagen? Natürlich sollten Sie auf keinen Fall eine so wichtige Entscheidung aufgrund von Bauchgefühl, Sympathie oder Werbeaussagen fällen. Im Gegenteil. Ein Vetorecht sollten Sie Ihrer Intuition aber auf alle Fälle einräumen. Und noch etwas: Zwei Menschen sehen, hören und fühlen mehr als einer. Wenn Sie jemanden kennen, vor dem Sie keine (finanziellen) Geheimnisse haben, nehmen Sie ihn mit. Diese Person kann Ihre Eindrücke ergänzen, bestätigen, korrigieren und sicher auch die eine oder andere Frage stellen, auf die Sie nicht gekommen wären. Und wenn am Ende Zweifel bleiben, kümmern Sie sich um Ihre finanzielle Zukunft lieber selbst.

HIER NOCH EINE GANZ KONKRETE EMPFEHLUNG: Eröffnen Sie noch diese Woche ein Depot bei einer Onlinebank. Übertragen Sie alle bestehenden Wertpapiere dahin. Bis das Geld dort ankommt, haben Sie genug Zeit, um Mut für den dann notwendigen Umbau zu finden.

Teil 4
Lebensqualität gewinnen: Wie Sie das Geld am besten wieder ausgeben

»Als Tiffany am nächsten Morgen erwachte,
sah sie die Kisten und Truhen, die mit Schätzen gefüllt waren.
›Was macht ihr denn damit?‹, fragte sie die Räuber.
Die Räuber schauten einander verblüfft an.
Sie hatten sich nie überlegt, was sie mit
all dem Reichtum anfangen könnten.«[165]
Tomi Ungerer

Sie erinnern sich an den abnehmenden Grenznutzen von Geld? Daran, dass Geld letztlich nichts anderes ist als eingefrorene Zeit, noch nicht realisierte Gestaltungsmöglichkeiten? Dann ist es auch dringend nötig, sich damit zu beschäftigen, wie man diese Zeit wieder auftaut, sich bewusst zu machen, dass Vermögen die Fähigkeit ist, etwas zu tun, nicht der Zustand, etwas zu haben. Wenn Vermögen also Spielräume eröffnen und damit die Lebensqualität erhöhen soll, muss man diese auch irgendwann nutzen. Im Schritt eins möchte ich Ihnen zeigen, mit welchem Vorgehen Sie Geld wieder in Zeit zurücktauschen können und wie Sie Ihren Kapitalverbrauch so planen, dass Sie insbesondere im Alter eine solide Grundlage für Ihre Lebensplanung haben. In Schritt zwei erfahren Sie, was Sie mit Geld gestalten können, welche Formen von Konsum Sie tendenziell glücklicher machen und welche nicht.

12.
Geld ist Zeit: Strategien für Auszeiten, Ruhestand und Privatisieren

Vermögensabbau akzeptieren

Was ich in meiner täglichen Arbeit schon in meiner Zeit bei der Großbank immer wieder gesehen habe: Menschen, die ihr Leben lang gespart haben, um es irgendwann später einmal besser zu haben, stellen mit dem Ende ihrer Erwerbsarbeit das Programm fast nahtlos um. Von »Dieses Geld soll langfristig meinen Lebensstandard sichern« auf »Mein Vermögen soll auf keinen Fall weniger werden.« Ein klassischer Zielkonflikt: »You can't have your cake and eat it.« Der Versuch, möglichst nichts und wenn, nur ganz wenig zu verbrauchen, betrifft nicht unbedingt diejenigen, die nur geringe Reserven haben und deshalb sehr vorsichtig sein sollten. Er korreliert vor allem damit, wie sparsam jemand schon in der Phase des Vermögensaufbaus war. Wer sich sein Leben lang deutlich eingeschränkt hat und auf Konsumverzicht konditioniert ist, schafft es im Alter erfahrungsgemäß nicht, freudig Geld auszugeben.

In der Folge werden Vermögenswerte zum Selbstzweck beziehungsweise zu geronnenen Möglichkeiten, die nicht realisiert werden – weder in der Sparphase noch während des Ruhestands. Vermögen sinnvoll genutzt sollte Menschen ja dabei helfen, ein reiches Leben zu führen. Und dennoch verhalten sich erstaunlich viele Menschen, als sei es ihr Ziel, der reichste Mensch auf dem örtlichen Friedhof zu werden. Wenn dann noch keine Kinder oder philanthropische Zwecke da sind, denen das Geld einmal zufließen wird, dann kommt es für den übermäßig Sparsamen auf das Gleiche hinaus, als hätte er das Geld nie gehabt. Tragisch.

Auch dies ist einer der Gründe, weshalb ich gegenüber gesteigerter Sparsamkeit ein so hohes Misstrauen habe und warum ich Ihnen dringend einen Konsumtopf empfehle. Sonst landen Sie paradoxerweise schnell bei dem Ergebnis, dass ausgerechnet Menschen mit einer besonders hohen Sparquote im Ruhestand einen eher niedrigen Lebensstandard haben – dafür aber zweifelsohne reichere Erben. Es ist generell ja sehr unklug, das Leben, das Erfüllen von Wünschen und Träumen laufend auf später zu verschieben. Dafür ist das Leben zu unberechenbar. In der Praxis habe ich mehr als einmal erlebt, dass Menschen, die abends voll unbegründeter Sorge, ob ihnen das Geld den Rest ihres Lebens reichen wird, ins Bett gegangen sind, am nächsten Morgen tot aufgewacht sind.

Wenn – wie es Finanzmenschen feinfühlig formulieren – Ihr Humankapital aufgebraucht ist, Sie also nichts mehr verdienen, sollten Sie sich an den Gedanken gewöhnen, dass es für die meisten Menschen unvermeidbar ist, einen Teil ihres Kapitals wieder zu verbrauchen. Das ist der Regelfall und nicht weiter tragisch – solange Ihnen am Ende des Geldes nicht (zu viel) Leben übrigbleibt. Aber auch wenn das Vermögen vieler Menschen, die ich kenne, eine weit längere Lebenserwartung hat als der Mensch selbst: Die wenigsten Menschen haben ein so hohes Vermögen, dass sich damit ein dauerhaft generationenübergreifendes Imperium aufbauen lässt. Spätestens in zwei, drei Generationen wird realistisch das meiste weg sein. Nicht nur, weil einige Erben das Vermögen potenziell verschleudern werden, sondern allein schon deshalb, weil sich das Geld nach und nach auf immer mehr Köpfe verteilt. Diese Erkenntnis ist für viele Vermögende bitter. Ist das verdeckte Ziel so manchen Vermögensaufbaus doch letztlich immer auch der Versuch, der eigenen Endlichkeit etwas Bleibendes entgegenzusetzen: möglichst etwas Sichtbares – ein Haus, ein Unternehmen, notfalls auch »nur« ein größeres Wertpapierdepot.

Umgekehrt visualisiert das Abschmelzen des Vermögens wie in einem Stundenglas das Abschmelzen der eigenen Lebenszeit. Der machbare Versuch, am Geld festzuhalten, wird so zum unbewussten und unmöglichen Versuch, die Zeit anzuhalten.

Wenn ich mit meiner Endlichkeit auch die Endlichkeit meines Vermögens akzeptiert habe, fällt es mir leichter, mir die eigentlich relevanten pragmatischen Fragen zu stellen: Reicht mein Geld bis zum Lebensende? Welchen Lebensstandard, also wieviel Verbrauch, kann ich mir dauerhaft leisten? Und: Kann oder will ich meinen Kindern etwas hinterlassen?

Vermögensabbau planen und kontrollieren

Es gibt eine ganze Reihe Ratgeber, die mit mathematischer Präzision erlauben, die Frage des kontrollierten Geldverbrauchs zu beantworten.[166] Das Problem: Je differenzierter die Lösung, um so komplexer ist auch die Herangehensweise. Mein Rat: Wenn Sie es genau wissen wollen oder müssen, nehmen Sie sich einen Honorarberater, der auf Finanzplanungen spezialisiert ist.

An sich ist eine solche Finanzplanung eine sinnvolle Angelegenheit: Sie gibt Ihnen ein Gefühl für die wichtigsten Stellschrauben, hilft abzuschätzen, wie realistisch und robust die eigene Planung ist, also wieviel negative Szenarien sie aushält und ob Sie noch auf der Spur sind. Im Regelfall schont es die eignen Nerven, da die meisten Menschen ihre finanzielle Situation zu pessimistisch einschätzen. Damit schützt eine Finanzplanung vor kurzfristigen und undisziplinierten Entscheidungen, sei es beim Konsum, sei es in Kapitalmarktkrisen. So weit, so gut.

Doch Vorsicht: Exakt an der Finanzplanung ist allein die Berechnung, nicht die unterstellten Parameter. Lediglich leichte Anpassungen der unterstellten Kennzahlen zu Renditen, Inflation oder Lebenserwartung haben wegen der langen Laufzeit gewaltige Auswirkungen auf die Ergebnisse. Sie können sich die Resultate also nach Belieben schön oder hässlich rechnen (lassen). Wie bei jeder Finanzplanung gilt aber auch bei Ihrer: Es kommt sicher anders als geplant. Schon nach drei Monaten, spätestens nach drei Jahren stimmt vieles nicht mehr. Erst ein bisschen, dann immer mehr. Denn die Bandbreite der möglichen Ergebnisse ist immens. Das ist zwar schwer zu akzeptieren, aber nicht zu ändern. Nicht nur der Kapitalmarkt oder die steuerlichen Rahmenbedingungen sind kaum berechenbar, vor allem ist es das eigene Leben: Liebe, berufliche Veränderungen, Schicksalsschläge. Auch hier ist nur eines gewiss: dass wir im Grunde nur sehr wenig wissen. Eine gute Finanzplanung sollte deshalb transparent unterschiedliche Szenarien und Unwägbarkeiten offenlegen.

Eine schlechte Finanzplanung dagegen verkauft Ihnen eine Sicherheit, die es nicht gibt. Eine aus der Fantasie gespeiste Landkarte mit bunten Monstern, Städten und pittoresken »Wilden«. Schön anzusehen, aber fast eine Garantie, sich zu verirren, wenn man sich an ihr orientiert. Sie brauchen keine längst abgelaufene Landkarte, Sie brauchen einen Kompass – oder einen guten Tourguide. Aus diesem Blickwinkel betrachtet ist es dann auch kein großes Unglück, dass die meisten dieser Pläne abgeheftet werden, im Regal verstauben und nicht mehr hervorgeholt werden. Ganz gefährlich wird es, wenn ein provisionsorientierter Produktverkäufer so einen Finanzplan macht: Da können Sie wetten, dass die Maschine so eingestellt ist, dass am Ende eine für den angeblichen Berater optimale Produktempfehlung herauskommt: von überteuerten Investmentfonds über Lebensversicherungen bis zu geschlossenen Beteiligungen. Gerade bei Strukturvertrieben sind solche generischen Scheinplanungen ein Klassiker.

Bevor ich Ihnen eine praktikable und rationale Lösung dafür vorstelle, wie Sie sicherstellen, dass Ihnen das Geld im Alter nicht ausgeht, möchte ich noch mit ein paar verbreiteten unsinnigen Überlegungen aufräumen. Denn es ist, wie Sie sich erinnern, erst mal viel wichtiger, die groben Fehler zu vermeiden, als alles exakt richtig zu machen.

Die erste Variante angewandten Blödsinns sind sogenannte Lebenszyklusmodelle. Hier werden in den Jahren vor dem Ruhestand die Aktienpositionen einer Vermögensverwaltung oder Rentenversicherung schrittweise in Anleihen umgeschichtet, um dann mit Ende der Erwerbsarbeit bei null oder nahe null anzukommen. Stichwort: Risikoreduktion. Dabei gibt es jedoch eine erhebliche Denkfalle: Ein 60-jähriger Mann hat in Deutschland noch eine Lebenserwartung von rund 22, eine Frau sogar von über 25 Jahren.[167] Ein Wert, der in den nächsten 40 Jahren laut Statistischem Bundesamt noch einmal um drei bis vier Jahre ansteigen dürfte.[168] Wenn das Geld also schrittweise bis ans Lebensende ausgegeben werden soll, ist das – zumindest für größere Teile des Vermögens – ein sehr langer Anlagehorizont, oft länger als die Ansparphase. Das Vermögen für so lange Zeit kampflos der Inflation zu überlassen, ist alles andere als schlau. Dazu kommt, dass diese Herangehensweise völlig blind ist gegenüber individuellen Lebens- und Vermögenssituationen. Etwa: Brauche ich die Entnahmen aus dem Depot für die allerwichtigsten Grundbedürfnisse oder nur für eine Verbesserung meines Lebensstandards? Ähnlich stumpf ist deshalb auch die Faustregel »Aktienquote ist 100 minus Lebensalter«, nach der ein 50-Jähriger höchstens 50 %, ein 75-Jähriger höchstens 25 % Aktien halten sollte.

Gilt das für jemanden, bei dem es sehr eng werden wird, genauso wie für Menschen mit erheblichem Vermögen? Rechne ich das über mein Gesamtvermögen oder nur für mein Depot? Ist es egal, wie sicher und hoch meine sonstigen Einkünfte sind? »100 minus Lebensalter« ist also höchstens ein Hinweis, dass man klug beraten ist, mit zunehmendem Alter Kapitalmarktrisiken abzusenken.

Immer wieder trifft man auch auf Pauschalaussagen wie die, dass eine Entnahme von 4, 5 oder gar 6 % des Vermögens im Ruhestand unproblematisch sei. Im Regelfall werden dabei viel zu optimistische Annahmen getroffen – gerade bei den unterstellten Renditen für Anleihen. Das ist nicht verantwortungsvoll. Ihre Strategie muss ja auch in schlechteren Kapitalmarktszenarien funktionieren und auch, wenn Sie sich partout nicht an das statistische Durchschnittsalter halten wollen. Mag sein, dass eine 60-jährige Frau im Schnitt 85 Jahre wird. Das hilft aber nichts, wenn Sie zu den 20 % der heute bereits 60-jährigen Frauen gehören, die schon mindestens 96 werden.[169]

Zum letzten und verbreitetsten Unsinn: Wenn Sie den Rest Ihres Lebens eine Rentenzahlung absichern wollen, liegt es da nicht schon sprachlich nahe, eine sogenannte sofortbeginnende Rentenversicherung abzuschließen? Nein, überhaupt nicht. Bis auf eine einzige Ausnahme, die ich Ihnen unten genauer erklären werde, ist dieses Produkt eine Katastrophe: Es ist intransparent und teuer, reduziert den Lebensstandard und bringt die folgende Generation mit schöner Regelmäßigkeit um einen Teil ihres Erbes und Sie damit um einen Teil Ihrer finanziellen Lebensleistung. Warum so viele Menschen sich für solch ein Produkt entscheiden, ist erstaunlich. Denn trotz aller Intransparenz brauchen Sie kein Aktuar oder Professor für Finanzmathematik zu sein, um festzustellen, dass das Produkt nicht in Ihrem Interesse ist. Da reicht Volksschule Sauerland. Wenn Sie ein Angebot vorliegen haben, müssen Sie nur eine ziemlich einfache Rechnung durchführen. An einem konkreten Beispiel: Sie sind ein 63 Jahre alter Mann und zahlen 405 000 Euro in eine solche Versicherung ein. Ihre garantierte Rente beträgt dann rund 1 250 Euro, mit Überschussbeteiligungen werden Ihnen 1 550 Euro in Aussicht gestellt. Wenn Sie vorzeitig versterben, wollen sie sicherstellen, dass Ihre Erben zumindest die noch nicht erhaltenen Rentenzahlungen der ersten zehn Jahre bekommen. Rechnen wir vernünftigerweise mit der vertraglich garantierten Zahlung und nicht mit dem erfahrungsgemäß häufig gebrochenen Versprechen der Versicherung. Wie lange dauert es nun, bis Sie Ihr eingezahltes Geld unverzinst wieder zurückhaben?

Schritt 1:
405 000 € : 1250 € = 324. Ihr Beitrag reicht unverzinst für 324 Monate.

Schritt 2:
324 Monate: 12 Monate = 27. 324 Monate sind nach Adam Riese 27 Jahre.

Schritt 3:
63 Jahre + 27 Jahre = 90 Jahre. Sie sind dann 90 Jahre alt.

Keine wirklich komplexe Rechnung und trotzdem werden Sie nicht der Erste sein, der dann glaubt, er habe sich verrechnet oder vertippt: Kann das wirklich wahr sein? Denn das ist kein Extrembeispiel, das ist ein ganz normales Angebot.[170] Auch wenn Sie die versprochene Überschussbeteiligung der Versicherung hinzurechnen, wären Sie Mitte 80, bis Sie wieder im Besitz Ihrer Einzahlung sind, ohne einen Cent Zinsen! Und noch eine schlechte Nachricht: Falls Sie dann noch am Leben sein sollten, wird die auf dem Papier mit der Zeit leicht angestiegene Rentenzahlung inzwischen vermutlich deutlich weniger Kaufkraft haben. Denn die jährliche vertragliche Erhöhung der Rente liegt meist unter der Inflationsrate. Real, also nach Inflation, haben Sie auch mit 85 beziehungsweise 90 – wenn Sie mit der garantierten Rente rechnen – noch Geld verloren. Wenn Sie tiefer gehen wollen: Mit einem Zinsrechner aus dem Internet können Sie dasselbe Szenario auch bei einer unterstellten Rendite auf Ihr eingezahltes Kapital von 1 %, 2 % oder 3 % rechnen. Sie werden aus dem Staunen nicht rauskommen: Schon bei 1 % Rendite reicht das Geld oft bis zum 100. Lebensjahr, bei 3 % mitunter bis in alle Ewigkeit. Wenn Sie dann noch auf der Seite der Gesundheitsberichterstattung des Bundes nachprüfen, wie hoch Ihre restliche Lebenserwartung bei Vertragsabschluss ist[171], dann werden Sie verstehen, dass das ein Spiel ist, das nicht mal Jopie Heesters gegen die Versicherung gewonnen hätte.

Wenn Sie schon viele Jahre in eine Kapitallebensversicherung oder eine Rentenversicherung eingezahlt haben und Sie jetzt die Wahl zwischen einer lebenslangen Rente und der Auszahlung des angesparten Kapitals haben, kann die Situation in einigen Fällen besser aussehen. Doch bevor Sie sich für eine Verrentung entscheiden, sollten Sie auch hier unbedingt erst einmal nachrechnen. In der Regel ist die Verrentung auch hier eine sehr unattraktive Option.

Zu der miserablen Verzinsung Ihres Kapitals kommt noch eine ganze Latte weiterer Nachteile. Zwei davon: Erstens kommen Sie nur mit Abschlägen oder gar nicht wieder an Teile des eingezahlten Kapitals. Kündigen können Sie den Vertrag in der Regel nicht mehr. Zweitens: Wenn Sie versterben, bekommt das verbleibende Geld zum Großteil die Versicherung, nicht Ihre Erben. Auch das können Sie durch eine verlängerte sogenannte Rentengarantiezeit abmildern, nur dass Ihre Rente dann noch übersichtlicher wird.[172]

Weshalb schließen dennoch so viele Menschen ein so unsinniges Produkt ab oder entscheiden sich bei bestehenden Verträgen für eine Verrentung? Meine Vermutung ist, dass dahinter ein Stück weit ein nicht weiter reflektierter semantischer Automatismus liegt: sichere Rente = Rentenversicherung. Ich habe oft genug erlebt, dass Menschen ihre eigene Naivität nicht fassen konnten, wenn man ihnen einmal den Taschenrechner in die Hand gedrückt hat. Und es kommt noch ein zweiter entscheidender Faktor dazu: die Verlustaversion, das größte Einfallstor für menschliche Fehlentscheidungen schlechthin. Mit ihr haben wir uns ja oben schon mehrfach beschäftigt, als es darum ging, warum Menschen sich am Kapitalmarkt so irrational verhalten. Auch im Kontext der Absicherung im Alter schlägt diese Verlustaversion zu und zwar in voller Macht.

Daniel Kahneman und Amon Tversky haben überzeugend nachgewiesen, dass Menschen bereit sind, einen irrational hohen Preis zu zahlen, um die verschwindend geringe Wahrscheinlichkeit, dass ein unerwünschtes Ereignis eintritt, auf null abzusenken. So entscheiden sich Menschen lieber dafür, ohne Risiko 88 US-Dollar zu erhalten, als mit 98 % Wahrscheinlichkeit 100 US-Dollar zu gewinnen, und das, obwohl die zweite Variante ganz offensichtlich einen um 10 US-Dollar höheren Erwartungswert hat. Diese als Sicherungseffekt beschriebene kognitive Verzerrung ist auch auf sehr hohe Geldbeträge übertragbar.[173] Auf die Sicherung des Lebensstandards im Ruhestand übertragen heißt das natürlich, dass Menschen eine bescheidene, aber sichere Rentenzahlung einer deutlich attraktiveren, aber nicht genau kalkulierbaren Kapitalmarktlösung vorziehen. Grundlage der Entscheidung ist dabei noch nicht mal eine saubere Kalkulation von Erwartungswerten und Wahrscheinlichkeiten, sondern ein diffuses Gefühl. Die Entscheidung fällt meist intuitiv, bevor ein strukturiertes Nachdenken überhaupt hätte einsetzen können. Das ist umso unreflektierter, als es diese hundertprozentige Sicherheit ja gar nicht gibt. Das hohe systematische Risiko, wenn die Versicherung pleitegeht, oder auch das Risiko, dass Ihre Lebensversicherung Ihren Vertrag an ein anderes Versicherungsunternehmen verkauft, wird schlicht nicht wahrgenommen. Denn dass das neue Versicherungsunternehmen Ihre monatliche Rentenzahlung nach einem sogenannten run-off potenziell spürbar absenken darf, ist schlicht unbekannt.[174]

Es existiert nur eine Konstellation, in der eine Rentenversicherung sinnvoll ist: wenn Sie schon relativ alt sind und absehen können, dass es mit dem Geld wirklich eng wird. Die allgemeinen Spielregeln der Versicherung werden dadurch nicht besser oder fairer, aber Sie befinden sich dann in einer Situation, in der eine Wette mit der Versicherung über Ihre Lebenserwartung anfängt, rational zu werden. Was Sie jetzt brauchen, ist nämlich weniger eine gute Kapitalanlage, sondern tatsächlich eine Versicherung gegen ein biometrisches Risiko. Die Versicherungsbranche bezeichnet das zart als Langlebigkeitsrisiko. Wenn Sie etwa 80 Jahre alt sind und Ihr Kapital reicht unverzinst noch für zwölf oder dreizehn Jahre, dann kann es Ihnen letztlich egal sein, dass Sie als Mann statistisch gesehen nur noch acht Jahre leben werden.[175] Was Ihnen nicht passieren darf, ist, dass Sie mit 93 vor dem finanziellen Aus stehen. Wenn Sie eine Versicherung vor diesem Szenario schützen kann – gut. Dass Sie dabei ordentlich über den Tisch gezogen werden, müssen Sie tapfer ertragen.

Für die meisten Menschen ist eine klug aufgestellte Kapitalanlage die deutlich bessere Entscheidung. Ich zeige Ihnen, wie eine solide, gleichzeitig aber auch pragmatische Lösung aussieht. Das ist – wie bei allen Ratschlägen bisher auch – nicht die weltbeste oder gar präziseste Lösung, aber sie ist praktikabel und beherrschbar. Sie ist in Summe viel besser als die meisten Alternativen.

Sie erinnern sich an die Fontana di Trevi? An die oben erläuterten Töpfe für Notfälle, mittelfristige Anschaffungen, Konsum und Vermögensaufbau? Mit dem Wegfall der Erwerbsarbeit und dem Beginn eines Vermögensverzehrs müssen Sie diese Herangehensweise ein Stück weit modifizieren. Ein Budget für mittelfristige Anschaffungen und Reparaturen sowie für lustvollen Konsum brauchen Sie weiterhin. Was Sie umbauen müssen, ist Ihr Notfallbudget und die Kapitalanlage. Die müssen Sie jetzt so aufstellen, dass Sie Ihren Lebensstandard dauerhaft aufrechterhalten können.

Als Erstes müssen Sie dazu wissen, wieviel Geld Sie für Ihre Altersvorsorge benötigen. Hierfür sollten Sie herausbekommen, wie hoch Ihre statistische Lebenserwartung noch ist. Und weil Ihnen das Geld nicht ausgehen darf, nur weil Sie sich nicht an das statistische Durchschnittsalter halten, sollten Sie wissen, wie alt Sie werden, wenn Sie zu den Menschen zählen, die zu den 20 % der Menschen mit dem höchsten erreichten Lebensalter gehören. Mit 60 sind das bei Männern derzeit 93 Jahre, bei Frauen sogar 96.[176] Und um auf Nummer sicher zu gehen, legen Sie vorsichtshalber noch ein Jahr drauf. Ich nenne das Ihre optimistische Lebenserwartung. Damit bauen Sie ein erstes Sicherheitsnetz ein: Sie kalkulieren mit einer weit überdurchschnittlichen Lebenserwartung. Im nächsten Schritt ermitteln Sie dann, wieviel Geld Sie jeden Monat benötigen. Wenn Sie ein paar Monate Haushaltsbuch geführt und sich kritisch die Kontoumsätze der letzten ein, zwei Jahre angesehen haben, sollten Sie eine realistische Vorstellung haben, wieviel das ist.

Zum Glück müssen die wenigsten Menschen allein von ihrem Vermögen leben. Deshalb können Sie von diesem Betrag abziehen, was Sie an laufenden monatlichen Einkünften aus Renten und Nettomieten haben. Aber rechnen Sie sich nichts schön: Bei Mieten sollten Sie – in Abhängigkeit von der Solidität Ihrer Immobilie – zur Sicherheit kalkulatorisch Leerstände von 5 % oder 10 % mitberücksichtigen. Wenn Sie das gemacht haben, ziehen Sie nochmal mindestens 2 Euro pro Quadratmeter und Monat für Rücklagen ab, bei älteren Objekten eher mehr. Jetzt können Sie ausrechnen, wieviel zusätzliches Einkommen Ihnen jeden Monat noch fehlt.

Bevor Sie Vermögen am Kapitalmarkt anlegen, sollten Sie das Geld, das Sie in den nächsten fünf Jahren verbrauchen wollen, auskoppeln. Das Geld, das Sie für die nächsten sechs Monate benötigen, packen Sie auf ein Tagesgeldkonto.[177] Von dort aus starten Sie einen monatlichen Dauerauftrag auf Ihr laufendes Konto.

Den Rest investieren Sie in Anleihen sehr guter Schuldner. Die Anleihen müssen Sie so staffeln, dass alle sechs Monate das Budget für die nächsten sechs Monate fällig wird. Denn durch die gestaffelten Fälligkeiten schließen Sie sämtliche Kursrisiken aus. Als Schuldner für die Anleihen bietet sich besonders die Bundesrepublik Deutschland an. Denn so verhindern Sie nach menschlichem Ermessen auch, dass Ihr Schuldner pleitegehen kann. Eine Sicherheit, die Sie bei Tages- und Festgeldern nicht haben. Die Inflation werden Sie damit vermutlich auch in Zukunft nicht schlagen, aber immerhin bekommen Sie ein paar Zinsen.

Nach jedem positiven Kapitalmarktjahr füllen Sie dieses Fünf-Jahres-Budget aus Ihrem Depot heraus wieder auf. In Krisenzeiten müssen Sie abwarten. Das können Sie bei dem von mir empfohlenen Puffer ja notfalls fünf Jahre lang durchhalten. Warum empfehle ich Ihnen das? Wenn Sie den verbleibenden Kapitalstock in eine Strategie mit 50 % Aktienquote investieren, entsprechen diese fünf Jahre genau der Zeit, die – nach der Faustformel im Kapitel zu Risiko und Rendite – mit sehr hoher Wahrscheinlichkeit ausreicht, damit sich Ihr Portfolio auch nach heftigen Krisen wieder erholt. Sie verhindern so, dass Sie Positionen, die im Verlust sind, verkaufen müssen, und entschärfen damit ein Stück weit das gefürchtete Sequenzreihenrisiko, also das Risiko, dass die übelsten Jahre einer Kapitalmarktinvestition ganz am Anfang liegen und Ihnen das Gesamtergebnis verhageln.[178] Außerdem führt das Verfahren dazu, dass Ihre Risikoquote mit zunehmendem Alter langsam absinkt, ohne dass Sie Ihr Portfolio laufend nachjustieren müssen. Denn der Kapitalanlagetopf wird langsam kleiner, die Sollquote für den Fünf-Jahres-Topf aber bleibt gleich. Dabei sollten Sie sich aber keine Illusionen machen: Eine bessere erwartete Gesamtrendite bekämen Sie natürlich, wenn Sie komplett investiert wären. Aber das von mir vorgeschlagene vorsichtigere Verfahren schützt Sie vor sehr negativen Szenarien und es schont Ihre Nerven. Es hilft Ihnen so, die Strategie auch in Krisenzeiten durchzuhalten. Das ist wichtiger als eine Renditeoptimierung. Das Fünf-Jahres-Budget ist damit neben der Kalkulation mit einer sehr hohen Lebenserwartung das zweite Sicherungsnetz, welches das Gelingen Ihrer Strategie deutlich wahrscheinlicher macht.

Als letzten Schritt müssen Sie Annahmen zur erzielbaren Rendite sowie zum eingegangenen Risiko treffen. Und da fängt das eigentliche Elend an. Gehen wir davon aus, dass Sie den Teil Ihrer Altersvorsorge, der in ein Wertpapierdepot fließen soll, mit einer Aktienquote von 50 % anlegen. Wenn Sie den Verlauf eines solchen Portfolios in einer sogenannten Monte-Carlo-Simulation berechnen, kommen Ergebnisse heraus, die mitunter Welten auseinanderliegen. Kein Wunder, der Kapitalmarkt ist von hoher Unsicherheit gekennzeichnet, und wenn ein Simulator 1000 oder gar 10 000 zufällige Abläufe rechnet, werden ein paar von diesen herausragend gut oder aber auch ein paar herausragend schlecht aussehen.[179] Ich schlage Ihnen deshalb vor, für Ihre Altersvorsorge mit einer sehr vorsichtigen Renditeerwartung zu rechnen. Gehen Sie davon aus, dass es Ihnen insgesamt gelingt, die Kaufkraft Ihres Kapitals zu erhalten und dass die Rendite aus Ihrem Depot und aus dem Cash-Topf für die nächsten fünf Jahre durchschnittlich nur so hoch sein wird wie die Inflationsrate.[180] Diese pessimistische Renditeannahme ist Ihr drittes Sicherheitsnetz.

Um die Höhe Ihres Kapitalbedarfes zu ermitteln, müssen Sie jetzt nur noch Ihren jährlichen Kapitalbedarf mit Ihrer optimistischen restlichen Lebenserwartung multiplizieren. Inflation und Rendite können Sie für diese Berechnung ignorieren, da sie sich rechnerisch aufheben. Dafür, dass das insgesamt aufgeht, gibt es zwar keine Garantie, aber mit solch vorsichtigen Annahmen wird Ihr Portfolio mit hoher Wahrscheinlichkeit bis an Ihr Lebensende durchhalten. Konkret: Wenn Sie als Mann mit 60 mit dem Verbrauch anfangen, dann wird in den angesprochenen Monte-Carlo-Simulationen Ihr Kapital mit 97,5 % Wahrscheinlichkeit bis zu Ihrem 90. Lebensjahr reichen. Mit noch gut 90 % Wahrscheinlichkeit wird immer noch Vermögen da sein, wenn Sie 95 werden und damit schon zwei Jahre älter geworden sind als die 20 % Menschen mit der höchsten Lebenserwartung.[181] Ein Problem bekommen Sie also nur, wenn sich Ihr Portfolio historisch gesehen extrem schlecht entwickelt und Sie gleichzeitig uralt werden. Die kombinierte Wahrscheinlichkeit dafür liegt bei deutlich unter 1 %.

Wenn Sie trotzdem nach wie vor ein ungutes Gefühl haben: Das ist aufgrund der tief in unserer DNA verwurzelten Verlustaversion ganz normal. Dass Menschen, die Kapital verbrauchen, nervöser auf Kapitalmarktschwankungen reagieren als diejenigen in der Aufbauphase, ist nicht anders zu erwarten. Das erlebe ich in meiner täglichen Arbeit permanent, live und in Farbe. Deshalb erachte ich es ja auch als für so wichtig, lieber ein Sicherheitsnetz zu viel als eines zu wenig einzubauen. Nicht, weil es unglaublich rational ist, an jeder Ecke Horrorszenarien zu unterstellen. Aber weil sonst das Risiko, dass Sie die Strategie nicht durchhalten, zu hoch ist, dass Sie doch noch in der Sorge um Ihren künftigen Lebensstandard in Krisensituationen die Reißleine ziehen. Denn eines sollte Ihnen glasklar sein: Das größte Risiko dafür, dass Sie mit Ihrer Strategie scheitern, liegt in Ihrem eigenen Verhalten.

Wenn Sie dennoch weiter auf der Suche nach der hundertprozentigen Sicherheit sind, die es nicht gibt, wenn Sie trotzdem lieber eine Versicherung abschließen wollen: Sie sollten sich stets vor Augen halten, dass in einem Großteil von wirklich extremen Crash-Szenarien am Kapitalmarkt auch eine Versicherung in existenziellen Schwierigkeiten sein kann und wird. Die freie Marktwirtschaft in Gänze wird sich wieder erholen – ein einzelnes Versicherungsunternehmen vielleicht nicht. Und Sie sollten an die Menschen denken, die Sie lieben. Eine Kapitalmarktlösung wird Ihnen mit hoher Wahrscheinlichkeit ermöglichen, einen guten Teil Ihres Vermögens diesen Menschen zu hinterlassen. Wenn Sie etwa mit 65 mit einer Entnahme beginnen, die auf Basis eines Kaufkrafterhalts Ihres Vermögens kalkuliert ist, wird bei einer nur durchschnittlichen Kapitalmarktentwicklung und beim Erreichen Ihrer durchschnittlichen Lebenserwartung noch über die Hälfte des Vermögens übrig sein.[182]

Schauen wir uns zum Schluss ein konkretes Beispiel an: Peter ist heute 60 Jahre alt. Seine Wahrscheinlichkeit, älter als 93 zu werden, liegt damit bei knapp unter 20 %. Sein Geld sollte also, wenn er, um seine Nerven zu beruhigen, noch zwei Jahre draufrechnet, für 35 Jahre beziehungsweise 420 Monate reichen. Aus seiner staatlichen Rente erhält er 1800 Euro. Dazu kommen 900 Euro Miete aus einer 90-Quadratmeter-Wohnung in solider Lage in Augsburg. Für Leerstände sollte er vorsichtshalber 10 % – also 90 Euro – im Monat abziehen, ebenso 2 Euro pro Monat und

Quadratmeter, also monatlich 180 Euro für Instandhaltungsrücklagen. Rechnerisch hat er damit 2430 Euro im Monat. Nach seiner subjektiven Wahrnehmung reicht das für das Gröbste. Um seinen bisherigen Lebensstil beizubehalten, bräuchte er allerdings gut 700 Euro mehr im Monat. Abgesehen davon, dass er sich ja »eigentlich« ein bisschen mehr vorgestellt hat und sich ein paar längere Reisen gönnen wollte. In Summe liegt seine Vorstellung eher bei 3600 Euro im Monat. Nach der Faustregel bräuchte er also jeden Monat zusätzlich 1170 Euro und das für rechnerisch 420 Monate, in Summe also 491400 Euro.

Gehen wir fürs Erste davon aus, dass Peter ein Wertpapierdepot in Höhe von 750000 Euro, also genügend Vermögen für sein Vorhaben hat. Dann ist das Ganze unproblematisch. Der Plan wird mit an Sicherheit grenzender Wahrscheinlichkeit aufgehen. Für die gut 250000 Euro Depotvolumen, die nicht Teil seines Entnahmeplans sind, könnte er theoretisch auch höhere Kapitalmarkrisiken eingehen. Ob er es sich dabei mental leichter macht und ein separates Depot für das »überflüssige« Geld einrichtet oder er diese höhere Risikotragfähigkeit über das Durchschnittsrisiko in seinem Wertpapiertopf steuert, ist dabei Geschmacksache.

Anders sähe es aus, wenn sein Budget nicht ausreichen sollte. Dann sollte Peter jetzt – und nicht erst, wenn es eng wird – über Alternativen nachdenken: Einfach die Aktienquote zu erhöhen und so eine höhere Rendite zu erzwingen, ist dabei keine wirklich weise Entscheidung: Ja, die Ergebnisse werden durchschnittlich besser werden, aber die negativen Szenarien leider auch ein gutes Stück schlechter und wahrscheinlicher. Realistischer wäre eine niedrigere Entnahme, also Konsumverzicht. Dazu könnte Peter rückwärts ausrechnen, eine wie hohe Entnahme sein Kapital eigentlich zulässt. Klug beraten wäre er auch damit, rechtzeitig über den Verkauf seiner vermieteten Immobilie nachzudenken. Das kann mental sehr schwerfallen, vor allem, wenn man immer älter wird. Am Ende wird es trotzdem unvermeidbar sein, weil sich ganz offensichtlich die Substanz einer Immobilie nicht verfrühstücken lässt. Mit dem Verkauf des Badezimmers kann man eben keine Australienreise unternehmen. Wenn Peter irgendwann 80 Jahre alt ist und es nur noch wenig finanziellen Spielraum gibt, käme für ihn notfalls der Abschluss einer Langlebigkeitsversicherung infrage – zumindest, um einen gewissen Mindeststandard abzusichern.

Traumberuf Privatier?

Die Vorstellung, möglichst schnell finanziell frei oder unabhängig zu werden, dominiert im Moment einen guten Teil der Finanzdiskussionen im Netz. Warum mit dem Ruhestand bis 60, 65 oder länger warten, wenn es schon mit 40 oder früher geht? Neben der bereits im Kapitel über Geld und Glück als abwegig einsortierten »Wie werde ich ganz schnell ganz reich«-Literatur gibt es hier einen zumindest etwas intelligenteren Weg: den Frugalismus oder Minimalismus. Die Grundidee ist erst einmal sympathisch: sich klarzumachen, auf welchen Konsum man verzichten kann, bewusster zu leben und eine möglichst hohe Sparquote zu erreichen. Von 60 % oder gar 80 % ist da die Rede.[183] Auf dieses Weise soll es gelingen, möglichst früh aus dem »Hamsterrad der Erwerbsarbeit« auszubrechen und von sogenanntem »passiven Einkommen« zu leben. FIRE – Financial Independence Retire Early – lautet daher ein weiteres Schlagwort aus der Szene. Der Ansatz ist erst mal Erfolg versprechender als die erste Million in sieben Jahren[184], da er nicht mit völlig überzogenen Renditen, Autosuggestion oder unrealistischen Projekten operiert, sondern mit einer radikalen Absenkung des Referenzrahmens, sprich des Lebensstandards. Wer diese Form des Brutalsparens schön findet, kann das gerne so machen. Ich habe bei aller (schein-)philosophischen Überhöhung des Konzepts dennoch massive Vorbehalte: Die vermeintliche Loslösung von materiellen Annehmlichkeiten bewirkt am Ende fast zwangsweise das Gegenteil: eine Fixierung auf Geld und Konsum – wenn auch ex negativo. Die Grenze von der Sparsamkeit zu Geiz, Gier und moralinsaurer Askese ist da sehr schnell überschritten. So erklärt Florian Wagner, Autor des relativ intelligenten und philosophischen Buches *Rente mit 40,* den Lesern seines Blogs unter geldschnurrbart.de inzwischen hauptsächlich die letzten heißen Investments: Kryptowährungen, NFTs, Uranaktien, Social Trading, Optionen. Von der üblichen finanzpornografischen Sauce ist das nicht mehr zu unterscheiden. Darauf angesprochen erklärte er mir, er habe sich eben weiterentwickelt. Das wage ich zu bezweifeln. Ein radikal frugaler Lebensstil führt automatisch zum Verzicht an kultureller und sozialer Teilhabe. Spätestens dann, wenn ich finanzielle Verantwortung für meinen Lebenspartner oder Kinder habe, kann das sehr unschön werden.

Und ich sehe noch einen weiteren problematischen Punkt: die Grundannahme, Erwerbsarbeit sei in der Regel etwas Negatives, ein Hamsterrad. Das Leben ist viel zu kurz, um 20 Jahre einen Job zu erledigen, der keine Freude bereitet. Das Ganze mit dem Ziel, jeden Cent zu sparen. Nur um dann diesen unerfreulichen Lebensstandard möglichst frühzeitig auch ohne die ungeliebte Arbeit aufrechterhalten zu können. Meiner Meinung nach ist das ein sehr ungünstiger Deal, um Zeit in Geld und Geld zurück in Zeit zu tauschen.

Das Leben langfristig auf die Zukunft zu verschieben und die Gegenwart nur zu erdulden, ist kein überzeugender Lebensentwurf. Schon gar nicht, wenn in dieser Zukunft dann weiterhin alles relativ trist aussieht. Müsste die Aufgabenstellung nicht eher lauten, einen erfüllenden Beruf zu finden, der genügend Einkommen für ein angenehmes Leben generiert? Wie hinter der ersten Million in sieben Jahren steckt meiner Überzeugung nach auch hinter dem Frugalismus letztlich der Fehlschluss, dass einfach genug Geld zu haben alle Probleme löst und glücklich macht. Nur halt auf einem niedrigeren Niveau. Das ist einfach naiv. Dazu kommt der bemerkenswerte Umstand, dass offenbar die meisten erfolgreichen Frugalisten einen Teil ihres Einkommens dadurch generieren, dass Sie anderen zukünftigen Frugalisten per Blog, YouTube oder Buch erklären, wie man Frugalist wird. Liest man etwa Florian Wagners Buch *Rente mit 40*, so trifft das dort auf über die Hälfte der aufgeführten Case Studies zu. Ist das nicht, möchte man spöttisch anmerken, schon fast eine Art Schneeballsystem des Nichtstuns?

Frugalismus hin oder her – ich habe auch so in Summe ein relativ großes Misstrauen gegenüber dem Konzept des Ruhestands, egal ob mit 40, 50 oder 67. Ruhestand, Stillstand, klingt das nicht schon ein bisschen nach dem Ende? Eine erfüllende Arbeit ist ja letztlich etwas Wunderbares. Mein Leitbild sind da eher Menschen wie mein Vater, der mit über 80 noch gerne für seine Mandanten arbeitet und für den die Vorstellung, nicht mehr arbeiten zu können, eher ein Alptraum ist. Ein Grund, ein eigenes Unternehmen zu gründen, war für mich auch der, nicht irgendwann zwangsweise aufs Sofa geschickt zu werden – verbunden mit dem Risiko, dann relativ zügig mental abzubauen.

Das heißt explizit nicht, dass es erstrebenswert ist, als Workaholic zu ackern, bis man eines Tages tot umfällt. Im Gegenteil: Um die zu Geld gefrorene Zeit wieder aufzutauen, muss man nicht zwingend warten, bis man irgendwann in Rente geht. Ich rede dabei nicht vom Wunschtraum der Lottowerbung: Nie mehr arbeiten, jeden Tag am Strand liegen, Cocktail (mit Schirmchen) in der Hand und am Nachmittag auf die Motorjacht, bis einen die Langweile, der Verlust des ehemaligen sozialen Umfelds, der Alkohol oder die Pleite einholt – meist alles zusammen.

Ich habe viele Menschen kennengelernt, die das viel intelligenter gelöst haben. Sie haben nicht einfach aufgehört, zu arbeiten, sie haben – oft auch auf Zeit – ein anderes Projekt zu ihrem Lebensmittelpunkt gemacht. Sie haben die klassische Abfolge »erst arbeiten, dann Ruhestand« aufgeweicht, relativiert, vermischt. Etwa Andrea, die mit Anfang 40 nach ihrem Unternehmensverkauf ihre Stiftung zum Zentrum ihrer Tätigkeit gemacht hat. Paul, der nach Studium und drei Jahren Arbeit mit dem Fahrrad von München nach Bangkok gefahren ist. Matthias, der sich seit dem Börsengang seines Unternehmens als Sparringspartner und Berater in der Münchner Start-up-Szene engagiert. Maria, die mit 55 den ungeliebten Job bei einem IT-Unternehmen gekündigt hat und seitdem ein Antiquariat betreibt. Michael, der mit 48 auf Zeit ausgestiegen und mit seiner Familie drei Jahre um die Welt gesegelt ist.

Für einige dieser Wege braucht man große Vermögen, für manche lediglich das Zutrauen, sich seinen Traum zu erfüllen. Meine Erfahrung: Häufig fehlt es eher an Mut, Fantasie, Gestaltungs- oder Durchsetzungswillen als an Geld. Ich kenne Menschen, die meinen, es sei unvermeidlich, jeden Tag zwölf Stunden im Unternehmen, Büro oder in der Praxis zu stehen. Nicht immer nur aus Gewinnstreben: Allein der Gedanke, jemand anderes könne sich genauso gut wie sie um ihre Mandanten, Kunden oder Patienten kümmern, finden sie absurd, ja unethisch. Am Ende sind das eher Vorwände, künstliche Mauern im Kopf, der Unwille, sich anders und besser zu organisieren, und immer auch ein Stück Eitelkeit und Selbstüberschätzung. Nehmen Sie sich nicht so ernst und gehen Sie in sich: Wie viele Menschen denken sich in ihren letzten Momenten: Ach, hätte ich noch ein paar Wochenenden mehr durchgearbeitet, ach, könnte ich nur ein klein bisschen reicher sterben ...? Der richtige Moment, darüber nachzudenken, wie auch Sie Geld zurück in Zeit tauschen können, ist deshalb vielleicht genau ... jetzt.

13. Vermögen ist die Fähigkeit, etwas zu tun

Kommen wir endlich zu dem, was am Geld das Schönste ist, zum eigentlichen Zweck von Geld – es wieder auszugeben. Wenn die unmittelbaren Grundbedürfnisse gedeckt sind, beginnt irgendwann der Luxus. Solange Geld nicht unbegrenzt vorhanden ist, gibt es immer ein Abwägen: Für was lohnt sich eine Konsumausgabe und für was nicht? Dabei ist die Knappheit von Geld eigentlich etwas Gutes, die Voraussetzung für einen Genuss. Wenn so viel Geld vorhanden ist, dass es keine Rolle mehr spielt, hat es auch letztlich keinen Wert mehr.

Gestalten statt Besitzen

Natürlich gibt es wunderschöne Dinge, die man mit Geld kaufen kann. Doch wenn Sie in Statussymbole investieren, wird es immer jemanden geben, der ein schickeres Auto, eine teurere Uhr oder einen größeren Jet hat. In der Tendenz bewegen Sie sich in einer Abwärtsspirale, die Sie unzufriedener macht. Umso mehr, als sich Menschen ja stets mit ihrer eigenen Peergroup vergleichen, genauer: mit denen, die gerade ein bisschen mehr haben als man selbst. Wenn Sie also mit Ihrem neuen X7 mit Sportpaket über die Autobahn brettern, dann wird die Freude, dass Sie Dutzende von Mittelklassewagen überholen und vielleicht einen neuen Streckenrekord für Starnberg-Kitzbühel aufstellen, nur halb so groß sein wie der ärgerliche Gedanke, dass einer der Partner aus Ihrer Unternehmensberatung sich letzte Woche genau dasselbe Modell bestellt hat wie Sie. Allerdings mit der 530-PS-Maschine, mit Volllederausstattung und in diesem superschicken Matt-Ton. Und: Wenn Sie nicht gerade einen bewussten Ausflug mit Ihrem Auto machen, dann fühlt sich der tägliche Stau auf dem Weg zur Arbeit auch nicht anders an als in einem gebrauchten Fiat Panda.[185]

Auch mit sehr hohen Budgets werden Sie nicht aus diesem Dilemma ausbrechen können. Beeindruckt hat mich in dem Zusammenhang die Geschichte meines Freundes Florian. Er hat mehrere Jahre für ein Unternehmen gearbeitet hat, das 747-Jets für reiche arabische Kunden ausgebaut hat. Es gibt weltweit drei Anbieter dafür und vielleicht vier bis fünf Aufträge pro Jahr. Bei einem Budget von 50 bis 120 Millionen Euro allein für den Innenausbau gab und gibt es letztlich keine Limits: Schlaf- und Badezimmer mit massiv goldenen Wasserhähnen, Konferenzsäle, künstliche Kamine, Bars, Loungebereich, auch ein Thronsaal – alles kein Problem und alles meist in einem sehr biederen, aber umso sichtbareren Prunk. Ein wunderbares Geschäftsmodell: Denn kaum war ein Modell ausgeliefert, konnte man davon ausgehen, dass der nächste Kunde aus dieser gut vernetzten Gruppe für ein Upgrade auf der Matte stehen würde: »Bitte einmal genau das Gleiche, aber größer, glänzender, dicker und teurer.«

Unabhängig davon, dass Sie das tendenziell unzufrieden macht – die Wahrscheinlichkeit, dass Statussymbole Sie Ihren Zielen näherbringen, ist relativ gering. Es sei denn, auf Ihrem Finanzplan-auf-einer-Seite steht seit Jahrzehnten: einen 911er Baujahr 1968 kaufen. Dann ist das natürlich okay, solange Ihre Frau nicht gleichzeitig den Kindern jahrelang für die Schulpause dünn bestrichene Marmeladenbrote mitgibt.

Wenn Sie Geld in Sachen verwandeln, sollten Sie auf ein paar Grundregeln achten: Solange Ihre Ressourcen knapp sind, beschränken Sie sich auf wenige für Sie wirklich bedeutungsvolle Dinge. Dinge, die möglichst nicht nach fünf oder zehn Jahren ausrangiert werden oder kaputt gehen. Klug ist es, sich dabei auf Objekte zu konzentrieren, die nicht direkt vergleichbar sind und kommunikative Räume eröffnen, die sich nicht auf »schneller, teurer, größer« beschränken. Oldtimer wären da vielleicht tatsächlich eine Möglichkeit oder (besser) Kunst. Hier ergeben sich soziale Kontakte und Gesprächsinhalte, die weg vom Statusvergleich hin zu einem kulturellen Kontext gehen können ... zumindest könnten. Dazu hilft gerade das Kunstsammeln bei Menschen, die sehr viel Geld haben, ein Gut zu (er)finden, das dauerhaft und immer knapp sein wird, egal, wie hoch das Budget liegt.[186]

Der kleine Bruder der Belohnung durch Statussymbole ist die Belohnung durch Impulskäufe. Der Tag ist super gelaufen, ich bin richtig stolz auf mich, ich komme auf dem Heimweg an einem Schaufenster vorbei: Jetzt gönn ich mir was. Oder alternativ: Was für ein Sch…tag, richtig gut geht's mir nicht, ich komme auf dem Heimweg an einem Schaufenster vorbei: Jetzt gönn ich mir was. Impulskauf als Trost und Betäubung. Sie erinnern sich: Es sind meist nicht die großen Ausgaben, die uns aus dem finanziellen Konzept bringen und eine vernünftige Sparrate torpedieren. Es sind die kleinteiligen unnötigen Ausgaben – 5 Euro hier, 20 Euro dort, die sich Woche um Woche, Monat um Monat zusammenläppern. So füllt sich eventuell langsam Ihr Schuhschrank, aber solche Ausgaben befinden sich selten im Einklang mit Ihren finanziellen Werten und Zielen. Im Gegenteil: Sie bewegen sich damit im Regelfall Schritt für Schritt von diesen weg.

Wenn Vermögen die Fähigkeit ist etwas zu tun, und weniger der Zustand etwas zu haben, liegt es nahe, eher in (gemeinsame) Erlebnisse zu investieren als in Dinge. Da es am Ende nicht Statussymbole, sondern bedeutungsvolle Beziehungen sind, die uns glücklicher machen, ist das auch keine emotionale Entscheidung, sondern sehr rational. Wenn ich diese These vertrete, dann höre ich oft: Ein Urlaub ist nach zwei Wochen vorbei, an dem neuen Designeresstisch habe ich für die nächsten 40 Jahre etwas. Falsch. Auch an dem Urlaub haben Sie etwas für die nächsten 40 Jahre. Sie investieren in Erinnerungen. Neben dem Glücksgefühl des erlebenden Ichs, das sich auf die Gegenwart, also einen nicht messbar kurzen Übergang von der Zukunft in die Vergangenheit beschränkt, gibt es auch ein Glücksgefühl eines reflektierenden Ichs. Eines Ichs, das auf sein Leben zurück- und in seine Zukunft nach vorne schaut.[187] Es sind solche Erinnerungen an gemeinsame Erlebnisse, an gelebte Beziehungen, die Sie langfristig mitnehmen. Das Gute daran: Die menschliche Erinnerung ist relativ stark selektiv und optimiert im Regelfall das Erlebnis. Es gibt eine faire Chance, dass Sie nicht den zweistündigen Stau im Gedächtnis behalten, sondern das gemeinsame Grillen am Pool mit Kindern und Freunden. Mein mitunter weiser und poetischer Sohn Lukas nennt das »Credit-Points für meine Seele« und erklärt: »Die kann ich dann an grauen und finsteren Tagen hervorholen, wenn ich sie brauche.«

Der amerikanische Autor Bill Perkins nennt das dahinterliegende Konzept »Erinnerungsdividende« und führt aus, dass je früher ich in

Erlebnisse investiere, ich umso länger auch von diesem Erlebnis profitiere. Insofern sei es absolut irrational, in jungen Jahren möglichst viel zu sparen, um im Alter möglichst wohlhabend zu sein.[188]

Mir hat das natürlich sehr gefallen, weil Perkins' Konzept der Erinnerungsdividende nicht zuletzt auch mein wenig frugales Ausgabenverhalten legitimiert, und so habe ich versucht, die Folgen dieses Gedankenspiels einmal für mich durchzurechnen. Seit mehr als 20 Jahren fahren wir in den Pfingstferien mit den Kindern und zwei oder drei befreundeten Familien in den Urlaub ans Mittelmeer. Auch die Kinder unserer Freunde lieben diesen Urlaub so sehr, dass sie, wenn es irgendwie mit Uni oder Job vereinbar ist, auch heute mit Mitte 20 noch mitkommen und mitunter Freund und Freundin mitschleppen. Doch dieses Vergnügen gibt es natürlich nicht zum Nulltarif: Die Kehrseite ist das viele Geld, das dafür draufgeht. Machen wir mal folgende Rechnung auf: 25 Jahre lang 14 Tage Italien-, Griechenland- oder Spanienurlaub à durchschnittlich 4 000 Euro. Stellen wir uns als Nächstes vor, wir hätten dieses Geld Jahr für Jahr gespart und am Kapitalmarkt für die theoretisch erzielbare durchschnittliche Aktienrendite von 5,2 % nach Inflation angelegt. Da kommen über 129 000 Euro zusammen – nur für einen Urlaub jährlich!

Führen wir das Gedankenspiel ein Stück weiter: Weil es der Lieblingstext der meisten braven Mütter und Väter ist, man täte das ja nicht für sich, sondern dafür, dass es den Kindern einmal besser geht, legen wir das ersparte Kapital danach weitere 25 Jahre an, um es am Ende schließlich den Kindern zu schenken. Das Ergebnis *nach* Inflation: Über 458 000 Euro! Ich gebe zu, da wird auch mir kurz schwindlig. Im Klartext: Wären wir nie zu Pfingsten in den Urlaub gefahren, könnte ich mit knapp 80 jedem meiner Kinder fast 115 000 Euro schenken. Die sind dann zwischen Ende 30 und Anfang 50. Und was machen die dann mit dem Geld, um all die Erlebnisse, Erinnerungen, vertieften Freundschaften, Badeausflüge, fröhlichen Grillabende, Boule-Turniere und Ausflüge zu kompensieren? Einen Kredit vorzeitig zurückzahlen? Sich einen teuren Oldtimer und eine Rolex kaufen? Das Geld weiter anlegen, damit es die eigenen Kinder einmal besser haben …? Mir fällt nichts ein, was annähernd so viel verpasstes Leben rechtfertigen würde.

In dem Kontext empfehle ich Ihnen explizit, Geld auch ab und zu lustvoll zu verschwenden und sich etwas zu leisten, das finanziell überhaupt nicht vernünftig ist. Etwa ein verlängertes Wochenende in Paris zum Hochzeitstag oder sündhaft teure Schwarzmarktkarten für ein Billie-Eilish-Konzert für die Tochter (inklusive zwei Übernachtungen, Karten für ihren Bruder als Eskorte und zwei Tagen Schule schwänzen). Finanziell ist so etwas verrückt. Es ist allerdings das Beste, was man tun kann, wenn trübe Tage kommen und man die besagten Credit-Points dringend braucht. An sich ist das ein völlig rationales Vorgehen: ab und zu die Dosis des Geldausgebens so stark zu erhöhen, dass man wirklich etwas spürt und sich die Erinnerung entsprechend stark einprägt.[189] Aber Vorsicht: Die Dosis macht das Gift. Das sollten Sie nicht häufiger als alle paar Jahre einmal machen und nur für Dinge, die ein wirklicher lang ersehnter Herzenswunsch sind. Ich selbst habe so was vielleicht drei-, viermal in meinem Leben in »Reinkultur« getan. Denn zu häufig eingesetzt, verliert es jegliche Wirkung, weil sich einfach nur die Reizschwelle verschiebt. Dann verkehrt sich diese rationale Verschwendung sehr schnell in ihr Gegenteil: Es verschleudert Ihre Ressourcen, widerspricht Ihren finanziellen Wertvorstellungen und gefährdet das Erreichen Ihrer finanziellen Ziele.

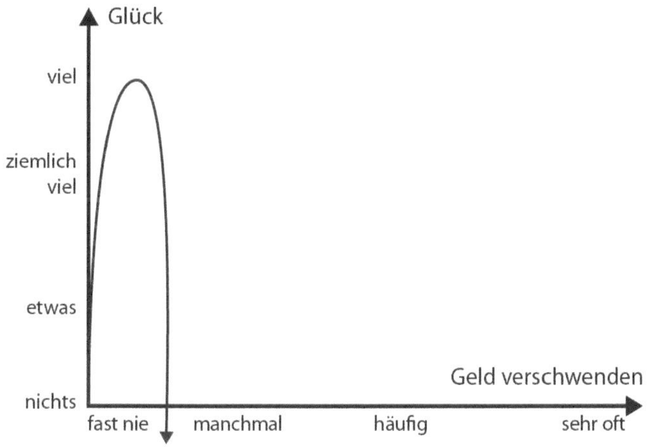

Abbildung 6: Wie Geld verschwenden glücklich machen kann

Feste, Ausflüge, Urlaube mit den Eltern, Kindern oder guten Freunden – das alles hinterlässt diese bedeutungsvollen Erinnerungen nicht nur bei Ihnen, sondern auch bei den Menschen, die mit dabei waren. Wenn das Anhäufen von Vermögen immer auch ein mehr oder minder unbewusster Versuch ist, etwas zu hinterlassen, das die eigene Endlichkeit ein Stück überdauert, dann ist als Erinnerung in einem befreundeten oder geliebten Menschen eine Weile weiterzuleben, keine uncharmante Variante. Sobald ich einmal Enkel habe, weiß ich, wo ich weiter investieren werde.

Das Umtauschen von Geld in Erinnerungen muss nicht nur konsumgetrieben sein. Eines der schönsten Dinge, die man mit Geld gestalten kann, besteht darin, es in Wissen oder Bildung zu konvertieren und damit auch in die Entwicklung der eigenen Persönlichkeit. Das funktioniert nicht nur für einen selbst, sondern auch für die Menschen, die man liebt und für die man (finanzielle) Verantwortung trägt. Ich weiß, dass viele Menschen Bildung und Ausbildung verwechseln, etwa ein Studium eher unter Karriereperspektive und vordergründigen Nutzenerwägungen sehen. Aber geht es nicht um viel mehr? Ein Jahr Schüleraustausch oder ein Studium in einem anderen Land, ein berufsbegleitendes Aufbaustudium, das alles kann erst mal relativ viel Geld verschlingen. Das Ganze primär am »Return on Investment« zu messen statt als lebenslange Investition in Persönlichkeitsentwicklung, interkulturelle Kompetenz und Denkhorizont, setzt falsche Prioritäten und führt zu falschen Entscheidungskriterien. Dass am Ende als Folge einer solchen Ausbildung häufig auch ein größerer ökonomischen Erfolg steht, ist natürlich schön und gut. Als alleinige Motivation finde ich es etwas dünn.

Auch wenn die Themen Ausbildung und Studium für Sie längst durch sind, können Sie immer noch wunderbar Geld in Bildung tauschen: Sprachkurse, Theaterbesuche, Opernausflüge, Kulturreisen. Auch davon werden Sie meiner festen Überzeugung nach langfristig viel mehr zehren können als von einem größeren Auto oder der dritten exklusiven Uhr.

Refugien und Orte der Begegnung

Wir haben oben schon gesehen, dass kaum eine Entscheidung so weitreichende (unangenehme) finanzielle Konsequenzen hat wie die für eine eigengenutzte Immobilie. Gleichzeitig ist der Wunsch nach den eigenen vier Wänden, nach einem Zuhause für die Familie, einem sicheren Ort, den einem niemand mehr wegnehmen kann, offenbar tief in unserer DNA verankert. Für den (finanziellen) Irrationalismus einer selbstgenutzten Immobilie gibt es noch eine Steigerung: die Ferienimmobilie. Auch daran ist eine ganze Reihe romantischer Vorstellungen geknüpft: die eigene Datsche oder Laube, das Häuschen im Grünen, die Einsamkeit der Bergwelt, Meeresrauschen, das unbeschwerte Leben im Süden, Ruhe, Gelassenheit, Rückzugsraum. Sich solchen Klischees und Träumen zu überlassen, ist völlig legitim. Sie sind ja der eigentliche Kern des Projekts Ferienhäuschen. Doch bevor Sie sich dem Träumen überlassen und ein Feriendomizil erwerben, sollten Sie zumindest vorübergehend den Verstand einschalten und ein paar Grundregeln beherzigen, sonst wird aus dem Traum sehr schnell ein Alptraum.

Erstmal müssen Sie die finanziellen Eckdaten klar haben: Sich so ein Projekt als Investition schönzurechnen, ist sicher der falsche Weg. Das heißt nicht, dass sich das eine oder andere Objekt ex post nicht auch mal als lukrativer Kauf herausstellen kann. Es bedeutet ferner nicht, dass Sie einen späteren Verkauf völlig aus der Kalkulation streichen sollten. Der Kauf einer Ferienimmobilie kommt aber nur infrage, wenn Sie mit Ihrer grundlegenden finanziellen Planung auf der Spur sind, wenn solch ein Projekt kein signifikantes Risiko für die langfristige Absicherung Ihres Lebensstandards und Ihrer anderen finanziellen Ziele ist. Denn im Prinzip ist so ein Kauf eine Konsumausgabe auf sehr hohem Niveau und so sollten Sie es auch betrachten. Ob es rückblickend ein Geschäft sein wird, darüber können Ihre Erben einmal urteilen, wenn sie es denn mal verkaufen – ich bezweifele es vehement, dass es oft so sein wird.

Was Sie auch auf keinen Fall unterschätzen sollten, sind die laufenden Kosten. Der Aufwand für die Instandhaltung, aber auch für die Beheizung kann gerade bei älteren Objekten hoch sein. Dazu kommt eine ganze Reihe schwer berechenbarer Kosten durch die Gemeinde, den örtlichen Tourismusverband oder eine regionale Zweitwohnsitzsteuer, die sehr schnell drastisch erhöht werden kann. Einen Teil des Aufwandes können Sie hereinholen, wenn Sie das Objekt zwischendurch an zahlende Gäste vermieten. Doch Vorsicht, das kann schnell zur Beschäftigungstherapie werden: Telefonate mit Interessenten, Mietverträge, Reinigung, jemand, der sich um den Garten kümmert – das muss alles koordiniert werden. Auch Ihre Steuererklärung wird komplexer, insbesondere, wenn Sie die Einnahmen im Ausland versteuern müssen. Natürlich können Sie viele dieser Aufgaben delegieren, allerdings kommt dann auch deutlich weniger Geld bei Ihnen an.

Unter finanziellen Aspekten ist der Kauf eines Ferienhauses fast immer eine schlechte Idee. Spätestens dann, wenn Sie die Gesamtkosten aus Anschaffung und laufendem Betrieb ins Verhältnis zu der jährlichen Nutzung stellen, kommen Sie häufig zu dem Ergebnis, dass mehrere Wochen Hotelaufenthalt oder Airbnb im Jahr eine relativ günstige Alternative sein können. Auch mittel- oder langfristig zu mieten, kann eine wunderbare Alternative zum Kauf sein. Und wenn Ihnen nach fünf oder 15 Jahren nach einer Abwechslung ist, können Sie einfach den Schlüssel rumdrehen und gehen. Auch wenn etwas kaputtgeht, ist es primär das Problem des Vermieters und Sie müssen sich auch nicht mit örtlichen Behörden abstimmen. Bevor Sie sich für einen Kauf entscheiden, ist es eine sehr gute Idee, in derselben Gegend eine Weile zur Miete zu wohnen. So kriegen Sie nicht nur heraus, wieviel Lebensqualität Sie durch das Häuschen gewinnen und wie oft Sie es nutzen. Sie bekommen auch eine viel realistischere Vorstellung davon, worauf Sie sich einlassen. Platzt die Region in der Hauptsaison aus allen Nähten? Sperrt nach der Saison alles ab, sodass Sie in einer Geisterstadt wohnen? Was kommen da für Touristen hin: ballermannlastig oder individuell zurückgezogen? Wie heiß, kalt, nass ist es da zu unterschiedlichen Jahreszeiten? Wie ticken die Leute in der Gegend? Wird die einsame Bergstraße im Frühjahr zu einem Eldorado für Motorradfahrer? Die groben Sachen werden Sie relativ schnell herausbekommen – auch wenn ich schon eine Familie kennengelernt habe, die mit Erstaunen festgestellt hat, dass sich der einsame Strand vor ihrem griechischen Ferienhäuschen im August in eine Raver-Location verwandelt. Für die feinen Zwischentöne brauchen Sie auf jeden Fall eine Weile. Geben Sie sich diese Zeit, bevor Sie sich festlegen.

Zum finanziellen kommt relativ schnell ein erheblicher zeitlicher oder auch nervlicher Aufwand. Rechnen Sie damit, dass es im Ausland mitunter eine Bürokratie gibt, die in Detailverliebtheit und Flexibilität der deutschen in nichts nachsteht. Gerade der Versuch, sich dabei um die eine oder andere Regularie herumzumogeln, kann da schnell schiefgehen und sehr teuer werden.[190] Auch Handwerker aus der Ferne zu koordinieren oder für Termine mit örtlichen Behörden anreisen zu müssen, ist nicht nur vergnügungssteuerpflichtig. Bevor Sie sich tatsächlich festlegen, machen Sie sich am besten ein Bild, ob sich vor Ort jemand findet, der Sie unterstützen kann.

Um den Aufwand und die nervliche Belastung gering zu halten, sollten Sie auch einige nichtmonetäre Kriterien auf dem Radar haben. Meine eigene Erfahrung, aber auch die aus Dutzenden Gesprächen mit Mandanten: Solange Sie geografisch mit Ihrem Beruf stark angebunden sind, empfiehlt sich für ein Ferienhaus ein Radius von nicht mehr als zwei Stunden um Ihren eigentlichen Wohnort. Eine Nutzung am Wochenende, aber auch die Instandhaltung wird sonst ziemlich mühsam. Wenn man sich auf den ersten Blick in ein Objekt verliebt, ist das ein Punkt, den man schnell übersieht. Denn der Schmerz der zu langen Distanz kommt erst mit der Zeit, dafür dann aber langsam immer heftiger. Ich erinnere mich gut an die Geschichte von Freunden, die ein wunderschönes Häuschen in der Wachau erworben hatten. Doch für zwei voll berufstätige Menschen waren die über vier Stunden Anfahrt bald eine ziemliche Tortur, der Enthusiasmus legte sich schnell. Nach sieben Jahren haben sie das Haus entnervt verramscht. Wenn Sie dagegen zeitlich und geografisch unabhängig sind, dann spricht erstmal auch nichts gegen größere Strecken.

Und noch eine Sache wird schnell unterschätzt: Bequemlichkeit. Gerade bei Stadtmenschen knüpfen sich an ein Ferienhäuschen oft romantische Vorstellung von Einsamkeit und einfachem Leben. Vorstellungen, die in der Praxis schnell ihren Reiz verlieren, wenn man nach der Ankunft erstmal einen halben Tag frieren oder sich für eine vergessene Milch 45 Minuten ins Auto setzen muss. Passen Sie auf, ob das, was Sie sich als Bild vorstellen, nicht von Klischees aus Filmen oder Büchern Ihrer Kindheit geprägt ist, ob es wirklich das ist, was Sie sich wünschen, gerade, wenn Sie das Häuschen häufig nutzen wollen.

Am Ende gibt es bei Ferienhäusern ein Problem, das sich kaum unter Kontrolle bekommen lässt – ich persönlich habe es zumindest bisher nicht geschafft. Es ist ein Problem, das es prinzipiell mit jeder Art von Vermögen gibt, das beim Thema Ferienimmobilie aber besonders akut zuschlägt. Ich nenne es das »Wer-gehört-wem-Dilemma«. Gehört das Vermögen mir oder ich dem Vermögen? Gehört das Haus mir oder ich dem Haus? Sie finden das absurd? Ich auch – das ändert aber leider nichts an der Thematik. Konkret sieht das dann so aus: Meine Familie ist in München, wir sind am Samstag eingeladen, und das Haus spricht zu mir: »Du warst aber ziemlich lange nicht mehr da ...« Ich meine fast zu sehen, wie es mich durch seine Fenster vorwurfsvoll aus der Ferne ansieht, bevor es nachlegt: »Ist schon gut, aber wäre ja schön, wenn es nächste Woche vielleicht mal wieder klappt.« Ich fühle mich dann, wie wenn ich meine Mutter ein bisschen zu lange nicht angerufen habe. Im schlimmsten Fall entsteht dadurch das Gefühl, angekettet zu sein. Dahinter steht letztlich der klassische Denkfehler der versunkenen Kosten: Man meint, »rausfahren« zu müssen, obwohl man zu dem Zeitpunkt eigentlich gar nicht will. Aber schließlich hat man ja schon so viel Geld investiert, also .... Am Ende kommen auch Sie nicht an der Tatsache vorbei, dass Sie nur an einem Ort gleichzeitig sein können. Doch damit nicht genug.

Auch wenn wir dann das nächste Mal draußen sind, hört das Haus nicht auf, mit mir zu reden. Im Gegenteil: Ich will grillen – das Haus erinnert mich daran, dass der Keller immer noch nicht ganz trocken ist. Ich möchte in der Sonne lesen – das Haus gibt zu bedenken, dass sich die Badezimmertür etwas verzogen hat. »Und wo wir gerade dabei sind, solltest du nicht Rasen mähen, also nicht wegen mir, aber du weißt ja, die Nachbarn ...« Wladmir Kaminer hat dieses Thema wunderbar in seinem Buch *Mein Leben im Schrebergarten* beschrieben. Ein Jahr lang möchte er mit Freunden in seinem Garten feiern, am Ende hat er Dutzende Stunden mit der Apfelernte und der Einhaltung der Kleingartenverordnung verbracht.[191] Als ich das Buch das erste Mal gelesen habe, habe ich schallend gelacht – aber das war, bevor wir unsere Hütte gekauft haben. Aus Dutzenden von Gesprächen weiß ich mittlerweile, dass ich kein Einzelfall bin. Dass Ferienhäuser mit einem reden und Forderungen stellen, ist keine seltene Erkrankung, es ist der absolute Normalfall. Vielleicht ist nicht jedes Feriendomizil so kommunikativ wie meines, aber das Gefühl, dem Haus gegenüber verpflichtet zu sein, es nutzen zu müssen, kennt jeder, mit dem ich mich bisher darüber unterhalten habe. Schönheitsreparaturen, Instandhaltung und Pflege sind für einen Zweitwohnsitz häufig höher als für Ihren eigentlichen Lebensmittelpunkt. Das Zeitbudget, das Sie haben, um sich darum zu kümmern, ist aber viel beschränkter. In dem Zusammenhang ist es ein erheblicher Zugewinn an Lebensqualität und bestens investiertes Geld, jemanden vor Ort zu haben, der sich als Hausmeister um vermeintliche Kleinigkeiten kümmert, die Sie nur Zeit und Nerven kosten. Überlegen Sie sich auch gut, ob Sie, wenn Sie Sonntagabend wieder abfahren, erst einmal eineinhalb Stunden sauber machen möchten. Vor allem wenn Sie eine andere Vorstellung davon haben, was sauber ist, als Ihr Partner, birgt das zusätzlichen Stress. Da das Ende einer jeden Geschichte, eines jeden Erlebnisses besonders stark im Gedächtnis bleibt, verbinden sich Ihre Erinnerungen an Ihr Ferienhaus sonst potenziell eher mit Staubsaugen als mit Wandern, Schwimmen oder Grillen. Sie sollten zumindest auf dem Radar haben, dass es kaum möglich sein wird, eine Putzhilfe zu organisieren, wenn Ihr Objekt zu weit in der Pampa ist. Und vielleicht ist das Putzen heute für Sie okay, aber in zehn Jahren nicht mehr. Am Ende ist so ein Hausmeister oder eine solche Putzhilfe eine sehr intelligente Variante, kleinteilig Geld in Zeit, Geld in Zufriedenheit und eine friedlichere Partnerschaft zu tauschen. Ähnlich wie wenn Sie sich einen Steuerberater oder Honorarberater leisten oder jemanden, der Ihre Wohnung für Sie streicht.[192]

Wenn Sie das alles beherzigt haben, kann die Investition in ein Ferienhäuschen ein wunderbarer Schritt sein, um Ihren finanziellen Zielen und Werten näherzukommen. Wenn eines Ihrer zentralen Ziele aus Ihrem Finanzplan-auf-einer-Seite ist, »meiner Familie und mir ein an positiven (meist gemeinsamen) Erfahrungen reiches Leben zu ermöglichen«, dann kann so ein Ferienhaus dazu maßgeblich beitragen: als Rückzugsort, als Ausgangspunkt für gemeinsame Aktivitäten, als Ort der Begegnung, zu dem Ihre Kinder, wenn diese schon ausgezogen sind, zurückkehren, oder Freunde sich gerne für ein paar Tage einladen. In dem Kontext ist so ein Häuschen nicht einfach Besitz oder Luxus, sondern ein Ort, der Beziehungen unterstützt. Auch wenn Sie ein Ziel wie »beruflich selbstbestimmt sein: inhaltlich, zeitlich und geografisch« formuliert haben, stehen die Chancen ganz gut, dass Ihr Ferienhäuschen Sie weniger Lebensqualität kostet, als es sie verbessert. Es könnte dann ein Ort sein, an dem Sie wunderbar ungestört und konzentriert arbeiten können.

Die Freude am Teilen

Wenn Sie größere Beträge verschenken, insbesondere in der eigenen Familie, sollten Sie ein paar Dinge beachten. Im Regelfall kreisen beim Thema Schenkungen die Gedanken der meisten Menschen um die Pole »Erbschaftssteuer sparen« und »Weiter die Kontrolle behalten«. Ein Klassiker dabei ist etwa, alle zehn Jahre die erbschaftssteuerlichen Freibeträge an die nächste Generation weiterzugeben, sich selbst aber den sogenannten Nießbrauch vorzubehalten. Die Wohnung gehört dann zum Beispiel der Tochter, die Miete fließt aber weiter an die Eltern. Das kann im Grunde genommen erst mal relativ klug sein. Es ist halt nur kein Geschenk, sondern eher ein finanzoptimierendes Manöver. Gerade wenn eine solche Schenkung dann eine zweiseitige Litanei von Rückholrechten beinhaltet, wird aus dem Akt der Zuneigung sehr schnell ein Dokument des Misstrauens und der Machtausübung. Das soll nicht heißen, dass es illegitim oder unklug ist, eine Schenkung unter bestimmten Umständen zurückfordern zu dürfen, aber man kann es definitiv übertreiben. Wenn eine Schenkung dazu führt, dass der Beschenkte Lebensqualität verliert, weil er sich an diverse Wohlverhaltenspflichten zu halten hat, dann stimmt etwas nicht. Ab einem gewissen Punkt, und wenn man es sich finanziell leisten kann, ist es Zeit, loszulassen, und den Menschen, die nach einem kommen, etwas zuzutrauen und zuzubilligen.

Das Gegenstück zum Kontrollwahn besteht darin, Kindern zu früh zu viel anzuvertrauen und ihnen damit Ehrgeiz, Biss und ein Gefühl für den Wert des selbst verdienten Geldes zu nehmen. Bereits kleinere sechsstellige Beträge, die nie im Leben für ein langfristiges Privatierdasein ausreichen, können mit Anfang 20 wie ein unerschöpflicher Quell wirken. Im schlimmsten Fall werden dann diverse Ausbildungen angefangen und keine zu Ende gebracht. Auch ein miserabel bezahlter erster Job oder ein Praktikum wird völlig entwertet, wenn das Hundertfache eines Monatsverdienstes nur zwei Mausklicks entfernt ist. Schauen Sie sich Ihre Kinder also gut an: Wo stehen sie im Leben? Was bedeutet Geld für sie? Wenn Sie etwas verschenken, machen Sie es in einem Rahmen, der das Leben Ihrer Kinder spürbar verbessert, ohne alles andere zu relativieren. Wieviel das ist, was angemessen ist, das können Sie nur selbst wissen beziehungsweise ahnen. Nur nehmen Sie als Ausgangspunkt für Ihre Überlegungen nicht die Frage: »Wie schütze ich mein Vermögen vor meinen Kindern?«, sondern »Wie schütze ich meine Kinder vor meinem Vermögen?«. Wenn Sie diese Frage geklärt haben, gibt es letztlich keine schönere und klügere Form, sein Geld wieder loszuwerden, als es zu verschenken. Schauen wir uns das deshalb nochmal genauer an.

Ich habe Andrea vor ungefähr zehn Jahren kennengelernt. Die Situation, in der ich mich befand, war wohl so etwas wie ein Sales Pitch. Auf dem Tisch in ihrem Büro lagen edel aufbereitete Präsentationen von sogenannten exklusiven Bankadressen und Vermögensverwaltern. Mir wurde schlecht: Ich hatte eine schön bunte, handgestrickte PowerPoint-Präsentation mit Plastikbindung dabei. Ich habe die Präsentation am Ende des Gesprächs nach zwei Stunden ungeöffnet dagelassen. Was mich bis heute fasziniert, ist Andreas Geschichte: Sie hatte sich mit einem Geschäftspartner relativ schnell nach der Promotion selbstständig gemacht und eine hocherfolgreiche Investmentbankingboutique hochgezogen. Nach den ersten erfolgreichen Transaktionen wurden die Volumina immer größer, die Profitabilität der Investments und damit auch des Unternehmens traumhaft. Nach und nach wuchs Andreas Vermögen spürbar an. Und dann ... beschloss Andrea, ihren Unternehmensanteil zu verkaufen, eine Stiftung zu gründen und für ein Jahr mit ihrer Familie einschließlich der beiden Kinder nach Malawi zu ziehen. Dort war sie auf ein AIDS-Waisen-Projekt aufmerksam geworden, das sich in Gemeinden engagiert, die abseits jeglicher Hilfe von absoluter Armut beherrscht werden. Nach einem Jahr Mitarbeit beschloss sie, dieses Projekt zu ihrem Lebensmittelpunkt zu machen. Was ich erwartet hatte, war ein persönlicher Schicksalsschlag, eine Art Erweckungserlebnis, schlechtes Gewissen bezüglich des eigenen Wohlstands, eine Geschichte der Wandlung vom kapitalistischen Saulus zum sozialen Paulus. Nichts da. Es gibt wenige Menschen, die ich so schätze wie Andrea. Sie hat ganz ohne Zweifel ein großes Herz, aber ich glaube, ich tue ihr kein Unrecht, wenn ich behaupte, dass sie nicht nur altruistische Motive verfolgt. Die Grundmotivation für ihr Handeln liegt letztlich in der unglaublichen Freude, die ihr das Ganze bereitet: Dinge zu gestalten, zu bewegen, zu verändern, eine andere Kultur verstehen zu lernen, Menschen in ausweglosen Situationen Schutz, Medikamente, ein bisschen Bildung und damit Perspektiven zu eröffnen. Am Ende sieht sie auch selbst mehr Kontinuität als Bruch zu ihrer Arbeit als Investmentbankerin: Auch heute versucht sie, mit dem von ihr investierten Kapital ein Maximum an Wirkung zu entfalten, nur eben eine nichtmonetäre Rendite. Nicht nur für die AIDS-Waisen, auch für sich selbst. Und weil das ihren Horizont erweitert und für sie mehr Sinn stiftet, als den 24. Börsengang einzufädeln, ist das hochrational. Da Geld ja einen abnehmenden Grenznutzen hat, ist ihr Verhalten viel vernünftiger als das ihres ehemaligen Geschäftspartners, der bis heute eine Transaktion nach der anderen abwickelt und einmal wesentlich vermögender sterben wird. Sie hat auf eine sehr rationale, ja weise Art Geld im großen Stil in Zeit zurückgetauscht. Genau wie die drei Räuber aus Ungerers Kinderbuch: Auch sie kümmern sich nach Tiffanys genialer Frage nach dem »Warum« von Geld um Dutzende Waisenkinder. Nicht weil sie bekehrt wurden, sondern weil es ihnen viel mehr Freude bereitet, als die 300. Kutsche zu überfallen.

Sie meinen, schön und gut, darüber mache ich mir dann mal Gedanken, wenn ich nicht mehr weiß, wohin mit dem Geld? Sie glauben, Philanthropie oder die Freude am Teilen sei ein Luxus und passt eher in die Welt von Bill Gates und Warren Buffett? »Klar, wenn ich ein paar Milliarden hätte, würde ich auch versuchen, Malaria und HIV auszurotten, aber bis dahin…« Sie täuschen sich: Völlig unabhängig davon, dass Sie mit Teilen oder Verschenken anderen etwas Gutes tun, Sie tun in erster Linie sich selbst etwas Gutes. Die Psychologin Elisabeth Dunn und der Betriebswirt Michael Norton haben nachgewiesen, dass keine Geldausgabe Menschen so glücklich macht wie Teilen und Schenken. Und das relativ unabhängig davon, ob der Betrag eher hoch oder eher niedrig ist, ob das Geld – wie im Fall von Andrea – lebensrettend investiert wird oder ob es sich einfach nur um eine kleine Aufmerksamkeit handelt. Der Effekt, Glück durch Verschenken zu produzieren, ist so stark, dass er sich weltweit nachweisen lässt, in reichen Ländern wie Kanada ebenso wie in Uganda. Die weltweiten Gallup-Studien weisen immer wieder eine signifikant erhöhte Lebenszufriedenheit von Menschen nach, die einen Teil ihres Geldes spenden, anstatt finanziell nur auf sich selbst zu schauen.[193]

Teilen macht Sie auch ein Stück weit zu einem netteren Menschen. Nicht nur, weil Sie sich um andere kümmern: Wenn schon allein der

Gedanke an Geld in der Tendenz egoistisch macht, dann sollte im Umkehrschluss Geld wieder zu verschenken auch dazu führen, dass man wieder ein sozialeres Wesen wird.

HIER NOCH EINMAL EINE GANZ KONKRETE EMPFEHLUNG: Probieren Sie es aus, wie glücklich Teilen macht. Klappen Sie Ihren Laptop auf und überweisen Sie gleich jetzt 5, 50 oder 500 Euro an Ärzte ohne Grenzen oder Amnesty International. Bringen Sie Ihrem Mann heute Abend ein paar Blumen mit oder kaufen Sie ein großes Frühstück und laden morgen früh die Kollegen in Ihrem Büro ein. Machen Sie es nicht für sie, machen Sie es für sich.

Resümee: Klug entscheiden, gelassen bleiben, Lebensqualität gewinnen

»Vermögen ist die Fähigkeit,
das Leben vollständig zu erfahren.«

Henry David Thoreau

Geld als solches hat in zweierlei Hinsicht keinen inhärenten Wert. Erstens: Als Edelmetall, bedrucktes Papier oder Bits und Bytes ist es eine kollektive Fiktion, die ihre Wirksamkeit allein dadurch entfaltet, dass möglichst viele Menschen an ihr Funktionieren glauben. Zweitens: Auch als gefrorene Zeit, als Möglichkeit, etwas zu tun, ist es ebenfalls erst einmal nur ein Versprechen. Es gewinnt erst dann an Bedeutung, wenn es einer Transaktion unterworfen wird, investiert oder konsumiert wird, in Dinge oder Unternehmungen getauscht wird. Geld verbindet uns dadurch mit der Welt um uns herum, lässt uns an ihr teilhaben. Wir müssen es also dringend in einem Kontext mit unserem Lebensentwurf verstehen.

Geld kann aber nur dann zu einem gelungenen Lebensentwurf beitragen, wenn wir lernen, rational darüber nachzudenken. Dazu müssen wir als Erstes verstehen, wie unser Denken über Geld durch unreflektierte Glaubenssätze aus unserer Kindheit geprägt ist, wie es unsere Beziehungen beeinflusst und wo wir uns selbst im Weg stehen. Erst wenn wir uns dieser Denkmechanismen bewusst werden und uns ein Stück weit von ihnen freimachen, können wir uns in Bezug auf Geld so entscheiden, dass es im Einklang mit unseren Werten und Zielen steht.

Wenn die Priorität im Umgang mit unserem Geld das Gewinnen von Lebensqualität ist, nicht das möglichst schnelle Anhäufen von möglichst viel Vermögen, dann ist es auch sinnlos, laufend der vermeintlich gerade besten Investmentidee hinterherzuhetzen. Dann ist es viel wichtiger, die großen Fehler zu vermeiden. Fehler, die letztlich alle auf evolutionär tiefverwurzelten Emotionen wie Angst und Gier beruhen und die von einer interessengeleiteten Finanzindustrie sowie einer überlauten

Finanzpresse weiter befeuert werden. Wer hier seine eigene Emotionalität leugnet, statt zu lernen, konstruktiv mit seiner Verlustaversion umzugehen, wird sicher scheitern – so rational er sich auch dabei vorkommen mag. Erst wenn das geklärt ist, können so schlichte Dinge wie eine solide Budgetplanung oder ein sachlicher Blick auf den Zusammenhang zwischen Risiko und Rendite helfen, einen rationalen Denkrahmen zu setzen. Einen Denkrahmen, der erlaubt, den meisten Unsinn von vorneherein auszusortieren und der gelassene sowie kluge Geldentscheidungen erst ermöglicht.

Wenn die Priorität *Leben* und nicht *Geld* lautet, dann brauchen Sie in der konkreten Umsetzung möglichst transparente, einfache und langfristig beherrschbare Lösungen. Lösungen, die Sie dauerhaft durchhalten können, ohne dass Sie sie immer wieder infrage stellen. Lösungen, die für Sie erkennbar eine Relevanz für Ihr Leben haben. Unter diesem Blickwinkel *kann* selbst die finanziell wenig rationale Entscheidung für eine eigene Immobilie sehr vernünftig sein – wenn ein eigenes Zuhause ein zentraler Bestandteil Ihres Lebensentwurfs ist und Ihre finanzielle Zukunft nicht gefährdet.

Wenn Ihre Finanzlösungen nicht perfekt sind, ist das genauso unvermeidlich wie in Ordnung: Gut ist gut genug. Das gilt insbesondere für die Kapitalanlage und für Ansparstrategien, aber in gewisser Weise auch für Ihre Notfallplanung, für Ihr Testament, Ihre Vorsorgevollmacht, Ihren Ehevertrag und Ihre Versicherungen. Solide und gemacht ist viel besser als theoretisch perfekt geplant, aber (dauerhaft gerade noch) nicht umgesetzt.

Wenn Sie sich zu intensiv mit Ihrem Vermögen beschäftigen, werden Sie mit hoher Wahrscheinlichkeit unzufrieden, beunruhigt und vermutlich auch weniger liebenswert. Die Ergebnisse werden dadurch aber nicht besser – im Gegenteil. So paradox das klingen mag: Der (scheinbar) emotionale Fokus auf Ihre Lebensqualität erleichtert Ihnen einen rationalen, gelassenen und damit erfolgreichen Umgang mit Geld erheblich. Ein (scheinbar) rationaler Fokus auf Geld selbst führt dagegen immer wieder zu emotionalen Fehlentscheidungen.

Zu einem rationalen und gelassenen Umgang mit Vermögen gehört auch, zu akzeptieren, dass dieses zwangsläufig endlich ist: in der Höhe, aber auch zeitlich. Teile des Vermögens klug an die nächste Generation weiterzugeben, ist sicher ein sympathisches und legitimes Ziel. Aber irgendwann, spätestens in ein paar Generationen, wird alles weg sein. Deshalb hat es überhaupt keinen Sinn, Geld einfach nur zu horten. Wenn Geld uns mit der Welt um uns herum verbinden kann, dann sollten wir es auch dafür nutzen, es also in (gemeinsame) Erlebnisse und Erinnerungen oder in die eigene Persönlichkeitsentwicklung investieren. Es nutzen, um unternehmerische, kulturelle oder philanthropische Projekte zu gestalten. Und wir sollten dabei nie vergessen, dass Geld einen abnehmenden Grenznutzen hat und dass Zeit und menschliche Beziehungen die Währungen sind, die wirklich glücklich machen. Dass Vermögen sich zurück in Zeit tauschen lässt, dass es klug verwendet helfen kann, menschliche Beziehungen zu gestalten, das ist es, was Geld auch für diejenigen Menschen so wertvoll macht, denen es eigentlich gar nicht so wichtig ist.

Was hat sich durch Inflation und Krieg in der Ukraine geändert: kein Nachwort

Krieg, Inflation, explodierende Energiepreise und Zinsen, Rezessionsangst: Sind das nicht Gründe genug, um über die eigene Kapitalanlage nachzudenken? Natürlich. Schauen wir uns also an, welche neuen Spielregeln es am Kapitalmarkt gibt und was Sie deshalb an Ihrem Vorgehen ändern müssen.

Nichts.[194]

Anhang

Leseempfehlungen

Sich zu viel mit Geld zu beschäftigen, ist gefährlich. Deshalb finden Sie im Folgenden zu den vier Hauptkapiteln je *eine* Leseempfehlung, die dieses Risiko umgeht und Ihr Denken (nicht nur in Bezug auf Geld) weiterbringen wird.

Über Geld nachdenken:

Richards, Carl. *The One Page Financial Plan: A Simple Way to Be Smart about your Money.* Penguin, 2015.

Gelassen bleiben:

Rosling, Hans. *Factfulness: Wie wir lernen, die Welt so zu sehen, wie sie wirklich ist.* Ullstein, 2018.

Klug entscheiden:

Kahneman, Daniel. *Schnelles Denken, langsames Denken.* Siedler Verlag, 2012.

Lebensqualität gewinnen:

Dunn, Elizabeth und Michael Norton. *Happy Money: So verwandeln Sie Geld in Glück.* Books4Success, 2014.

Literaturverzeichnis

Archuleta, Kristy, Sonya L. Britt-Lutter und Bradley T. Klontz. *Financial Therapy: Theory, Research, and Practice.* Springer, 2015.

Bachrach, Bill. *Values-Based Financial Planning: The Art of Creating an Inspiring Financial Strategy.* Aim High, 2000.

Barber, Brad M. und Terrance Odean. »Trading is Hazardous to your Wealth: The Common Stock Investment Performance of Individual Investors.« *The Journal of Finance*, 2000: 773–806.

Bar-Eli, Michael, Ofer H. Azar, Ilana Ritov, Yael Keidar-Levin und Galit Schein. »Action Bias among Elite Soccer Goalkeepers: The Case of Penalty Kicks.« *Journal of Economic Psychology*, 2007: 606–621.

Beck, Andreas und Enkelmann Wolf-Dieter. *Wahnsinnig reich: Das Buch über Geld, die Krise und die moderne Gesellschaft.* Context Verlag, 2010.

Bhattacharya, Uptal, Andreas Hackethal und Simon Kaesler. »Is Unbiased Financial Advice to Retail Investors Sufficent? Answers from a Large Field Study.« *Review of Financial Studies*, 2011: 975–1032.

Bogle, John C. *Keine Investment-Zauberformel: Börsengewinne mit gesundem Menschenverstand.* Börsenbuchverlag, 2011.

Bomsdorf, Clemens. *So werden Sie reich wie Norwegen: Genial einfach ein Vermögen aufbauen.* Campus Verlag, 2018.

Bowen, John J. *Breaking Through. Building a World-Class Wealth Management Business.* CEG Worldwide, 2013.

Carson, Ron und Steve Sanduski. *Tested in the Trenches.* Kaplan Aec Education, 2005.

Chang, Ha-Joon. *Kicking Away the Ladder: Development Strategy in Historical Perspective.* London: Anthem Press 2002.

Clark, Andrew E. und Claudia Senik. »Who Compares to Whom? The Anatomy of Income Comparisons in Europe.« *Economic Journal*, 2010: 573–594.

Dahl, Edgar. »Macht Geld glücklich?« *Spektrum der Wissenschaft* 5 (2008): 84–87.

Deaton, Angus und Daniel Kahneman. »High Income Improves Evaluation of Life but Not Emotional Well-Being.« *Proceedings of the National Academy of Sciences of the United States of America*, 2010: 16489–16493.

Dobelli, Rolf. *Die Kunst des guten Lebens: 52 überraschende Wege zum Glück.* Piper, 2017.

—. *Die Kunst des klaren Denkens: 52 Denkfehler, die Sie besser anderen überlassen.* dtv, 2011.

—. *Die Kunst des klugen Handelns: 52 Irrwege, die Sie besser anderen überlassen.* dtv, 2012.

—. *Die Kunst des digitalen Lebens: Wie Sie auf News verzichten und die Informationsflut meistern.* Piper, 2019.

Dunn, Elizabeth und Michael Norton. *Happy Money: So verwandeln Sie Geld in Glück.* Books4Success, 2014.

Ellenberg, Jordan. *How Not to Be Wrong: The Hidden Maths of Everyday Life.* Penguin Group, 2014.

Ende, Michael. *Momo.* Thienemann Verlag, 1973.

Fletcher, Adam. *How to Be German in 50 Easy Steps: A Guide from Apfelsaftschorle to Tschüss.* C. H. Beck, 2013.

Friede, Gunnar, Timo Busch und Alexander Bassen. »ESG and Financial Performance: Aggregated Evidence from more than 2000 Empirical Studies.« *Journal of Sustainable Finance and Investment*, 2015: 210–233.

Fromm, Erich. *Haben oder Sein.* dtv, 1976.

Godin, Seth. *This Is Marketing: You Can't Be Seen Until You Learn to See.* Penguin Verlag, 2018.

Graham, Benjamin, Warren E. Buffett und Jason Zweig. *The Intelligent Investor: The Definite Book on Value Investing.* HarperCollins e-books, 2009.

Hörisch, Jochen. *Kopf oder Zahl: Die Poesie des Geldes.* Suhrkamp Verlag, 1996.

Harari, Yuval Noah. *Eine kurze Geschichte der Menschheit.* Deutsche Verlags-Anstalt, 2013.

Jauernig, Henning. *Young Money Guide: Richtig mit Geld umgehen und mehr vom Leben haben.* Penguin 2020.

Jebb, Andrew T., Louis Tay, Ed Diener und Shigehiro Oishi. »Happiness, Income Satiation, and Turning Points Around the World.« *Nature Human Behavior,* 2018: 33–38.

Joppich, Lars. *Rente mit 28: In wenigen Jahren zur finanziellen Freiheit.* Eigenverlag, 2017.

Kahneman, Daniel. *Schnelles Denken, langsames Denken.* Siedler Verlag, 2012.

Kaminer, Wladimir. *Mein Leben im Schrebergarten.* Goldmann, 2009.

Kinder, George. *Seven Stages of Money Maturity: Understanding the Spirit and Value of Money in Your Life.* Dell, 2000.

Kommer, Gerd. *Immobilienfinanzierung für Selbstnutzer: Geld sparen und Fehler vermeiden beim Kauf der eigenen vier Wände.* Campus Verlag, 2017.

—. *Kaufen oder mieten? Wie Sie für sich die richtige Entscheidung treffen.* 2. Auflage. Campus Verlag, 2016.

—. *Souverän Investieren mit Indexfonds und ETFs: Wie Privatanleger das Spiel gegen die Finanzbranche gewinnen.* 5. Auflage. Campus Verlag, 2018.

—. *Souverän Investieren vor und im Ruhestand: Mit ETFs Ihren Lebensstandard und Ihre Vermögensziele sichern.* Campus Verlag, 2020.

Korth, Daniel. *Soundtrack für Vermögenswerte: Finde die persönliche Freiheit mit vielen Vorschlägen für deinen Weg in die finanzielle Unabhängigkeit.* Eigenverlag, 2019.

Kostolany, André. *Die Kunst, über Geld nachzudenken.* Ullstein, 2015.

Krüger, Malte, Alexander Schmidt und Günter Wallraff. *Undercover in der Finanzindustrie: Wie Banken, Versicherungen und Vermögensverwalter Ihre Rente ruinieren und was Sie dagegen tun können.* FinanzBuch Verlag, 2018.

Krall, Markus. *Die bürgerliche Revolution.* Langen-Müller, 2020.

Kuhn, Peter, Peter Kooreman, Adriaan Soetevent und Arie Kapteyn. »The Effects of Lottery Prizes on Winners and Their Neighbors: Evidence from the Dutch Postcode Lottery.« *American Economic Review*, 2011: 2226–2247.

Kuschel, Svea und Constanze Hintze. *Geld steht jeder Frau: Ein Wegbegleiter für eine reiche und sichere Zukunft.* Allenburg Verlag, 2007.

Löer, Wigbert und Oliver Schröm. »Schröder kassierte für Buchrechte rund zwei Millionen Euro.« *Stern*, November 2014.

Lücke, Marco und Stefan Loibl. *immocation – Die Do-it-yourself-Rente: Passives Einkommen aus Immobilien zur Altersvorsorge.* Eigenverlag, 2017.

Loipfinger, Stefan. *Achtung Anlegerfallen! Wie Sie teure Fehler vermeiden und Chancen nutzen.* FinanzBuch Verlag, 2018.

Müller, Dirk. *Crashkurs Weltwirtschaftskrise oder Jahrhundertchance? Wie Sie das Beste aus Ihrem Geld machen.* Überarbeitete Taschenbuchausgabe. Knaur, 2010.

Malkiel, Burton G. *A Random Walk Down Wall Street: The Time-Tested Strategy for Successful Investing.* Norton & Company, 2019.

Matson, Mark. *Main Street Money: How to Outwit, Outsmart, and Out-invest Wallstreet's Biggest Bullies.* McGriff Video Productions, 2013.

Mingels, Guido. *Früher war alles schlechter: Warum es uns trotz Kriegen, Krankheiten und Katastrophen immer besser geht.* Deutsche Verlags-Anstalt, 2017.

Mondello, Enzo. *Finance: Angewandte Grundlagen.* Gabler Verlag, 2018.

—. *Finance: Theorie und Anwendungsbeispiele.* Gabler Verlag, 2017.

Nakazato, Naoki, Schimmack, Ulrich und Shighiro Oishi. »Effect of Changes in Living Conditions on Well-Being: A Prospective Top-Down Bottom-Up Model.« *Social Indicators Research: An International and Interdisciplinary Journal for Quality-of-Life Measurement*, 2011: 115–135.

Parisse, Alan und David Richman. *Questions Great Financial Advisors Ask … and Investors Need to Know.* Kaplan Publishing, 2006.

Perkins, Bill. *Die with Zero: Getting All You Can from Your Money and Your Life.* Hughton Mifflin Harcourt, 2020.

Pinker, Steven. *Enlightenment Now: The Case for Reason, Science, Humanism, and Progress.* Penguin, 2018.

Pollan, Stephen M. und Mark Levine. *The Die Broke Complete Book of Money: Unconventional Wisdom About Everything from Annuities to Zero-Coupon Bonds.* HarperCollins ebooks, 2012.

Prince, Russ Alan und David Geraciotti. *Cultivating the Middle-Class Millionaire: Why Financial Advisors are Failing Their Wealthy Clients and What They Can Do about it.* Penton Media, 2005.

Reiche, Lutz. »Wie AWD-Gründer Maschmeyer mit Hilfe des Kanzlers die Riester-Millionen einstrich.« *Manager Magazin*, November 2014.

Richards, Carl. *The Behaviour Gap: Simple Ways to Stop Doing Dumb Things with Money.* Portfolio, 2012.

—. *The One Page Financial Plan: A Simple Way to Be Smart about Your Money.* Penguin, 2015.

Roland Berger Strategy Consultants. »The Rare Earth Challenge. How Companies React and What They Expect for the Future.« 2011.

Rosling, Hans. *Factfulness: Wie wir lernen, die Welt so zu sehen, wie sie wirklich ist.* Ullstein, 2018.

Rosling, Hans und Olga Rosling. *How Not to Be Ignorant about the World.* TEDSalon Berlin. 24.. Juni 2014. https://www.ted.com/talks/hans_and_ola_rosling_how_not_to_be_ignorant_about_the_world (Zugriff am 12. Oktober 2023).

Saint-Exupéry, Antoine de. *Wind, Sand und Sterne.* Karl Rauch Verlag, 1999.

Schäfer, Bodo. *Der Weg zur finanziellen Freiheit: In 7 Jahren zur ersten Million.* Campus Verlag, 1998.

Schkade, David, Norbert Schwarz, Arthur A. Stone, Alan B. Krueger und Daniel Kahnemann. »A Survey Method for Characterizing Daily Life Experience: The Day Reconstruction Method.« *Science*, 2004: 1776-1780.

Schwartz, Barry. *Anleitung zur Unzufriedenheit: Warum weniger glücklicher macht.* Econ, 2004.

—. *The Paradox of choice.* TEDGlobal. 10. Juni 2005. https://www.ted.com/talks/barry_schwartz_the_paradox_of_choice (Zugriff am 29. Juli 2020).

Schwed, Fred. *Where Are the Customers' Yachts? Or, A Good Hard Look at Wall Street.* Wiley, 2005.

Sick, Helma und Renate Schmidt. *Ein Mann ist keine Altersvorsorge: Warum finanzielle Unabhängigkeit für Frauen so wichtig ist.* Penguin Verlag, 2019.

Silberberg, Alan, Peter G. Roma, Mary E. Huntsberry und Frederick R. Warren-Boulton. »On Loss Aversion in Capuchin Monkeys.« *Journal of the Experimental Analysis of Behavior*, 2008: 145–155.

Sinn, Hans-Werner. *Ist Deutschland noch zu retten?* Ullstein, 2004.

Stiftung Warentest. *Das Nachlass-Set: Testament, Vermögensaufsicht, Digitaler Nachlass, Bestattungsverfügung – Beispielfälle und Beispielformulierungen.* 3. Auflage. Stiftung Warentest, 2019.

Sullivan, Dan. *The Good that Financial Advisors Do.* The Strategic Coach Inc., 2010.

Taleb, Nassim Nicolas. *The Black Swan: The Impact of the Highly Improbable.* Penguin Verlag, 2008.

Thiel, Christian. *Schatz, ich habe den Index geschlagen! Wie ich auszog, die besten Aktien der Welt zu kaufen.* Campus Verlag, 2017.

Ungerer, Tomi. *Die drei Räuber.* Herder/Diogenes Verlag, 1963.

Vohs, Kathleen. »The Psychological Consequences of Money.« *Science*, 2006: 1154–1156.

Walz, Hartmut. *Einfach genial entscheiden im Falle einer Finanzkrise.* Haufe Verlag, 2020.

—. *Einfach genial entscheiden in Geld- und Finanzfragen.* Haufe Verlag, 2016.

—. *Einfach genial entscheiden in Geld- und Finanzfragen.* Bd. 3. Auflage. Haufe Verlag, 2020.

Warnecke, Albert. *Der Finanzwesir: Was Sie über Vermögensaufbau wirklich wissen müssen.* epubli Verlag, 2011.

Weber, Martin. *Genial einfach investieren: Mehr müssen Sie nicht wissen – das aber unbedingt!* Campus Verlag, 2007.

Weber, Martin, Heiko Jacobs, Christiane Laudenbach, Sebastian Müller und Philipp Schreiber. *Die genial einfache Vermögensstrategie: So gelingt die finanzielle Unabhängigkeit.* Campus Verlag, 2020.

Anmerkungen

1 Namen, Orte und einige andere Parameter wurden so verfremdet, dass die Privatsphäre der Personen gewahrt bleibt.
2 George Kinder (2000), S. 3 (Übersetzung: N. Braun).
3 Während der Niki aus der Geschichte ich selbst bin, sieht das vergleichbare Erlebnis meines Sozius Stefan so aus: »Papa, ich würde gerne Tennis anfangen.« »Tennis ist was für Bonzen.«
4 Wenn Sie es genau wissen wollen: Enzo Mondello (2018), S. 165–194.
5 Jochen Hörisch (1996), S. 173.
6 Zur Geschichte des Geldes als Brandbeschleuniger der menschlichen Entwicklung: Yuval Noah Harari (2013), S. 213–230.
7 Markus, 10, 25; Lukas 18, 25; Matthäus, 19, 24.
8 Lukas, 16, 13; Matthäus, 6, 24.
9 https://www.armuts-und-reichtumsbericht.de/; https://www.destatis.de/DE/Themen/Gesellschaft-Umwelt/Einkommen-Konsum-Lebensbedingungen/Lebensbedingungen-Armutsgefaehrdung/Tabellen/einkommensverteilung-mz-silc.htm (Zugriff am 29. September 2023).
10 Siehe dazu: Ha-Joon Chang (2002).
11 Trotz der strukturellen Unwürdigkeit der Erben finden diese Menschen absurderweise oft nichts so furchtbar wie die Erbschaftssteuer.
12 Der Hintergrund ist sogenanntes Priming: Probanden werden etwa Bilder von Geld gezeigt. Sie sollen Sätze, in denen es um Geld geht, ergänzen, Monopoly spielen etc.
13 Daniel Kahneman (2012), S. 75 f.; Kathleen Vohs (2006).
14 Sehr illustrativ der TED-Talk von Paul Piff: https://www.ted.com/talks/paul_piff_does_money_make_you_mean?language=de (Zugriff am 29. September 2023).
15 Das wird sehr deutlich, wenn Sie sich Länder auf einer Matrix Lebenserwartung versus durchschnittliches Jahreseinkommen ansehen. Ein großartiges Tool sind da die Bubble-Charts der Gapminder-Stiftung: https://www.gapminder.org/tools/#$chart-type=bubbles (Zugriff am 29. September 2023). Suchen Sie da z. B. mal Japan und die Zentralafrikanische Republik.
16 Angus Deaton, Daniel Kahneman (2010); Edgar Dahl (2008); Andrew T. Jebb (2018).
17 Andreas Beck, Wolf Dieter Enkelmann (2010), S. 9.
18 Andrew E. Clark, Claudia Senik (2010); Peter Kuhn et. al. (2010).
19 Lars Joppich (2017).
20 Bodo Schäfer (1998).

21 Erich Fromm (1976).

22 Russ Alan Prince (2005), S. 71.

23 Es sei denn, es gäbe harte steuerliche Kriterien, etwa das Fälligwerden einer Schenkungssteuer.

24 https://www.youtube.com/watch?v=DbqcRG-CT30 (Zugriff am 29. September 2023).

25 Henning Jauernig (2020), S. 235.

26 https://bankenverband.de/umfrage/umfrage-frauen-und-geld/ (Zugriff am 29. September 2023), Studie April 2019.

27 Männer-Frauen-Studie der DAB, 2008–2014. Zuletzt Studie der Consorsbank 2019: https://www.kreditwesen.de/bank-markt/marktberichte/research/so-unterscheiden-frauen-maenner-geldanlage-id60300.html (Zugriff am 29. September 2023).

28 Helma Sick (2015). Helma Sick ist eine der Pionierinnen beim Thema »Frauenfinanzen«.

29 https://www.geldfrau.de/blog-frauen-geld/; wegen eher »sportlich« bepreister Seminare umstrittener: https://madamemoneypenny.de (Zugriff am 29. September 2023).

30 *SZ GELD* 1/2020.

31 Carl Richards in: https://www.nytimes.com/guides/year-of-living-better/how-to-talk-about-money (Zugriff am 29. September 2023).

32 Akademisch steckt das Thema »Financial Therapy« noch in den Kinderschuhen, es gibt jedoch Ansätze, die sowohl therapeutisches als auch finanzielles Know-how zusammenführen: Kristy L. Archuleta et. al. (2015).

33 https://www.nytimes.com/guides/year-of-living-better/how-to-talk-about-money (Zugriff am 29. September 2023).

34 Fragen zitiert nach https://thephysicianphilosopher.com/three-kinder-questions/ (Zugriff am 29. September 2023). Weiterführend: George Kinder (2000).

35 Carl Richards (2015). Die übergeordneten Ziele, also die Antworten auf die Frage »Warum ist Geld wichtig für mich?« sind so entscheidend, dass ich sie »Werte« nenne.

36 Benjamin Graham (1949), S. 8. Graham gilt als Investmentlegende und als Mentor Warren Buffetts.

37 https://de.statista.com/statistik/daten/studie/71791/umfrage/vertrauen-in-finanzinstitute-und-versicherungen-in-der-finanzkrise/; https://www.handelsblatt.com/finanzen/banken-versicherungen/banken/umfrage-jeder-zweite-hat-kein-vertrauen-in-banken/24070030.html; https://www.der-bank-blog.de/deutsche-vertrauen-banken/vertrauen/37667331/ (Zugriff am 23. September 2023).

38 https://finanz-szene.de/banking/bei-deka-und-dz-bank-droht-ein-lehman-oma-2-0-desaster/ (Zugriff am 29. September 2023).

39 Lutz Reiche (2014); Wigbert Löer, Oliver Schröm (2014).

40 Viele Versicherungen werden wieder storniert. Für den Strukki bedeutet das, dass er bei einem Storno innerhalb der ersten fünf Jahre einen Teil der Provision zurückzahlen muss.

41 https://www.finanzwesir.com/blog/schools-out-finanzwesir-rockt-folge78 (Zugriff am 29. September 2023).
42 https://hartmutwalz.de/strukkis-an-hochschule-wie-finanzvertriebe-unsere-kinder-koedern/ (Zugriff am 29. September 2023).
43 https://www.faz.net/aktuell/finanzen/meine-finanzen/sparen-und-geld-anlegen/finanzvertriebe-ueberreden-studenten-zu-ueberteuerten-versicherungen-16441441.html (Zugriff am 29. September 2023).
44 Ausführlich hierzu: Malte Krüger (2018).
45 *Der Aktionär*, 15/23.
46 *Euro am Sonntag*, 10/23.
47 *Börse online*, 25/23.
48 *Focus Money* 28/2016 und 44/2018.
49 *Effectenspiegel*, 2/2018.
50 *Focus Money* ist da ein dankbares Forschungsobjekt, da alte Ausgaben gut online verfügbar sind: https://www.focus.de/finanzen/money-magazin/archiv/ (Zugriff am 29. September 2023).
51 Zu Zertifikaten werden Sie häufig nichts mehr finden, beschränken Sie sich daher lieber auf Fonds, Aktien oder Rohstoffe. Wenn Sie nichts mehr finden, wurde das Produkt meist wegen desolater Ergebnisse eingestellt.
52 Gerd Kommer (2018); Hartmut Walz (2020); Martin Weber (2007).
53 https://www.spiegel.de/thema/young_money/ (Zugriff am 18. Oktober 2020). Henning Jauernig (2020).
54 https://zendepot.de; https://www.internetradio-horen.de/podcasts/zendepot-podcast-erfolgreich-vermogen-aufbauen-in-eigenregie (Zugriff am 29. September 2023).
55 https://schliesslich-ist-es-ihr-geld.de/start/ (Zugriff am 29. September 2023).
56 https://www.finanzwesir.com; https://www.finanzwesir.com/blog/kategorien/podcast. Immer wieder gute Beiträge auch auf: https://finanzrocker.net/finanzrocker-podcast/ (Zugriff am 29. September 2023). Zur Kritik an Albert Warneckes Kehrtwende siehe: Hartmut Walz, https://www.youtube.com/watch?v=IQUs6VLFTNA
57 https://madamemoneypenny.de/category/mehr-mehr-mehr/; https://madamemoneypenny.de/podcast/; https://www.geldfrau.de/blog/ (Zugriff am 18. Oktober 2020).
58 https://bookoffinance.de/.
59 https://www.gerd-kommer-invest.de/blog/ (Zugriff am 29. September 2023).
60 https://www.neunundvierzig.com/#blog (Zugriff am 18. Oktober 2020).
61 https://www.ifa.com/articles/dalbar_2016_qaib_investors_still_their_worst_enemy (Zugriff am 29. September 2023).
62 In den USA für diesen Zeitraum im Schnitt 2,50 %, siehe ibid.
63 Carl Richards (2012).
64 Quelle: Russel 3000.
65 *Focus Money*, 5/2016.
66 https://www.spektrum.de/lexikon/psychologie/rationalisierung/12462 (Zugriff am 29. September 2023).

67 Daniel Kahneman (2012), S. 348. Ein unterhaltsamer Einstieg in die Materie kognitiver Verzerrungen: Rolf Dobelli (2011) und Rolf Dobelli (2012).

68 Alan Silberberg et al. (2008).

69 An der Stelle bin ich als Honorarberater natürlich nicht objektiv. Das ändert aber nichts an meiner Einschätzung.

70 https://www.internetradio-horen.de/podcasts/zendepot-podcast-erfolgreich-vermogen-aufbauen-in-eigenregie (Zugriff am 29. September 2023), hier Folge 50.

71 Bettina heißt natürlich nicht Bettina. Ich habe sie vorher gefragt, ob ich das so drucken darf. Den Namen hat sie sich ausgesucht. Danke, Bettina.

72 Dirk Müller (2010), S. 128–131. Unsäglich ist auch der hysterische Tonfall von Friedrich und Weick. Dazu reicht, wenn Sie ein beliebiges YouTube-Video der beiden anklicken – obwohl, tun Sie es lieber nicht.

73 Markus Krall, 2020.

74 Dirk Müller (2010), S. 138–143. Hier: S. 143.

75 https://www.neunundvierzig.com/blog/crash-propheten-im-crash-dirk-mueller-vs-neunundvierzig-honorarberatung

76 Nutzen Sie ein Onlinetool wie onvista.de oder finanzen.net und legen die langfristige Wertentwicklung der Fonds von Max Otte, Friedrich und Weick oder Dirk Müller neben den MSCI-World-Index.

77 Wertentwicklung nach Fonds und ETF-Kosten; Stand 09.10.2023; Quelle fondsweb.de

78 In den USA ist die Angst vor Inflation dagegen fast unbekannt, der kollektive Horror heißt hier wegen der Weltwirtschaftskrise 1929 Deflation, also Geldaufwertung.

79 https://www.dasinvestment.com/boersenautor-und-fondsmanager-stefan-risse-beendet-multi-asset-fonds-mit-hohen-verlusten/ (Zugriff am 29. September 2023).

80 https://forms.gapminder.org/s3/test-2018 (Zugriff am 18. Oktober 2020).

81 Eine gute Einführung: Guido Mingels (2017). Grundlegend: Hans Rosling (2018); Steven Pinker (2018).

82 Copyright Maximilian Prager.

83 Glauben Sie nicht? Hier können Sie nachrechnen: https://www.zinsen-berechnen.de/sparrechner.php (Zugriff am 29. September 2023). Starten Sie einfach mit 1 000 Euro, geben Sie 144 (12 × 12) beziehungsweise 217 (18 × 12 +1) Zinsperioden ein. Bang!

84 Roland Berger Strategy Consultants (2011), https://www.faz.net/aktuell/finanzen/devisen-rohstoffe/industriemetalle-so-investieren-anleger-in-seltene-erden-16351.html (Zugriff am 29. September 2023).

85 https://www.goldsilber.org/wertentwicklung-technologiemetalle.php (Zugriff am 13. Oktober 2023).

86 https://www.onvista.de/index/chart/MVIS-GLO-RA-EARTH-STRA-METALS-PRICE-USD-Index-39508660 (Zugriff am 13. Oktober 2023).

87 Quelle: Bundesbank. Gerd Kommer (2018), S. 172.

88 https://www.welt.de/finanzen/geldanlage/article188417209/P-R-Anleger-zahlten-Millionen-fuer-Container-die-es-nicht-gab.html (Zugriff am 29. September 2023).
89 Daniel Kahneman (2012), S. 32–36, beziehungsweise S. 31–136.
90 Es ist schier unmöglich, den Ankereffekt zu unterschätzen: Daniel Kahneman (2012), S. 152–163.
91 Quelle: www.msci.com.
92 Gerd Kommer (2018), S. 237.
93 Prominent: https://de.scalable.capital/dynamisches-risikomanagement (Zugriff am 29. September 2023).
94 https://www.youtube.com/watch?v=wzwHCzhwtkU (Zugriff am 29. September 2023).
95 Grundsätzlich zu Risikobegriffen: Enzo Mondello (2017), S. 22-46.
96 Zahlen nach: https://www.gerd-kommer-invest.de/corona-crash/ (Zugriff am 29. September 2023).
97 Auch mir sind Themen wie die Ausbeutung von Mensch und Umwelt, eine massive globale Ungleichheit, Monopolbildung, das Akkumulieren von immer mehr Vermögen und damit immer mehr Macht in wenigen Händen bewusst. *Soziale* Marktwirtschaft ist ein Leitbild, um das die Welt Deutschland zu Recht beneidet, und ich habe überhaupt keinen Stress damit, wenn der Staat regulierend eingreift und umverteilt.
98 Hier eine Betrachtung für den US-amerikanischen Markt seit 1870: https://themeasureofaplan.com/us-stock-market-returns-1870s-to-present/ (Zugriff am 18. Oktober 2020).
99 Für kürzere Zeiträume (ab 1987) können Sie mit dem Rendite-Risiko-Radar des *Handelsblatts*, mit Portfolien aus MSCI World und Rex P testen, wie lange ein Depot brauchte, um sich wieder zu erholen: https://www.handelsblatt.com/finanzen/geldanlage-tool-rendite-risiko-radar/7773494.html (Zugriff am 29. September 2023). Für Interessierte ist www.portfoliovisualizer.com ein sehr differenziertes Tool für sogenannte Monte-Carlo-Simulationen.
100 Die Absicherung gilt für 100 000 Euro pro Kunde pro Bank.
101 https://hartmutwalz.de/?s=deep+risk (Zugriff am 29. September 2023).
102 https://www.bundesbank.de/de/presse/pressenotizen/geldvermoegensbildung-und-aussenfinanzierung-in-deutschland-im-vierten-quartal-2022-908106 (Zugriff am 29. September 2023).
103 https://www.zinsen-berechnen.de/inflationsrechner.php (Zugriff am 29. September 2023). Für Zahlenfetischisten: Eine Teuerungsrate von 1,500 % entspricht einem Kaufkraftverlust von 1,478 %.
104 Antoine de Saint-Exupéry (1989), S. 48 f.
105 Zu viel Auswahl macht unglücklich, siehe dazu: https://www.ted.com/talks/barry_schwartz_the_paradox_of_choice?language=de (Zugriff am 29. September 2023), Barry Schwartz (2004).
106 Das gilt zumindest für voll replizierende und optimierte ETFs. Die meines Erachtens überbewertete Problematik synthetischer ETFs möchte ich hier nicht aufnehmen.

107 Brad Barber, Terrance Odean (2000).
108 Uptal Bhattacharya et al. (2011).
109 https://de.extraetf.com/etf-search (Zugriff am 29. September 2023).
110 https://www.bundesbank.de/dynamic/action/de/statistiken/zeitreihen-datenbanken/zeitreihen-datenbank/723444/723444?treeAnchor=GELD&statisticType=BBK_ITS&openNodeId=GELDZINS (Zugriff am 29. September 2023)
111 Zahlen nach: https://www.gerd-kommer-invest.de/corona-crash/ (Zugriff am 29. September 2023).
112 https://www.gerd-kommer-invest.de/pains-of-factor-investing/ (Zugriff am 29. September 2023).
113 Wenn Sie sich (dennoch) intensiver mit dem Thema auseinandersetzen wollen, bleibt Gerd Kommer, 2018 (S. 319–361) die mit Abstand hochwertigste Informationsquelle für Privatanleger. Doch auch er zweifelte zuletzt daran, wie viele Anleger dem Faktor-Investieren tatsächlich dauerhaft gewachsen sind. https://www.gerd-kommer-invest.de/pains-of-factor-investing/ (Zugriff am 29. September 2023).
114 Insofern ist die Faustregel, den Aktienanteil für ein Krisenszenario zu halbieren, aber einen konstanten Renditebeitrag des Aktienanteils für das Gesamtportfolio zu unterstellen, nicht ganz korrekt – es ist eben eine Faustregel.
115 https://www.db.com/files/documents/csr/reports/deutsche-bank-cr-bericht-2006.pdf?language_id=3
116 https://docplayer.org/14804740-Dws-klimawandel-jahresbericht-2007-2008-dws-investment-gmbh.html (Zugriff am 29. September 2023).
117 https://www.finanzen.net/anleihen/a1hc9l-bmw-finance-anleihe
118 https://www.test.de/Prokon-Genussrechte-im-grossen-Stil-4589379-0/ (Zugriff am 18. Oktober 2020).
119 Eine ganze Reihe von Studien legt das nahe: Gunnar Friede et al. (2015).
120 Kommer (2018), S. 243, S. 253, https://www.gerd-kommer-invest.de/corona-crash/ (Zugriff am 29. September 2023), Rendite in US-Dollar auf 120 Jahre. Die Zahlen für Rohstoffe sind ähnlich ernüchternd.
121 Im Original gefettet. Die Fundstelle gebe ich hier bewusst nicht weiter – nicht, dass einer meiner Leser noch auf so einer Seite landet.
122 Eine empfehlenswerte App ist etwa »Mein Haushaltsbuch«.
123 Siehe auch Carl Richards (2015), S. 120.
124 Bodo Schäfer (1998). Der Motivationspart ist zwar billig, aber letztlich relativ gut.
125 https://www.gerd-kommer-invest.de/kapitalbildende-lebensversicherung/ (Zugriff am 29. September 2023).
126 https://www.procontra-online.de/unkategorisiert/artikel/bdv-die-meisten-leben-vertraege-werden-gekuendigt (Zugriff am 29. September 2023); Hartmut Walz (2016), S. 269, geht sogar von 80 % aus.
127 Hartmut Walz (2016), S. 272.
128 Siehe auch Hartmut Walz (2016), S. 283–295.
129 Hartmut Walz (2020), S. 108–110 und S. 207–209.

130 Siehe für so ein hypothetisches Beispiel: https://hartmutwalz.de/finger-weg-von-versicherungsmaenteln-gastbeitrag-von-dr-nikolaus-braun/ (Zugriff am 29. September 2023).
131 So hat etwa das Unternehmen fairr auf dem Höhepunkt der Corona-Krise alle Aktienpositionen verkauft: https://community.finanztip.de/thema/7161-fairr-riester-verkauft-alle-depotwerte?pageNo=12 (Zugriff am 29. September 2023)
132 Zahlen nach https://www.gerd-kommer-invest.de/corona-crash/ (Zugriff am 29. September 2023).
133 Real Estate Investment Trusts. Denkbare Indizes wären FTSE NAREIT USA oder FTSE Developed Europe Real Estate.
134 Egal, ob Sie den Makler bezahlen oder der Verkäufer – die Maklercourtage ist stets Teil der Kaufpreiskalkulation.
135 Zum Action Bias, also der kognitiven Verzerrung, lieber irrational zu handeln statt rationalerweise nichts zu tun: Michael Bar-Eli (2007).
136 https://www.gerd-kommer-invest.de/das-risiko-von-direktinvestments-in-immobilien-besser-verstehen/ (Zugriff am 29. September 2023).
137 Marco Lücke; Stefan Loibl (2017).
138 Immer wieder unterschätzt ist etwa das Risiko, dass ein auf dem Bauplan erworbenes Objekt aufgrund einer Pleite des Bauträgers nicht fertiggestellt wird.
139 Daniel Kahneman (2012), S. 422–426.
140 https://www.gerd-kommer-invest.de/pains-of-factor-investing/ (Zugriff am 18. Oktober 2020). https://www.immomakler-muenchen.de/immobilienverkauf-muenchen/ (Zugriff am 29. September 2023).
141 Gerd Kommer (2018), S. 243.
142 https://de.statista.com/statistik/daten/studie/70265/umfrage/haeuserpreisindex-in-deutschland-seit-2000/; https://www.finanz-tools.de/inflationsrechner-kaufkraftverlust (Zugriff am 18. Oktober 2020).
143 Daniel Kahneman (2012), S. 356–368.
144 Naoki Nakazaro et al. (2011).
145 Grob stünde Ihnen für den ETF-Sparplan folgender Betrag zur Verfügung: (Zins + Tilgung + Instandhaltungsrücklage) – (ersparte Miete + ggf. staatliche Förderung). Differenzierter: Gerd Kommer (2016), S. 188 f.
146 Kalkuliert nach https://www.interhyp.de/vorfaelligkeitsentschaedigungsrechner/ (Zugriff am 29. September 2023). Vorfälligkeitsentschädigungen sind juristisch umstritten.
147 Nach Gesamtverband der deutschen Versicherungswirtschaft (GdV): https://www.gdv.de/gdv/statistik/statistiken-zur-deutschen-versicherungswirtschaft-uebersicht/branche-insgesamt/bestand-an-versicherungsvertraegen-nach-sparten-137726 (Zugriff am 29. September 2023) (2019).
148 Adam Fletcher (2013), S. 9.
149 https://www.deutsche-alzheimer.de/fileadmin/alz/pdf/factsheets/infoblatt1_haeufigkeit_demenzerkrankungen_dalzg.pdf (Zugriff am 29. September 2023).

150 https://www.bmj.de/DE/service/formulare/form_vorsorgevollmacht/form_vorsorgevollmacht_node.html (Zugriff am 29. September 2023).
151 https://www.finanztip.de/unfallversicherung/ (Zugriff am 29. September 2023).
152 Daniel Kahneman (2012), S. 164–183. Nicht nur zur Verfügbarkeitsheuristik großartig: https://www.youtube.com/watch?v=Sm5xF-UYgdg (Zugriff am 29. September 2023).
153 https://de.statista.com/statistik/daten/studie/158200/umfrage/anzahl-der-haiangriffe-weltweit/ (Zugriff am 29. September 2023).
154 https://www.allianz.de/vorsorge/unfallversicherung/ubr-erwachsene/ (Zugriff am 29. September 2023).
155 Studie Deutsche Bank/Allensbach 2018: https://www.deutsche-bank.de/dam/deutschebank/de/shared/pdf/Studie_final.pdf (Zugriff am 29. September 2023).
156 § 16, § 19 ErbStG.
157 Etwa: Stiftung Warentest (2018).
158 Wenn Sie davon ausgehen, dass dies Ihr letztes Testament ist, dann würde ich zum Notar gehen. Sie sparen Ihren Nachkommen damit die Beantragung eines Erbscheins, der mit zusätzlichem zeitlichen Aufwand und höheren Kosten verbunden ist als die notarielle Beurkundung des Testaments.
159 https://www.cnbc.com/2015/06/03/shift-from-sales-to-planning-fuels-fee-only-business.html (Zugriff am 29. September 2023).
160 https://advisors.vanguard.com/content/dam/fas/pdfs/IARCQAA.pdf Siehe auch: https://www.kitces.com/blog/trust-research-advisor-planner-use-benefits-value-vanguard-alpha-morningstar-gamma/ (Zugriff am 29. September 2023).
161 https://www.morningstar.com/articles/918226/gamma-in-action (Zugriff am 29. September 2023); https://svwealth.com/wp-content/uploads/2018/04/dalbar_study.pdf (Zugriff am 29. September 2023).
162 https://advisors.vanguard.com/content/dam/fas/pdfs/IARCQAA.pdf (Zugriff am 29. September 2023), S. 15–17.
163 Crescentem sequitur cura pecuniam majorumque fames. Horaz. Oden. III, 16,17.
164 Nachzuvollziehen auf den Seiten der Bafin: https://portal.mvp.bafin.de/database/HABInfo/ (Zugriff am 29. September 2023).
165 Tomi Ungerer (1963).
166 Empfehlenswert: Gerd Kommer (2020), insbes. S. 160–193.
167 Gesundheitsberichterstattung des Bundes (getragen von RKI/DESTATIS), https://www.destatis.de/DE/Themen/Gesellschaft-Umwelt/Bevoelkerung/Sterbefaelle-Lebenserwartung/_inhalt.html (Zugriff am 29. September 2023).
168 https://de.statista.com/statistik/daten/studie/273406/umfrage/entwicklung-der-lebenserwartung-bei-geburt—in-deutschland-nach-geschlecht/ (Zugriff am 29. September 2023)

169 https://www.gbe-bund.de/gbe/!pkg_olap_tables.prc_set_page?p_uid=gast&p_aid=40474504&p_sprache=D&p_help=2&p_indnr=524&p_ansnr=85383026&p_version=4&D.001=1000001&D.003=43 (Sterbetafel weiblich bis 2022). https://www.zeit.de/zeit-wissen/2014/06/generation-zukunft-altersgruppen-unterschiede/komplettansicht; vgl. https://www.7jahrelaenger.de/7jl/unsere-rechner/lebenserwartungsrechner (Zugriff am 29. September 2023).

170 Kalkulation basierend auf Mittelwert unterschiedlicher Angebote von Versicherungen, Stand August 2023. Im Einzelfall sind die Ausgestaltungen ein bisschen verschieden, der Grundtenor ist über alle Gesellschaften ähnlich niederschmetternd.

171 Gesundheitsberichterstattung des Bundes (getragen von RKI/DESTATIS) https://www.gbe-bund.de/gbe/pkg_isgbe5.prc_menu_olap?p_uid=gast&p_aid=16660077&p_sprache=D&p_help=0&p_indnr=524&p_indsp=&p_ityp=H&p_fid= (Sterbetafel bis 2021/22).

172 Siehe Hartmut Walz, https://www.neunundvierzig.com/blog/haende-weg-von-sofortrenten (Zugriff am 29. September 2023) (2108).

173 Daniel Kahneman (2012), S. 381–395, insbesondere S. 386f.

174 Hartmut Walz (2020), S. 108–110.

175 https://www-genesis.destatis.de/genesis/online?sequenz=tabelleErgebnis&selectionname=12621-0002&zeitscheiben=16&sachmerkmal=ALT577&sachschluessel=ALTVOLL000,ALTVOLL020,ALTVOLL040,ALTVOLL060,ALTVOLL065,ALTVOLL080#abreadcrumb; Grundlage unterschiedliche Versicherungsangebote vom Juni 2020.

176 https://www.7jahrelaenger.de/7jl/unsere-rechner/lebenserwartungsrechner.

177 Wenn der Betrag über 100 000 Euro ausmacht, dann kaufen Sie für den überzähligen Betrag entweder Ihren Anleihen-ETF oder verteilen den Betrag auf mehrere Institute.

178 Zum Sequenzreihenrisiko: Gerd Kommer (2020), S. 45–48.

179 Gerd Kommer (2020), S. 45–48. https://www.portfoliovisualizer.com

180 Die Kalkulation hat natürlich wegen der laufend absinkenden Aktienquote eine Unschärfe. Je später der Rentenbeginn liegt, um so schwerer wird es, das Ziel, also den Inflationsausgleich, zu erreichen.

181 www.portfoliovisualizer.com 5,2 % inflationsbereinigte Aktienrendite; -0,5 % inflationsbereinigte Anleihenrendite, historische Volatilitäten, 35 % durchschnittliche Aktienquote davon 50 % US-Aktien, 50 % Aktien international ohne USA. Je nachdem, wie alt Sie zum Startzeitpunkt sind, sehen die Szenarien etwas unterschiedlich aus.

182 www.portfoliovisualizer.com gleiche Renditeannahmen wie oben. Bei Frauen sind es durchschnittlich 55 % des Vermögens, bei Männern 60 %. Annahme: optimistische 5 % Lebenserwartung – bei Männern 95 Jahre, bei Frauen 97 –, Startzeitpunkt Auszahlungen mit 65 Jahren. www.berechnen.org.

183 Eine gute Einführung bietet das Interview von Daniel Korth mit dem Frugalisten Florian Wagner: https://finanzrocker.net/rente-mit-40-ingenieursjob-gekuendigt-200-000e-erspartes-und-spass-dabei-interview-mit-florian-wagner-von-geldschnurrbart/ (Zugriff am 29. September 2023).

184 Bodo Schäfer (1998).

185 Vgl. Elizabeth Dunn, Michael Norton (2013), S. 85–87.

186 Andreas Beck, Wolf Dieter Enkelmann (2010), S. 10.

187 Daniel Kahneman (2012), S. 465–503.

188 Bill Perkins (2020), S. 19–21; S. 28–37.

189 Elisabeth Dunn, Michael Norton (2013), S. 19–72. Nicht umsonst spielen ritualisierte, ostentative Verschwendungen in vielen Kulturen eine wichtige systemstabilisierende Rolle.

190 Ein Klassiker ist hier etwa der Versuch, Zweitwohnsitzquoten durch »innovative« Lösungen auszuhebeln. Wenn Sie sich auf so etwas einlassen, sitzen Sie potenziell auf einer Zeitbombe.

191 Wladimir Kaminer (2009).

192 Elizabeth Dunn, Michael Norton (2013), S. 101–128.

193 Elizabeth Dunn, Michael Norton (2013), S. 130–159, insbes. 135–138.

194 Wirklich nichts? Rate ich Ihnen allen Ernstes, Krieg, Inflation, einen massiven Sprung bei Rohstoffpreisen und Bauzinsen sowie einen zutiefst verunsicherten Kapitalmarkt zu ignorieren, wenn es um Ihr Vermögen, genauer um Ihre finanzielle Zukunft und Ihre Lebensqualität geht?
Ja, und ich erkläre Ihnen gerne, warum: Hinter dem Wunsch, jetzt die eigene Strategie zu verändern, liegen nichts als rationalisierte Angst und der gefährlichste aller Anleger-Denkfehler »This time it's different«. Doch wenn Sie genauer hinsehen, wird eines relativ schnell klar: Die Zeiten sind gar nicht so anders als sonst.
Die Erkenntnis ist schmerzhaft, aber der Krieg in der Ukraine ist historisch gesehen alles andere als eine Neuigkeit. Auf dem Balkan hatten wir vor nicht einmal 25 Jahren ebenfalls einen furchtbaren Krieg direkt vor unserer Haustür, der fast ein Jahrzehnt andauerte. Natürlich ist jeder Konflikt anders und die Dimension des heutigen Kriegs ausgesprochen erschreckend, aber man muss nüchtern feststellen, dass in Europa Frieden keine Selbstverständlichkeit war und ist. In Summe ist das primär ein (riesiges) politisches und weniger ein wirtschaftliches Problem, denn der Kapitalmarkt ist in Hinsicht auf den Krieg ausgesprochen emotionslos. Der Beitrag der Ukraine und letztlich auch der Beitrag Russlands zur weltweiten Marktwirtschaft ist ausgesprochen gering. Der Westen wird sich kurzfristig Öl und Gas auf anderen Märkten beschaffen und (hoffentlich) langfristig durch andere Energiequellen ersetzen, und Russland wird seine Rohstoffe an andere Länder verkaufen. Wird dadurch das Funktionieren einer kapitalistischen Weltwirtschaft prinzipiell infrage gestellt? Sicher nicht.
Ähnliches gilt für die Inflation: Auch hier muss man im langfristigen Kontext nüchtern feststellen, dass wir in den sechs bis sieben Jahren vor dem Krieg in der Ukraine sehr niedrige Inflationsraten hatten. Was heute zum massiven Anstieg der Inflation führt, sind daher mitunter entsprechende

Basis- und Nachholeffekte. Viele Jahre gab es praktisch gar keinen Inflationsdruck. Das – und nicht die heutige Inflation – war historisch gesehen ausgesprochen ungewöhnlich. Ob diese massiven Steigerungen bei Energiepreisen, die die Inflation maßgeblich ausgelöst haben, dauerhaft sein werden, wird sich zeigen und ist nicht prognostizierbar. Aber selbst, wenn: Auch solche Szenarien hat es schon gegeben – etwa während der Ölkrise in den 1970er Jahren. Das war und ist ausgesprochen unangenehmen, aber sicher nichts, das die freie Marktwirtschaft in die Knie gezwungen hat – damals nicht und auch heute nicht.

Schauen wir zuletzt auf die massiv gestiegenen (Bau-)Zinsen, unter denen vor allem diejenigen leiden, die sich eine Immobilie kaufen wollen oder bereits gekauft haben. Innerhalb von nicht einmal zwölf Monaten haben sich die Zinssätze für zehnjährige Darlehen bei sonst gleichen Voraussetzungen fast vervierfacht. Zwar hat in Deutschland die Mehrzahl der Menschen (zum Glück) meist Darlehen mit häufig sehr langen Laufzeiten und ist von diesem Effekt zunächst nicht unmittelbar betroffen. Doch für Familien, deren Darlehen in Kürze auslaufen und verlängert werden müssen, oder für die, die sich gerade erst den Traum von der eigenen Immobilie verwirklichen wollten, ist das natürlich kein Trost. Die einen kommen mitunter massiv unter Druck, die anderen müssen ihre Träume verschieben oder ganz darauf verzichten. Doch dass dem so ist, liegt nicht nur an den steigenden Zinsen, sondern auch an den exorbitanten Preisen – vor allem in Ballungsgebieten. Preise, die nicht zuletzt durch die jahrelangen Nullzinsen und Zehn-Jahres-Konditionen von teilweise unter 1 % mit befeuert wurden.

Wenn sich hier eine Normalisierung abzeichnet – sowohl bei den Zinssätzen als auch beim Preisniveau –, ist das langfristig alles andere als ungewöhnlich. Im Gegenteil: Die eigentliche Anomalie bestand darin, dass Immobilienkäufer über einen so langen Zeitraum Kredite von der Bank praktisch geschenkt bekommen haben. Aus der Perspektive der Achtziger und Neunziger Jahre mit Zehn-Jahres-Konditionen von bis zu knapp 10 % muteten die Minimalzinsen aus der Niedrigzinsära reichlich grotesk an – nicht die knapp 4 % Stand Ende 2023.

Kurioserweise sind es oft dieselben Personen, die jahrelang darüber geklagt haben, dass die armen Sparer von der bösen Europäischen Zentralbank enteignet werden, die sich jetzt über die steigenden Zinsen bei Krediten beschweren. Alle haben sich steigende Zinsen gewünscht – und jetzt will sie keiner haben. Das verstehe, wer will ...

Ja, der Realzins ist wegen der hohen Inflation nach wie vor negativ, aber das ist, wie wir bereits gesehen haben, definitiv kein neues Phänomen, sondern eher ein Normalzustand. In Summe ist die Rückkehr zu einem eher »normalen« Zinsniveau langfristig vermutlich ein tendenziell positives Ereignis – auch wenn dies kurzfristig schmerzhaft sein mag. Denn ein gestiegenes Zinsniveau führt mittelfristig eher zu einer gesunden Normalisierung von Preisbewertungen insbesondere bei der Anlageklasse Immobilien.

Ja, wir haben turbulente Zeiten, aber in Summe ist das alles andere als ungewöhnlich. Und auch wenn natürlich jede Krise anders ist, im Kern sind sie dann doch alle Krisen mehr oder weniger gleich. Und: Jede Krise geht vorbei. Langfristig ist ein gut diversifiziertes Vermögen nach wie vor der beste Schutz, sowohl gegen die Inflation als auch gegen andere potenzielle wirtschaftliche Verwerfungen, um langfristig den eigenen Lebensstandard zu erhalten. Dazu gehören häufig Immobilien, bedingt etwas Gold und natürlich ein weltweit aufgestelltes prognosefreies ETF-Portfolio mit einer vernünftigen Aktienquote.

Die Marktwirtschaft wird auf globaler Ebene nicht zusperren, sondern wird – wie so häufig in der Vergangenheit – auch diese Krise überleben. Im Rückspiegel betrachtet werden wir uns in einigen Jahren vielleicht sogar wundern, wie viele positive Aspekte und Entwicklungen aus den aktuellen Problemen hervorgegangen sind.

Um es noch einmal klar zu sagen: Das größte Risiko für Ihr Vermögen sind im Moment potenziell Sie selbst. Wenn Sie jetzt anfangen, hektisch auf Szenarien zu setzen, sich massive Klumpenrisiken aufhalsen, Ihre Anlagen im großen Stil in vermeintlich krisensichere Anlagen umschichten oder vorsichtshalber »erst einmal« alles verkaufen wollen: Dann kann Ihr Versuch, Ihr Vermögen zu schützen, ganz schnell zur eigentlichen Ursache massiver Verluste werden.

Also machen Sie es wie in anderen Notsituationen auch: Ruhe bewahren, Sicherheit ausstrahlen, Hilfe verständigen. Eine Kapitalmarktkrise ist kein Säbelzahntiger und temporäre Kursverluste keine brennende Scheune – es fühlt sich manchmal nur so an.

Und welche neuen Regeln gibt es jetzt am Kapitalmarkt?

Richtig: keine.

Und was müssen Sie an Ihrem Vorgehen ändern?

Eben: nichts

Über den Autor

Dr. Nikolaus Braun ist seit fast zwanzig Jahren ein Grenzgänger zwischen Geisteswissenschaften und dem Finanzsektor. Der promovierte Historiker machte eher zufällig Karriere bei einer Großbank, die er enttäuscht verließ, als er zum reinen Finanzvertriebler werden sollte. Heute ist er Seniorpartner einer Vermögensverwaltung und Ko-Gründer und -Leiter der Neunundvierzig Honorarberatung in München, in der er seine Vorstellung einer unabhängigen und ganzheitlichen Vermögensberatung kompromisslos umsetzen kann. Im Campus Verlag ist inzwischen sein zweiter erfolgreicher Finanzratgeber *Geld oder Leben – Wie Sie aufhören Unsinn mit Ihrem Vermögen zu treiben* erschienen.

© Thomas Dashuber